LES ANNALES DU DROIT 2023

DROIT CONSTITUTIONNEL

LES ANNALES DU DROIT

L1 > *Introduction au droit et droit civil (personnes, famille)*
> *Droit constitutionnel*

L2 > *Droit civil des obligations*
> *Droit administratif*

LES ANNALES DU DROIT 2023

DROIT CONSTITUTIONNEL

MÉTHODOLOGIE & SUJETS CORRIGÉS

SOUS LA DIRECTION DE
MICHEL VERPEAUX
PROFESSEUR ÉMÉRITE DE L'UNIVERSITÉ PARIS 1 PANTHÉON-SORBONNE

DALLOZ

DALLOZ

31-35, rue Froidevaux, 75685 Paris Cedex 14

ISBN 978-2-247-21644-4

Sommaire

Avant-propos IX

Introduction au droit constitutionnel 1

MÉTHODOLOGIE

Méthodologie 4

La dissertation ou sujet théorique 6

Le commentaire de texte 16

L'étude de cas ou la consultation 25

La recherche documentaire 33

SUJETS CORRIGÉS

THÉORIE DU POUVOIR POLITIQUE ET DU DROIT CONSTITUTIONNEL

- **L'État et son autorité**
  Dissertation 39
  Pauline Türk, Professeure, Université Nice-Côte d'Azur

- **Le peuple et la démocratie**
  Dissertation 49
  Jean-Pierre Camby, Professeur associé, Université Paris-Saclay

- **La primauté de la Constitution**
  Dissertation 57
  Anne-Laure Valembois, Maître de conférences HDR, Université de Bourgogne

- **La justice constitutionnelle**
  Dissertation 68
  Jean-Pierre Camby, Professeur associé, Université Paris-Saclay
  Alexis Bouillo, ATER, Université Versailles Saint-Quentin en Yvelines

- **La diversité des régimes parlementaires**
  Dissertation 82
  Bernard Dolez, Professeur, Université Paris 1
  Damien Lecomte, Attaché temporaire d'enseignement, Université Paris 1

HISTOIRE CONSTITUTIONNELLE

- **Théorie du régime parlementaire**
  Commenter : Honoré Gabriel Riqueti, comte de Mirabeau (extrait du Discours à l'Assemblée constituante, 16 juillet 1789) 93
  Xavier Bioy, Professeur, Université Toulouse 1 Capitole

LES RÉGIMES POLITIQUES ÉTRANGERS

- **Le monarque et le gouvernement au Royaume-Uni**
  Exercice de démonstration 103
  Julien Jeanneney, Professeur, Université de Strasbourg
  Pierrick Bruyas, ATER, Université de Strasbourg

LA Ve RÉPUBLIQUE

- **Les référendums sous la Ve République**
  Commentaire de texte : F. Hollande, *Affronter* (Stock, oct. 2021, p. 120-121) 107
  Pierre Mouzet, Maître de conférences, Université de Tours
- **Le président de la République**
  Commentaire de l'allocution radiodiffusée du Général de Gaulle en date du 30 mai 1968 123
  Bertrand-Léo Combrade, Maître de conférences, Université de Picardie Jules Vernes
- **La réforme constitutionnelle de 1962 et la fonction présidentielle**
  Dissertation 133
  André Dauteribes, Maître de conférences HDR, Université de Bourgogne Franche Comté
- **Le président de la République**
  Cas pratique 147
  Florian Poulet, Professeur, Université d'Évry-Val-d'Essonne (Paris-Saclay)
- **Les rapports entre le président de la République et le Conseil constitutionnel**
  Dissertation 156
  Maxime Charité, Enseignant contractuel, Université Le Havre-Normandie
- **Le Premier ministre**
  Dissertation 165
  Raphaël Porteilla, Maître de conférences, Université de Bourgogne

- **Le Premier ministre**
  Dissertation 173
  Jean-Jacques Urvoas, Maître de conférences HDR, Université de Bretagne occidentale

- **Le Premier ministre**
  Commentaire de texte : entretien de Jean-Luc Mélenchon avec le journaliste Bruce Toussaint sur BFM TV, 19 avril 2022 (extraits) ... 184
  Mathilde Heitzmann-Patin, Professeur, Université du Mans

- **Le Parlement**
  Dissertation 191
  Bertrand Faure, Professeur à Nantes Université

- **Le Conseil constitutionnel**
  Cas pratique 197
  Pierre Esplugas-Labatut, Professeur, Université Toulouse 1 Capitole

- **Le régime et les pouvoirs**
  Cas pratique 204
  Gilles Toulemonde, Maître de conférences, Université de Lille

- **Les avantages du régime présidentiel**
  Commentaire de texte 214
  Arnaud Haquet, Professeur, Université de Rouen Normandie

- **La révision de la Constitution**
  Dissertation 226
  Christophe Geslot, Maître de conférences, Université Bourgogne Franche-Comté

Index 237

Avant-propos

La collection des Annales du droit a comme ambition de fournir un nouvel outil de travail aux étudiants de la licence en droit mais aussi à tous ceux qui suivent des enseignements juridiques dans le cadre des instituts d'études politiques ou des préparations aux concours administratifs.

Les Annales du droit se présentent comme le **complément nécessaire du manuel ou du cours** oral dans les disciplines fondamentales du droit que sont l'introduction au droit et le droit des personnes et des biens, le droit constitutionnel, le droit civil des obligations et le droit administratif.

L'analyse systématique des institutions, des procédures et des relations juridiques qui est faite de manière didactique dans les manuels et les cours est le premier versant de la formation juridique. Le second versant est la mise en œuvre et l'application de ces notions, la présentation organisée d'une question juridique, l'analyse des sources du droit, la résolution d'une question pratique. C'est ce second versant que doivent permettre de gravir les Annales du droit en exposant la méthodologie des exercices demandés à tout juriste et l'illustrant par la présentation des sujets corrigés qui ont été donnés dans un échantillon représentatif d'universités françaises.

Mode d'emploi des Annales du droit

Conçues et dirigées par un enseignant qui a accepté de prendre la responsabilité d'un des quatre ouvrages consacrés aux disciplines de base, les Annales du droit, publiées par les éditions Dalloz depuis un quart de siècle, sont tout d'abord des **ouvrages de méthodologie**.

Le responsable de l'ouvrage présente les différentes méthodes qui sont utilisées dans l'enseignement du droit en accompagnant cette présentation de conseils pour les trois principaux types d'exercice qui sont demandés aux juristes, que ce soit dans le cadre du contrôle continu, des examens ou des concours :

- **la dissertation**, exposé systématique d'une question avec ses exigences de présentation et d'analyse du sujet, de plan, d'organisation des idées ;
- **le commentaire** qui peut porter sur un texte de droit international ou de droit communautaire, une loi, un règlement, une décision de jurisprudence et qui doit permettre de comprendre le sens du texte, d'en mesurer la portée, les apports, de l'évaluer ;
- **l'étude de cas** consistant à appliquer à une question pratique les connaissances acquises, à replacer la question posée dans son environnement juridique et à rechercher la solution d'un litige.

La collecte de l'information disponible et actualisée étant l'un des préalables à tout travail juridique, les Annales comportent également l'**exposé des méthodes de recherches bibliographiques et des outils informatiques** disponibles.

Les conseils méthodologiques sont illustrés par une **vingtaine de sujets corrigés** choisis parmi ceux qui ont été **donnés dans les universités françaises** lors des dernières sessions d'examen. À cet effet, et selon une méthode originale par rapport aux ouvrages de même type, les professeurs responsables des enseignements de la discipline à laquelle est consacrée chacune des quatre Annales ont accepté de présenter les sujets qu'ils ont retenus pour l'examen et d'en faire le corrigé. Les Annales du droit illustrent ainsi la diversité des analyses qui sont le propre de la méthode universitaire.

Les Annales du droit sont conçues comme devant être l'accompagnement nécessaire des cours et des manuels. À cette fin, **les sujets retenus sont présentés en suivant le plan habituel des cours consacrés à la matière** : ils en illustrent et complètent les grandes parties.

Pour chaque sujet est indiqué le **thème principal** qui en est l'objet. Les **mots-clés**, enfin, recensent les principaux points de droit abordés dans chaque sujet corrigé. L'index thématique qui figure en fin d'ouvrage permet de retrouver aisément les questions et les points de droit que le lecteur souhaite étudier.

Yves Jégouzo

Introduction au droit constitutionnel

Le droit constitutionnel est l'une des branches du droit public en ce qu'il étudie les pouvoirs publics, leur origine, leur organisation, les relations qu'ils entretiennent entre eux et avec les citoyens. C'est, en principe, la première discipline de droit public rencontrée par les étudiants dans leurs études de droit, en première année. Mais, comme une constitution, même si elle n'est pas écrite comme au Royaume-Uni, contient un certain nombre de principes fondamentaux comme la reconnaissance ou non de la liberté individuelle, du droit de propriété ou de l'égalité des droits, le droit constitutionnel peut aussi servir de fondement aux autres branches du droit, public ou privé. Parfois associé à la science politique, qui étudie la manière dont fonctionnent les sociétés politiques, le droit constitutionnel est avant tout une discipline juridique dont l'apprentissage peut aider celui des autres matières juridiques, à commencer par le droit administratif étudié en seconde année de Licence. Il ne saurait être confondu avec une simple connaissance de l'actualité politique du moment et ne se résume pas à la lecture des journaux, même si celle-ci est utile.

Quelle que soit la manière dont est organisé l'enseignement de cette matière dans les différentes universités, notamment du fait de la semestrialisation applicable, le programme comprend en principe l'étude des éléments théoriques que sont les **notions d'État, de souveraineté, de constitution, de séparation des pouvoirs et de régime politique**. Comme un certain nombre de ces notions sont apparues, pour des raisons théoriques et historiques, en premier aux **États-Unis** et au **Royaume-Uni**, la présentation de ces deux pays constitue un aspect important du programme, considéré du point de vue du droit comparé, c'est-à-dire de l'étude d'autres systèmes constitutionnels que la France. Selon la sensibilité des différents professeurs et leur intérêt pour d'autres pays que ces derniers, l'étude comparative peut s'étendre à d'autres régimes politiques, européens ou non. La diversité constitutionnelle dans le monde est en effet très grande.

L'**histoire constitutionnelle de la France** est souvent considérée comme un autre élément indispensable de l'apprentissage du droit constitutionnel. Là aussi, en fonction de certains choix et du fait que certaines périodes sont parfois étudiées dans les enseignements d'histoire du droit, la présentation historique peut débuter sous l'Ancien Régime, en 1789 ou plus tard. L'étude des IIIe et IVe Républiques est en principe toujours présentée en cours de droit constitutionnel, ces deux régimes étant considérés comme annonçant celui de la Ve République, à la fois pour s'en distinguer et pour s'en rapprocher.

Ce régime constitue une part importante du programme, parfois au point de mobiliser, en temps, la moitié de l'année universitaire. Il est certain que les autres parties du programme doivent aider à comprendre le régime français contemporain et que ce dernier permet de mieux appréhender les questions théoriques. Mais ce régime ne correspond pas non plus à la fin de l'histoire et il faut le replacer dans ses perspectives, en vue d'éventuelles modifications et pour comprendre les évolutions que le régime a connues depuis 1958.

En tant que discipline juridique, le droit constitutionnel ne présente pas, du point de vue de son apprentissage, des particularités majeures par rapport aux autres matières. Les règles applicables ont cependant l'avantage d'être contenues dans un document, une constitution, plus accessible et plus maniable que dans d'autres branches du droit. S'il n'est pas question néanmoins d'apprendre par cœur ce document, mais sa lecture (ses nombreuses lectures en réalité) doit être suffisamment approfondie pour en connaître les principaux rouages. L'expérience apprend vite à distinguer quelles sont les principales dispositions du texte qu'il faut absolument maîtriser. La confrontation du texte français avec d'autres constitutions, soit françaises mais anciennes, soit étrangères, permet d'apprécier les éventuelles différences mais aussi les ressemblances. Il existe, dans différentes collections, des recueils de textes constitutionnels français et étrangers qui peuvent et doivent être utilisés.

Comme pour toute discipline juridique, des manuels ou précis existent, qui peuvent aisément compléter un enseignement écrit ou oral. Ils permettent notamment de vérifier certains éléments du cours, de confronter des points de vue éventuellement différents et compléter certaines informations ou références. Ils sont totalement nécessaires lorsque l'assistance au cours n'est pas possible.

Le droit constitutionnel étant **inscrit dans la réalité politique**, il n'est pas sans intérêt de prêter attention à celle-ci, soit par une pratique personnelle, soit par une lecture de la presse ou la consultation de tous les autres moyens de communication, ces dernières ne pouvant servir que de compléments à l'étude de la matière.

On doit donc appréhender le droit constitutionnel avec la même rigueur d'analyse que les autres matières juridiques et les mêmes qualités sont exigées que pour ces dernières.

Méthodologie

De façon classique, les sujets de droit constitutionnel sont de trois types : la dissertation ou sujet théorique, le commentaire de texte, assorti ou non de questions destinées à aider les candidats et le cas pratique. Les règlements des facultés de droit imposent souvent que soit proposé aux étudiants le choix entre deux sujets, l'un théorique, la dissertation, l'autre de type pratique, commentaire de texte ou cas pratique. Compte tenu des spécificités de la matière, le cas pratique n'est pas le plus fréquemment donné, car la pratique se limite souvent, à la différence du droit civil, au fonctionnement des institutions et aux modes de scrutin et se prête moins à des sujets destinés à des étudiants. Les exemples choisis ci-dessous et les conseils méthodologiques sont donnés en considérant que l'épreuve préparée se déroule en trois heures et qu'elle est effectuée à livres fermés, sans notes de cours ni ouvrages à la disposition de candidats.

Un certain nombre de qualités sont cependant communes aux trois types de sujets. Il est tout d'abord évident que l'on ne peut réussir une épreuve de droit constitutionnel que si la matière est connue par une assistance aux cours ou, à défaut, en le suivant par l'intermédiaire d'un autre étudiant ou à l'aide d'un moyen technique et par la lecture approfondie d'un ou de plusieurs manuels ou précis de droit constitutionnel. Même si l'apprentissage du droit ne passe pas, contrairement à ce que croient beaucoup, par une récitation mécanique de connaissances, celles-ci sont nécessaires et tous les moyens et procédés (résumés, fiches, synthèse…) sont utiles et sont laissés au choix et aux goûts de chacun. Ne pas faire « d'impasse » sur des parties importantes du cours est le premier conseil que l'on peut donner. Jouer aux devinettes en essayant de pressentir le sujet qui sera posé comporte des risques qu'il vaut mieux ne pas courir.

Une des premières difficultés est sans doute la confrontation avec le langage juridique dont le droit constitutionnel n'est qu'un aspect. Certains mots sont communs aux différentes branches du droit, sans avoir toujours le même sens qu'en droit privé, comme par exemple le « mandat », la « représentation » ou la « tutelle ». Il est alors utile de rechercher, dans le cours, les ouvrages, les dictionnaires de terminologie juridique, la signification des mots inconnus. Rien ne serait pire que de rester dans l'ignorance ou d'utiliser ces mots sans en maîtriser le sens précis. Parfois, ce sont des mots du langage non juridique dont la connaissance fait défaut et il n'est jamais inutile d'avoir recours à un dictionnaire de la langue française.

La lecture des ouvrages peut se compléter par celle de la presse écrite, car elle est moins volatile que la presse audiovisuelle ou les réseaux sociaux. Constituer des dossiers dès le début de l'année universitaire est un bon moyen d'entrer dans la matière et d'apprendre à classer des documents sur des sujets différents.

Mais cet effort de mémoire n'est sans doute pas suffisant car il faut ensuite se servir de ces connaissances de manière appropriée au sujet posé. Il faut donc distinguer les différentes catégories de sujets et essayer de présenter quelques techniques qui ne peuvent être des recettes toutes faites. Il est ainsi recommandé d'être très prudent à l'égard des corrigés « clefs en main » que l'on trouve sur des sites Internet et dont l'origine anonyme et la qualité sont parfois douteuses. Seuls l'apprentissage personnel, des éventuelles erreurs – si elles sont comprises et corrigées –, la confrontation avec des enseignants et avec d'autres étudiants peuvent permettre de faire par soi-même son chemin en se méfiant des méthodes miracles ou des conseils clefs en main.

La dissertation ou sujet théorique

La dissertation se prête assez bien au droit constitutionnel et c'est l'une des épreuves principales des concours d'accès à la fonction publique. L'apprentissage de sa technique dès la première année des études universitaires est donc un investissement à long terme car les conseils peuvent servir pour l'essentiel des sujets de droit public.

La formulation d'un sujet théorique tient la plupart du temps en une phrase, parfois un mot, de temps en temps une question. On pourra ainsi proposer : « Le président de la République », ou « Le Premier ministre », ou « Le rôle du Parlement dans un régime parlementaire et dans un régime présidentiel », ou « Le Conseil constitutionnel, juge de la loi », ou encore « Peut-on dire qu'en France, sous la Ve République, le Gouvernement détermine et conduit les affaires de la nation ? ». Lorsqu'il est formulé par une question, le sujet indique, en outre, une direction et doit inciter le candidat à élaborer une réponse argumentée. En réalité, dans tous les cas, ces sujets invitent à une réflexion et donc à une construction synthétique et ne constituent pas une simple question de cours, même si l'intitulé est formulé de cette manière.

Plusieurs phases paraissent nécessaires à la construction d'une dissertation : il faut lire le sujet et en « faire le tour », il faut élaborer un plan, il faut rédiger le devoir.

I / Lecture réfléchie du sujet

Quelle que soit la formulation proposée, une lecture très attentive du sujet est nécessaire car elle doit permettre de cerner le sujet et de n'oublier aucun de ses aspects et elle évite les éventuels pièges, souvent imaginaires, qui sont, la plupart du temps, le fruit d'une inattention des lecteurs devant le sujet. C'est ainsi que le sujet « Le président de la République sous la Ve République » signifie que le sujet est posé, certes pour la France, mais qu'il n'est pas nécessaire de présenter cette institution sous les IIIe et IVe Républiques, sauf en guise de rappel, par exemple dans l'introduction ou à titre de comparaison. C'est ainsi que si est abordée la question de la dissolution de l'Assemblée nationale, il n'est pas exclu de préciser que ce droit avait disparu au cours des Républiques précédentes. Mais, une partie ou une sous-partie uniquement consacrée au président avant 1958 constitue un hors sujet.

En revanche, un sujet qui serait consacré à « La révision constitutionnelle en France sous la Ve République » exige, malgré le singulier de l'intitulé, que soient envisagées toutes les procédures de révision qui sont prévues ou qui ont été utilisées, celles de l'article 89 comme celle de l'article 11, et que soient identifiés les principaux exemples de révision sous la Ve République.

La lecture attentive du sujet est le procédé le plus sûr pour éviter à la fois les oublis et les hors sujets qui sont les deux défauts majeurs des dissertations. Elle doit en effet permettre de recenser, de manière complète, tous les éléments du sujet et d'en tirer toutes les potentialités qui sont en principe grandes, même si le sujet n'est constitué que d'un mot ou d'une phrase. La méthode la plus commode est alors de « jeter sur le papier », y compris dans le désordre, toutes les idées qui viennent à l'esprit à propos du sujet. Il n'est pas certain que toutes seront retenues et cette phase doit permettre de faire le tri entre les idées qui concernent le sujet tel qu'il est compris par sa lecture attentive, et celles qui ne rentrent pas dans le sujet. Il vaut mieux, à ce stade, le trop-plein que le vide et il sera toujours temps, dans la phase de rédaction, de ne pas retenir des idées ou des éléments qui seraient superflus. C'est à ce stade que les connaissances sont nécessaires pour apprécier si tel ou tel aspect du sujet possède ou non un rapport direct avec le sujet. On court le risque, dans le cas contraire, de laisser en dehors du devoir, des éléments essentiels ou, au contraire, de faire des développements sans intérêt pour le sujet. C'est ainsi que, si l'étudiant ignore que l'une des principales révisions sous la Ve République utilisa l'article 11 en 1962 et que cette procédure a suscité de nombreux débats, qui ne sont pas éteints, il court le risque de passer à côté d'un des points importants du sujet. En revanche, traiter de la compétence de juge électoral du Conseil constitutionnel dans le sujet consacré à son rôle de juge de la loi constitue un « hors sujet », car le Conseil ne juge pas la loi dans ce cas. Mais il n'est pas interdit, dans l'introduction, de rappeler les différentes fonctions du Conseil constitutionnel, parmi lesquelles figurent son rôle de juge électoral et celui de juge de la loi.

Il est recommandé, pour l'efficacité du travail et pour faciliter la rédaction par la suite, de recenser ces idées sur des feuilles séparées, ce qui autorise un premier classement.

Sans que cette indication ait une quelconque valeur de règle, il n'est pas excessif de consacrer une demi-heure à cette phase de la préparation du devoir, lorsque l'épreuve est de trois heures.

II / Recherche du plan ou construction des idées

Une fois le sujet creusé dans tous ses éléments et avec le sentiment que rien n'a été oublié, s'ouvre alors la phase délicate de la recherche d'un plan. Très souvent, c'est par ce travail que commencent les étudiants, avant toute réflexion sur le sujet et c'est contre ce défaut majeur qu'il est vivement conseillé d'opérer la phase de recensement des idées évoquée ci-dessus. Un plan de dissertation n'a de sens et d'intérêt que s'il reflète des idées organisées. Il s'agit donc d'une construction qui ne peut reposer que sur la base de connaissances et de réflexions précises. Un plan trouvé *a priori*, sans matériau, a toutes les chances d'être artificiel et donc, de ne pas être satisfaisant.

Le plan le meilleur est généralement le plus simple, le plus clair et le plus concis. L'habitude des facultés de droit, et des juristes en général, consiste à préférer les plans en deux parties et deux sous-parties dans un souci d'équilibre et de symétrie. L'image du jardin à la française est souvent employée pour illustrer la recherche de cette harmonie. Mais certains sujets, par exemple chronologiques dont les périodes seraient au nombre de trois, peuvent exiger un plan en trois parties. Les qualités recherchées sont sans doute la recherche de la clarté et de la cohérence et la nécessité de tout dire sur un sujet de manière logique. Il faut voir cette présentation formelle non pas seulement comme une contrainte mais comme une manière d'organiser des connaissances dans un ordre logique et cohérent. Sans que ce soit une consigne rigide, une demi-heure consacrée à la recherche d'un plan et à l'organisation des idées n'est pas excessif, d'autant moins que la différence entre un bon devoir et un devoir médiocre se situe souvent non pas dans la somme des connaissances, mais dans la façon d'exposer celles-ci.

Il faut faire en sorte que le plan distingue deux (ou trois) problèmes qui soient en même temps assez autonomes pour être séparés et suffisamment liés entre eux par une correspondance pour qu'il y ait une unité du devoir. On ne peut traiter dans les deux parties deux questions sans rapport l'une avec l'autre, et on ne peut pas non plus trouver dans les deux parties les mêmes questions traitées de manière identique. Il est nécessaire également de veiller à ce que les deux parties ne se contredisent pas et si l'on peut présenter des arguments favorables et des arguments défavorables à une thèse (par exemple dans le sujet « La Ve République est-elle un régime parlementaire ? »), c'est uniquement lorsque la réponse à la question n'est pas évidente et que l'on peut par exemple soutenir que la Ve République présente des aspects des deux types de régimes. Là réside la difficulté majeure de la dissertation. Le plan est parfois suggéré par le sujet, notamment lorsqu'il s'agit de comparer deux notions : dans ce cas, l'un des plans acceptables consiste à étudier d'abord les points de divergence entre les deux et ensuite les points de convergence (ou l'inverse). Par exemple, dans un sujet intitulé « Le président des États-Unis et le président de la République française », on peut considérer tout d'abord ce qui les rapproche (mode de désignation, attributions) et ce qui les sépare (un régime présidentiel d'un côté, un régime parlementaire d'autre part qui peut conduire à un affaiblissement du président français en cas de cohabitation).

Lorsqu'un sujet l'exige, il est possible de dissocier la théorie et la pratique d'une même institution ou d'une même technique. Dans le sujet consacré à la révision constitutionnelle sous la Ve République, on peut envisager d'étudier d'une part la procédure « normale » de l'article 89 puis celle « exceptionnelle » de l'article 11. Mais la distinction théorie/pratique, qui est une tentation fréquente dans les devoirs, doit être utilisée avec modération lorsque ces deux aspects du sujet sont intimement liés. Il en serait ainsi dans un sujet consacré aux pouvoirs du président de la République française car un exposé purement théorique de ses attributions conduirait à recopier la Constitution et l'autre partie se contenterait de raconter l'histoire de la Ve République.

Chacune des parties doit être autonome mais elle doit présenter une unité qui justifie que les éléments qu'elle contient sont réunis sous un même titre. Une idée, suffisamment générale pour donner une image d'ensemble est sans doute le plus sûr moyen de structurer les connaissances dans chacune des parties. Une méthode assez simple peut être de trouver une idée générale qui structure l'ensemble du devoir et qui se divise elle-même en deux parties, parce que ces dernières se complètent ou s'opposent. Lorsque le plan est arrêté, vient ensuite la phase de la rédaction.

III / Rédaction de la dissertation

Si l'on suit la répartition suggérée du temps de travail, deux heures sont nécessaires pour rédiger, en y incluant la toujours utile relecture, même rapide, du devoir. Il est souvent indiqué qu'il faudrait terminer un devoir en rédigeant l'introduction, lorsque les idées sont déjà exposées et que le devoir est maîtrisé. L'introduction est alors plus simple à concevoir car l'auteur sait quelle est la logique du devoir et peut annoncer un plan dont il est certain qu'il sera respecté. Sinon, il est vrai qu'il y a toujours le risque, souvent rencontré, que l'introduction ne corresponde pas au contenu du devoir, parce que la logique initiale a été perdue de vue lors de la phase de rédaction. Mais, ce qui est possible dans un devoir fait à la maison sur du papier libre, l'est difficilement dans un devoir rédigé sur une copie d'examen, sauf à réserver par avance un certain nombre de lignes à l'introduction. Cette technique n'est pas sans aléa.

A – Soigner l'introduction

Cette introduction doit présenter elle-même certaines caractéristiques pour présenter un intérêt et ne pas être seulement un exercice obligé par lequel toute dissertation doit débuter. L'introduction doit répondre au moins à deux objectifs : le premier est de présenter le sujet, de dire ce qu'il est et, éventuellement, ce qu'il n'est pas. Le second est de rendre logique la suite de l'exposé et de justifier le plan choisi comme s'il était le seul possible, c'est ce que l'on appelle l'annonce du plan.

S'agissant du premier aspect, il est évidemment lié à la première phase de recherche des questions posées par le sujet et de ses contours. Il n'est pas interdit de commencer un devoir par une définition des termes du sujet, lorsqu'ils le méritent. Ainsi un sujet consacré aux « Responsabilités du président de la République sous la Ve République » rend sans doute utile une explication de ce que sont la responsabilité en droit et les différentes formes de celle-ci (politique, civile et pénale). Le sujet consacré au « Rôle de juge de la loi du Conseil constitutionnel » nécessite une première approche de la notion de « juge » ou de juridiction. De même, il faut s'interroger sur le sens du mot loi et ses différentes acceptions (loi constitutionnelle, loi organique, loi référendaire, diversité des lois ordinaires…).

Une délimitation chronologique du sujet est souvent nécessaire, soit qu'elle soit explicite dans le sujet, soit qu'elle soit suggérée. Dans le sujet « Le droit de dissolution en France depuis 1875 », il faut se demander pourquoi cette date a été choisie et ce qui en fait son intérêt. Il ne s'agit pas de rechercher les intentions cachées ou les arrière-pensées du sujet, mais de déterminer ses limites. 1875 marque le début de la République parlementaire et il n'est pas excessif de considérer que les IIIe, IVe et Ve Républiques connaissent une assez grande unité institutionnelle, même si le droit de dissolution a connu des sorts divers au cours de ces trois périodes. En même temps, les textes organisant ce droit ont été rédigés en réaction aux périodes précédentes, d'où, là aussi, une certaine cohérence. Dans cet exemple de sujet, la délimitation est simple et il est évident que le sujet se termine au moment où le devoir est rédigé. Ce qui implique que dans l'hypothèse où une dissolution est intervenue dans l'année d'étude, elle soit prise en compte par le devoir. Lorsque le sujet est borné par une date de début et de fin, la question est encore plus facile à résoudre.

Indiquer une date dans un sujet implique de s'interroger sur ce qui précède celle-ci. Comme cela a été indiqué, ci-dessus, il ne faut pas consacrer des développements à la période antérieure dans le corps du devoir, mais il n'est pas interdit d'y faire référence dans l'introduction, ne serait-ce que pour se demander si l'institution ou la procédure qui sont au cœur du sujet existait ou non avant cette date, et dans l'affirmative, en quoi elle se distinguait de celle du sujet. Toujours à propos de la dissolution à partir de 1875, il est facile d'indiquer en quoi cette date marque un tournant dans l'existence de ce droit et ce qui fait l'unité de la période considérée.

Lorsqu'aucune date n'est précisée dans le sujet, cela ne signifie pas que celui-ci soit intemporel. En règle générale, et sauf le sujet

méthodologie

indique expressément une fin de la réflexion ou si le sujet correspond à une période historique révolue, les dissertations doivent être traitées au moment où les sujets sont posés et elles englobent nécessairement les derniers développements connus : ainsi un sujet sur le président de la République posé en juin 2002 peut difficilement oublier l'élection présidentielle du mois de mai. Plus difficile est la question de savoir jusqu'où remonter dans le temps lorsqu'aucune indication n'est fournie. Quand l'institution est relativement récente, comme dans les sujets sur le Conseil constitutionnel, il faut *a priori* s'intéresser à celui-ci depuis 1958, mais lorsque l'institution est plus ancienne, la réponse est plus délicate. Un sujet intitulé « Le président de la République » sans autre précision ne doit faire l'impasse sur aucun des régimes qui ont consacré un président, donc y compris la IIe République, ne serait-ce que par comparaison avec les autres périodes. Mais comme le sujet est traité en 2002, on comprend aussi que l'accent doit être mis sur la période contemporaine.

Heureusement, la délimitation des programmes, souvent semestriels dans les facultés, simplifie ces interrogations : en effet, les semestres sont divisés de telle sorte que l'étude de la Ve République est réservée à un semestre spécifique et l'étude des périodes antérieures relève d'un autre semestre. Mais cette règle ne vaut pas partout et il n'est pas interdit d'exiger des étudiants qu'ils n'aient pas tout oublié de ce qui précède 1958, même d'un semestre à l'autre.

La question se pose parfois d'une éventuelle comparaison avec la situation d'autres pays et quelle place consacrer à celle-là. L'introduction peut être un moyen de résoudre cette difficulté. Sauf si le sujet invite à la comparaison entre des institutions voisines de deux pays, (comme par exemple « Le Gouvernement en France et au Royaume-Uni »), des références de droit comparé ne sont nécessaires que si elles sont utiles. Ainsi, se demander si le Conseil constitutionnel est un véritable juge de la loi en France peut inciter à comparer avec d'autres pays, les États-Unis notamment. Cela exige, d'une part, de connaître suffisamment bien le rôle de la Cour suprême américaine et d'autre part de comparer à bon escient. Cette comparaison peut trouver sa place dans l'introduction, ce qui est une façon d'évacuer d'emblée la question, ou dans le corps du devoir parce qu'elle est un élément important de l'étude du sujet en France. Le contrôle *a priori* de la loi à la française peut ainsi être opposé au contrôle *in concreto* à l'américaine. En la matière, tout est question d'appréciation et d'intelligence du sujet mais aussi de connaissances.

Consacrer un passage à l'histoire, c'est-à-dire à ce qui précède le sujet proprement dit, est souvent considéré comme le passage obligé d'une bonne introduction par les candidats. Là aussi, il faut se méfier des recettes et il peut arriver qu'un développement historique soit plus à sa place dans une des parties que dans l'introduction, lorsque l'origine de l'institution ou du problème juridique a des explications historiques. Il peut ainsi être judicieux de rappeler, dans l'une des parties du devoir, les origines du culte de la loi pour expliquer en quoi toute idée d'un contrôle de la loi n'a pas été envisageable en France pendant longtemps.

Une fois délimité dans le temps et dans l'espace, un sujet doit l'être aussi au fond. Un sujet consacré au pouvoir exécutif en France exige que cette notion soit définie et que, s'agissant de la France, par exemple, la copie précise que ce pouvoir est bicéphale et comprend, sous la Ve République, le Gouvernement et le président de la République. C'est aussi le rôle de l'introduction de tracer ces limites. Il est évident que la justification apportée pour exclure du sujet certains aspects du programme doit être solide pour que le reproche d'avoir ignoré des points essentiels de la matière ne puisse être fait. Même si le correcteur a parfois une autre vision que celle présentée dans le devoir, il peut être sensible à la cohérence et à la pertinence des arguments et admettre une manière différente d'appréhender le sujet.

Il ne faut pas penser qu'il existe un seul plan possible et les corrigés types sont dangereux en ce qu'ils laissent croire qu'il n'existe qu'une façon de comprendre un problème. Il peut y avoir, sur un sujet, plusieurs approches intelligentes et cohérentes.

Il ressort de tous ces éléments que l'introduction est un moment fort de la dissertation et même s'il est excessif de considérer, comme cela est parfois conseillé, que l'introduction doit représenter un tiers du devoir, du moins ne doit-elle pas être négligée ou bâclée en quelques lignes. Il peut être recommandé d'écrire au brouillon le texte de l'introduction, afin de soigner celle-ci. De façon évidente, elle est l'entrée en matière d'un devoir, ce par quoi commence la lecture du correcteur. C'est donc la première impression et il est préférable qu'elle soit bonne, car il arrive que ce dernier reste influencé par celle-ci. Il est souvent conseillé de soigner la première phrase (dite phrase d'attaque), et l'on peut en effet veiller à ce qu'elle accroche l'intérêt du lecteur. Un moyen souvent utilisé consiste à se servir d'une citation d'un auteur ou d'une Constitution. Cela nécessite d'avoir en tête quelques phrases exactes car il est dommage de faire des citations erronées ou incomplètes.

L'introduction sert aussi à annoncer le plan, c'est son deuxième intérêt. Il n'est pas nécessaire d'y consacrer de longs développements mais il faut veiller à ce que la justification du plan suive logiquement l'exposé des limites et des fondements du sujet. Sinon, l'impression est grande de ne pas saisir la démarche suivie par le devoir et de voir annoncé un plan artificiel qui n'ait aucun rapport avec ce qui précède et qui le justifie ni avec le plan réellement choisi pour la suite. Ces quelques lignes doivent être particulièrement soignées, elles constituent la conséquence de l'introduction et la justification des deux (ou trois) parties.

B – Rédiger les développements

Le plan ayant été soigneusement élaboré au départ et l'introduction ayant permis de préciser ce qu'est le sujet et de justifier la démarche suivie, il reste à rédiger les deux ou trois parties, elles-mêmes divisées en sous-parties. Il n'est pas nécessaire de détailler encore plus les subdivisions en points 1 et 2 et en (a) et (b), sauf si la démonstration l'exigeait. Il est peu utile de donner au correcteur l'impression que le devoir n'est qu'une sorte de plan détaillé dont les développements rédigés seraient squelettiques. Les étudiants se posent souvent la question de savoir si les titres des parties et des sous-parties doivent être apparents et formalisés. On peut répondre sans hésitation par l'affirmative, car ces titres obligent l'auteur de la copie à rester dans le sujet et dans la démarche choisie et facilitent la lecture, et éventuellement la relecture rapide, en la guidant, du correcteur.

Pour rédiger ces développements, il ne faut pas oublier, outre les évidents conseils tenant à la correction de la langue et de l'écriture, qu'une dissertation n'est pas la récitation d'un cours appris par cœur et qu'il faut sélectionner celles-ci en fonction de la démonstration que l'on entend mener. Mais le travail préparatoire de sélection des éléments du sujet et d'organisation du plan doit permettre une rédaction qui correspond au sujet. Il est certain que, pour être la phase matériellement la plus longue, ne serait-ce parce qu'elle exige le temps de l'écriture, si possible soignée et en évitant au maximum les ratures, les abréviations et autres commodités, elle n'est pas la plus délicate si le travail préalable a été conduit de manière complète et satisfaisante. Il n'est alors pas utile de rédiger ces développements au brouillon et de recopier celui-ci. Il y a de fortes chances d'ailleurs pour que le temps manque pour ce faire.

C – Faire une conclusion ?

Beaucoup d'étudiants se posent la question de la conclusion. Cette dernière est nécessaire lorsqu'elle apporte des éléments nouveaux par rapport au reste du devoir. Si elle se contente de répéter ce qui a déjà été exposé, elle est inutile. En revanche, il est souvent recommandé de rédiger des conclusions dites d'ouverture, qui se terminent par une idée nouvelle, ou un élément non encore abordé, et qui constituent un prolongement du sujet. Par exemple, dans le sujet « Le Conseil constitutionnel, juge de la loi », il est possible de s'interroger sur les autres actes dont le contentieux pourrait être confié au Conseil (comme les actes de gouvernement) ou, si cela n'a pas été encore évoqué, quelles pourraient être les autres modalités de saisine du Conseil constitutionnel.

Il n'est cependant pas très adroit de terminer la conclusion par une phrase interrogative qui apparaît souvent comme un moyen de conclure le devoir artificiellement par une question qui n'a rien à voir avec les développements. Dans ce cas, comme dans tout ce qui précède, la clarté et la simplicité sont les qualités les plus appréciées.

méthodologie

Le commentaire de texte

Les conseils généraux sur la connaissance de la matière et les méthodes de lecture sont bien entendu aussi valables que pour la dissertation, et les qualités de clarté et d'intelligence sont également nécessaires pour une épreuve de commentaire. En guise d'entraînement, il est possible de vérifier la compréhension des conseils qui suivent, en utilisant, si besoin est, un dictionnaire.

Il n'est pas exigé, notamment en première année, que le commentaire du texte soit ceux que l'on peut attendre de spécialistes et qui sont publiés dans les revues juridiques. Afin d'éviter d'ailleurs une inutile comparaison entre l'exercice académique et l'œuvre scientifique, les sujets proposés peuvent porter sur des textes peu connus ou très récents à propos desquels aucun commentaire n'a encore été publié. Cette solution est souvent adoptée pour les décisions juridictionnelles. Mais il ne s'agit en aucune manière d'une règle et si le texte proposé est très classique, comme l'extrait d'une constitution ou d'un document politique, il est attendu du commentateur qu'il dégage les principales idées du texte, sans chercher à imiter les maîtres de la doctrine.

Mais, alors qu'en droit privé, le texte à commenter est souvent une décision de justice (d'où l'expression de « commentaire d'arrêt » pour désigner ce type de sujet), en droit constitutionnel, la palette des textes est beaucoup plus vaste. Il peut s'agir aussi bien d'une décision juridictionnelle, du Conseil constitutionnel, des juridictions administratives ou même de la Cour de cassation ou d'une juridiction judiciaire (comme par exemple l'arrêt du 10 octobre 2001 relatif au statut pénal du président de la République). Mais ce peut être aussi l'extrait d'une constitution, française ou étrangère, ou le passage d'un texte de doctrine ou d'un discours politique dans lequel des idées constitutionnelles sont exposées. Les conférences de presse des différents présidents de la République, notamment du général de Gaulle, constituent des sujets possibles, les messages des présidents de la République au Parlement aussi (comme celui de Jules Grévy du 30 janvier 1879, celui de François Mitterrand définissant la cohabitation du 8 avril 1986 ou l'intervention de Nicolas Sarkozy devant le Congrès le 22 juin 2009). Le texte à commenter peut être aussi un article de journal qui ne se contente pas de rapporter des faits mais expose aussi des idées.

Le texte choisi peut être long, court ou n'être constitué que d'un extrait. Il peut être composé de deux textes ou parfois plus. Le choix des textes étant assez vaste, il est encore plus aléatoire de chercher quel sera le texte qui sera proposé à l'examen.

Le commentaire de texte est souvent présenté comme un exercice difficile, mais outre que c'est un sujet qui est fréquemment donné en droit privé et que les conseils prodigués pour une matière peuvent servir pour une autre, il a l'avantage d'être encadré et de laisser moins d'incertitude que la dissertation. Il faut en effet commenter tout le texte, mais rien que le texte. Pour aider les étudiants, il arrive que le commentaire de celui-ci soit assorti de questions. Cette présentation du sujet présente plusieurs intérêts. Elle guide ainsi les étudiants car ils doivent se contenter de répondre aux questions posées, dans l'ordre indiqué ou du moins en ne mélangeant pas les questions (sur ce point, les conseils sont ceux que l'on peut donner pour un cas pratique, cf. *infra*). Elle facilite aussi la lecture du texte, qui est moins libre mais qui est plus efficace puisque l'accent est mis sur les points importants suggérés par les questions posées.

Lorsqu'aucune question n'est proposée, il n'y a pas d'autre choix que de commenter le texte choisi, avec une plus grande liberté mais il faut alors mettre l'accent sur les aspects essentiels du texte, qui doivent être les mêmes que ceux qui ont été repérés par l'auteur du sujet car il a, lui aussi, une vision du sujet. Même s'il n'existe pas non plus un seul commentaire possible d'un texte, il est préférable que les points jugés incontournables d'un texte n'aient pas été oubliés.

Pour réussir un bon commentaire, il faut lire le texte de manière très attentive, organiser les questions principales qu'il suscite autour d'un plan et il ne faut pas se contenter de paraphraser le texte.

I / Le commentaire d'un texte commence par sa lecture

Cette exigence paraît évidente dans cette épreuve car on ne peut commenter un texte que si celui-ci est connu et donc compris. Quelle que soit la longueur du texte, la lecture est une phase essentielle de l'exercice et il est vivement recommandé de faire plusieurs lectures du texte, la première servant à découvrir ce qui est proposé, les autres permettant de souligner, à l'aide d'un crayon de papier (ce qui permet d'effacer en cas d'erreur), d'encadrer ce qui retient particulièrement l'attention. Il est conseillé cependant de ne pas tout souligner car il devient alors difficile de retrouver ce qui est important et ce qui ne l'est pas si tout est placé sur le même plan. Il n'est pas interdit, sans surcharger le texte à l'excès, d'ajouter des annotations en marge du texte, sous forme de rappel d'autres textes connexes à celui qui est proposé (par l'insertion de « voir » ou « cf. ») ou au contraire d'opposition entre le texte proposé et d'autres qui sont connus. Les méthodes sont bien sûr personnelles et il faut faire son propre apprentissage, mais l'essentiel est de retrouver les idées suggérées lors d'une lecture du texte au moment où il faudra rédiger le commentaire.

Lorsque le texte est long, la difficulté consiste d'abord à lire entièrement le texte et à opérer un tri entre les informations qu'il apporte. Tout n'est peut-être pas essentiel dans celui-ci, il peut contenir des passages descriptifs ou éventuellement répétitifs. C'est là où les connaissances, toujours elles, sont utiles car elles permettent de distinguer en quoi le texte est nouveau et en quoi il se contente de confirmer des éléments ou des solutions connus. Constater un revirement ou une opinion confirmée est particulièrement nécessaire pour le commentaire d'une décision de justice, afin de ne pas commettre de contresens sur l'intérêt de celle-ci.

Lorsque le texte est, au contraire, très court, dans l'hypothèse par exemple d'un extrait de texte, il peut se confondre avec un sujet de dissertation. En principe, le sujet est précédé de la mention « Commentez le texte suivant », ce qui évite cette erreur. Il faut traiter alors ce passage non pas comme un prétexte à la dissertation générale mais comme le commentaire de ce texte. Si celui-ci a été choisi, c'est qu'il contient suffisamment de richesses pour donner lieu à un commentaire dense, malgré sa brièveté, et il faut sans doute faire attention à chacun de ses termes.

Lorsque, enfin, deux ou plusieurs textes sont soumis au commentaire, l'intention de l'auteur du sujet est d'inciter à leur comparaison et à leur confrontation. L'exercice est alors rendu plus difficile car il faut maîtriser en permanence les deux textes et n'oublier aucun de leurs éléments.

Par rapport à une décision de justice, en droit privé ou en droit administratif, le texte de droit constitutionnel comporte assez rarement de données factuelles. Celles-ci permettent, dans les autres matières, de fournir quelques éléments concrets destinés à faciliter la compréhension du texte. Il n'y a pratiquement pas non plus, en droit constitutionnel, de questions procédurales, à la différence des arrêts de cassation qui obligent à rappeler les phases du contentieux, la première instance ou l'appel. En droit constitutionnel, le commentateur est confronté à un texte en général plus abstrait et ce sont souvent des idées plus que des faits qui sont exposés. Dans le cas d'une décision du Conseil constitutionnel, il faut néanmoins prendre soin de rechercher quel est l'auteur de la saisine, quelle est la loi contestée, dans sa totalité ou dans certains de ses éléments et quel est ou quels sont les articles ou éléments du bloc de constitutionnalité qui sont concernés par la décision. Comme dans toute décision de justice, le sens de celle-ci, rejet, pour irrecevabilité ou au fond, ou censure, partielle ou totale, de la loi, est essentiel à la bonne compréhension du texte.

La lecture attentive du texte (en fait les lectures) doit permettre de rechercher les points principaux du texte, les problèmes qu'il pose, les solutions qu'il apporte, les difficultés d'interprétation qu'il soulève. Ceux-ci ne sont pas en nombre infini. Mais il y en a en principe plusieurs, ce qui oblige à les organiser, c'est-à-dire à bâtir un plan.

II / Recherche d'un plan de commentaire

Le commentaire de texte, quelle que soit la nature de celui-ci, ne doit pas être considéré comme un exercice purement formel, car il constitue un bon apprentissage de la lecture-compréhension d'un texte, ce que doit faire tout juriste, dans la plupart des métiers du droit.

Le commentaire est cependant plus qu'une lecture car il doit faire apparaître les idées principales d'un texte, le situer, expliquer sa raison d'être et ses motivations, apparentes ou cachées. Il est possible de porter un jugement sur ce texte, ce qui n'interdit pas de le critiquer. Le commentaire d'un texte ne consiste pas, en effet, à seulement indiquer que, par exemple et comme on le lit souvent, des lignes 2 à 5 du premier paragraphe, l'auteur exprime telle ou telle idée, et que dans les paragraphes 3 à 5, c'est une autre idée qui est exposée. Ce travail, purement analytique, est peut-être le fruit d'une première lecture du texte, ce n'est pas ce qui exigé d'un véritable commentaire.

On peut ainsi estimer qu'un texte normatif, constitution ou loi, n'apporte pas en lui-même les réponses aux questions qu'il est censé résoudre. En bref, le commentateur doit l'expliquer et le lecteur du commentaire doit pouvoir connaître et comprendre ce texte, même s'il ne l'a pas lu. La clarté de l'exposition est encore, dans ce type de sujet, essentielle.

En bonne logique, un plan de commentaire devrait comprendre autant de parties qu'il y a de problèmes à commenter dans le texte, en les classant par ordre d'importance. Les habitudes académiques sont néanmoins favorables, pour le commentaire comme pour la dissertation, au plan en deux parties et deux sous-parties, trois parties paraissant le maximum acceptable. Au-delà, il est considéré, non sans raison, que l'esprit se perd dans la démonstration et que le devoir n'a plus de fil directeur. Le respect de cette consigne s'accompagne du souci de faire des parties équilibrées entre elles. Si, bien entendu, il n'est pas obligatoire qu'elles comprennent exactement le même nombre de lignes, il est préférable que le déséquilibre ne soit pas trop grand. Dans ce cas, ce dernier fait apparaître que le choix des questions à commenter n'a pas été judicieux puisque le commentaire montre qu'il y a un vrai problème (la partie démesurément longue) et un faux problème (la partie tronquée, dans laquelle il n'y a rien à dire).

Compte tenu de cette contrainte, le plan doit être articulé autour des deux (ou trois) idées importantes du texte. Il arrive, malheureusement trop peu souvent, que le texte soit lui-même divisé en deux ou trois parties (paragraphes, articles de Constitution ou de loi, considérant d'une décision de justice...). Dans cette hypothèse, le plan du commentaire peut être le plan du texte, si réellement la structure formelle du texte correspond à la distinction au fond des problèmes soulevés. La plus grande prudence s'impose donc en la matière et il ne faut pas nécessairement se précipiter sur les apparences du texte pour guider le commentaire.

De la même manière, un texte long n'est pas nécessairement le plus riche à commenter, car il peut être assez descriptif ou anecdotique et un texte très court peut révéler de nombreuses idées. Il ne faut pas, là non plus, se fier à la première impression.

Enfin et *a priori*, si deux ou trois textes sont proposés à la réflexion, ce n'est sans doute pas pour qu'ils soient étudiés séparément dans deux ou trois parties différentes du commentaire.

Lorsque la lecture attentive a permis de dégager d'assez nombreuses idées contenues ou suggérées dans le texte, il faut les classer et ne retenir que les deux ou trois principales qui constituent l'ossature logique du commentaire. Que faire des autres ? Si elles présentent un lien évident de connexité avec les idées principales, il faut les présenter en même temps que ces dernières et elles constituent l'objet assez naturel d'une des sous-parties.

Si le texte à commenter est constitué des articles 20, 49 et 50 de la Constitution de 1958, la présentation du cas d'engagement de responsabilité devant le Sénat contenu à l'alinéa 4 de l'article 49 pourrait constituer une partie du développement consacré au bicaméralisme inégalitaire suggéré par ces différents articles.

Lorsque, en revanche, les idées nées au moment de la lecture apparaissent moins importantes à la réflexion, il ne faut pas hésiter à les écarter du commentaire rédigé, sauf à les évoquer dans l'introduction pour ne plus y revenir. Ce peut être le cas de questions de procédure, dans une décision de justice, quand celles-ci ne constituent pas une des questions majeures du texte. Bien sûr, les choix à opérer à ce stade sont parfois délicats et tout est question d'appréciation mais aussi d'habitude qui ne peut naître que d'un travail régulier.

L'introduction d'un commentaire de texte doit être plus facile à réaliser que celle d'une dissertation et elle n'a pas besoin d'être aussi étoffée que dans ce dernier cas. Elle consiste surtout à présenter le texte : il est important de préciser sa date, ce qui permettra d'indiquer si, par exemple pour une décision de justice, le texte est une confirmation ou un revirement. La date, si elle est ancienne, permet de préciser d'emblée comment la question a évolué depuis ce texte. Un texte sur le président de la République qui daterait d'avant 1986 devrait ainsi être éclairé par la pratique de la cohabitation. Il est aussi nécessaire de préciser sa nature, texte normatif ou opinion doctrinale : dans le premier cas, sa portée est plus grande car il a vocation à changer le droit existant. Si l'auteur est un homme politique, un juriste ou un journaliste (parfois il peut être les trois à la fois), il est bon de rappeler quelques éléments de biographie, afin d'éclairer le texte, principalement si cette personne a joué un rôle particulier dans la rédaction de ce texte. Si le texte à commenter est un extrait du discours de Michel Debré devant le Conseil d'État le 27 août 1958, il importe de préciser quel rôle a joué M. Debré dans l'écriture de la Constitution de 1958. Il arrive, lorsque l'auteur du texte est peu connu, qu'une note précise quelques éléments de biographie. Mais il vaut mieux ne pas trop compter sur cette mansuétude ! En cas de doute sur la personnalité de l'auteur, la prudence s'impose et ne rien dire est encore le plus sûr moyen de ne pas se tromper.

Lorsqu'il s'agit d'un extrait, il est important de le situer dans son contexte, si celui-ci est censé être connu. Si, par exemple, doivent être commentés les articles de la Constitution de 1958 attribuant au président de la République des pouvoirs dispensés du contreseing, il est utile de rappeler dès l'introduction, qu'il existe aussi des attributions qui nécessitent un contreseing. En règle générale, en présence d'une décision de justice, le sujet est donné de telle manière que l'éventuel extrait fourni contient l'essentiel et que le reste n'a pas besoin d'être commenté. Il en est de même dans le cas d'un article doctrinal ou de journal. Essayer de deviner la suite de l'extrait du texte ou ce qui le précède, est un jeu dangereux et inutile.

De façon classique, il est souvent rappelé qu'il n'est pas nécessaire de faire une conclusion dans un commentaire. Comme le texte se suffit normalement à lui-même pour être donné à commenter, le commentaire suffit à sa compréhension, sans qu'il soit besoin de conclure. En effet, tout a été dit sur le texte dans le commentaire et toute idée nouvelle suggérée à la fin sortirait du texte.

III / Commenter n'est pas paraphraser

Deux écueils majeurs guettent le commentateur. L'un et l'autre sont autant rédhibitoires. Le premier consiste à s'évader du texte à un tel point que celui-ci n'est que le prétexte à faire une dissertation et qu'il est totalement oublié. La tentation est grande de procéder de cette manière lorsque le texte n'évoque rien ou peu au commentateur et qu'il pense que traiter de questions générales qui auraient un vague rapport avec le texte peut remplacer un commentaire. Il vaut mieux se persuader d'emblée que le correcteur ne sera pas dupe de cette solution qui n'en est pas une. Le second écueil est de ne rien apporter au texte et de se contenter de répéter ce qu'il énonce, généralement en moins bien exprimé : cela s'appelle de la paraphrase. Un des moyens pour éviter le premier danger passe par le respect des consignes de lecture formulées ci-dessus.

Pour éviter la paraphrase, il faut se rappeler qu'un commentaire doit « faire le tour » du texte, sans oublier un élément, mais tout en le situant dans un ensemble et en formulant une opinion sur son contenu.

Ne pas paraphraser ne signifie pas que l'on doive oublier le texte ni même, parfois, en citer des passages. Mais, là encore, la mesure s'impose et recopier des extraits entiers du texte n'a jamais constitué une bonne technique. Le commentaire ne peut se limiter à répéter ce qui est dit dans le texte, sans en tirer une appréciation ou, au sens premier du mot, un commentaire.

Si l'on prend l'exemple d'une décision du Conseil constitutionnel à commenter, il est par exemple utile de préciser si celle-ci est récente ou non. Dans le premier cas, il faut se demander si cette décision, novatrice en son temps, a été contredite ou non. Dans le second cas, la question se pose de savoir si cette décision contredit une jurisprudence et sur quels points. Il est cependant assez rare qu'un commentaire d'une décision de justice ancienne qui ne fasse plus jurisprudence soit proposé.

Il faut aussi être attentif aux modalités de la saisine (quelle autorité de saisine parmi celles qui peuvent le faire ? à quel moment de la procédure ?). Parfois, ces remarques ne nécessitent aucun commentaire. Dans d'autres cas, cette question mérite de longs développements : la première fois qu'un président de la République sera amené à saisir le Conseil à propos d'une loi, ce qui constituera une innovation majeure du contentieux constitutionnel, ce point nécessitera un commentaire sérieux, par exemple sur le rôle du président au sein des institutions.

On pourra aussi indiquer que la loi qui fait l'objet de cette décision a été débattue longuement dans l'opinion et au Parlement, ce qui souligne les enjeux de la saisine, comme pour les lois récentes sur la justice ou la sécurité.

Lorsque le texte à commenter est un texte normatif, il faut veiller aux conditions de son édiction (vote par une ou deux assemblées ? contreseing ou non ?). Là encore, ces éléments sont souvent anodins et sans nouveauté majeure. Parfois, ils peuvent révéler des problèmes essentiels sur lesquels le commentaire doit mettre l'accent.

La lecture du texte est le plus sûr moyen de ne pas passer à côté de ces points importants. Dans une décision juridictionnelle, les mots de liaison, qui ponctuent le raisonnement du juge (les expressions « dès lors », ou « considérant cependant » ou « il ressort des pièces du dossier ») sont, en règle générale, essentiels à la bonne compréhension du texte. Il en est de même dans un article de doctrine ou de journal et les différents stades du raisonnement de l'auteur doivent être remarqués et éventuellement commentés.

Le style même d'un auteur est parfois à commenter, sans se livrer à une analyse linguistique ou grammaticale. Il arrive qu'un homme politique s'exprime de façon imagée ou par antiphrase et il faut alors décrypter le sens réel de sa pensée. Le style fleuri du général de Gaulle dans certaines conférences de presse en constitue un bon exemple.

En présence d'un texte normatif, en principe plus concis et plus abstrait, il est parfois nécessaire de veiller à l'emploi de certains mots : « peut dissoudre » ne signifie pas la même chose que « doit dissoudre » ou « il dissout ». L'emploi de l'indicatif présent est le signe d'une obligation, comme dans l'article 49, alinéa 1, de la Constitution : « Le Premier ministre engage devant l'Assemblée nationale la responsabilité du Gouvernement ». Dans l'article 8, la phrase « Le président de la République nomme le Premier ministre » signifie que cette nomination par le président suffit à ce qu'une personne soit désignée à cette fonction, et qu'il n'a besoin d'aucune confirmation ou de l'intervention d'aucune autre procédure. La nomination est parfaite dès qu'elle a été prononcée par le chef de l'État. Le commentaire est donc aussi celui du sens des phrases, ce qui justifie, une nouvelle fois, toute l'attention qui doit être apportée à la bonne lecture du texte. Celle-ci, liée à des connaissances suffisamment solides pour que soient mis en avant les points importants du texte, permet de vaincre les difficultés, réelles mais pas insurmontables, du commentaire de texte en droit constitutionnel.

L'étude de cas ou la consultation

Faut-il préciser encore une fois que les qualités requises pour faire du droit constitutionnel et évoquées ci-dessus sont tout aussi utiles pour l'épreuve de cas pratique ? Sans connaissances, sans qualité de raisonnement et de clarté, il n'est guère possible de traiter ce type d'épreuve et le fait que celle-ci soit d'apparence moins abstraite (d'où son nom !) ne le rend pas plus aisé pour autant.

Ce type d'épreuve est, en principe, celui qui se rapproche le plus de la vie « réelle » puisqu'il s'agit de résoudre un cas particulier, susceptible de se poser dans la pratique, ce que fait un avocat ou un juge. C'est donc l'exercice du juriste qui permet de constater que la matière est non seulement apprise, mais qu'elle est comprise et applicable à des situations concrètes, d'où son côté attractif, ce qui ne signifie pas son caractère facile. Cette épreuve est parfois désignée sous le nom de « consultation » car il arrive que certains professeurs de droit ou des membres des professions de conseil soient consultés, parfois par les plus hautes autorités politiques ou administratives avant qu'une décision soit prise. Ces consultations prennent souvent l'aspect d'un cas pratique tel qu'il est proposé dans certains sujets.

Du point de vue de la présentation des sujets, le cas pratique proprement dit est assorti de différentes questions identifiées, parfois numérotées, alors que la consultation a la forme d'un scénario à la fin duquel il est proposé de résoudre l'ensemble du cas. Mais cette dernière forme ne doit pas inciter à traiter le sujet comme une dissertation et il faut, dans un premier temps, identifier les différents problèmes posés, car il y en a en principe plusieurs, avant de chercher à les résoudre.

Les spécificités du droit constitutionnel font, comme cela a été évoqué, que la pratique des institutions inscrites dans la Constitution est moins fréquente que le divorce ou la reconnaissance de paternité, et les auteurs de sujet doivent faire preuve de beaucoup d'imagination pour fabriquer des sujets plausibles qui obligent les étudiants à ne pas seulement réciter des connaissances mais à se servir de celles-ci pour résoudre une situation originale. Le droit électoral, les calculs de majorité, le fonctionnement de certaines institutions ou de procédures comme la motion de censure ou la dissolution d'une assemblée constituent les terrains de prédilection du cas pratique en droit constitutionnel.

En dehors de cette particularité, le cas pratique en droit constitutionnel exige les mêmes qualités que dans les autres disciplines et la maîtrise de sa technique servira pour des matières enseignées dans des années ultérieures.

Alors que la dissertation et le commentaire proposent un sujet à traiter, qui est en principe identifiable, le cas pratique, et encore plus la consultation, nécessitent de chercher quels sont les problèmes contenus dans l'énoncé et comment les formuler, avant de tenter de les résoudre. En cela, le véritable cas pratique se distingue de la série de questions sur un texte réel ou sur une situation historique ayant existé et dont la réponse peut être trouvée par l'appel à des connaissances. La première phase est essentielle car la réussite de la seconde en dépend.

I / Identification des problèmes posés

Il faut distinguer les questions et les problèmes. Lorsqu'une consultation est proposée, la forme du sujet pourra être, après l'exposé d'un ensemble de faits ou de situations, rédigée ainsi : « *Monsieur X* (qui est censé être celui qui vient consulter) *vous demande de l'aider à prendre telle ou telle décision* ». Il faut donc, parmi les données fournies par le sujet, opérer le tri entre les éléments de pur fait et les problèmes juridiques suscités par ces faits. Il faut donc identifier les problèmes et les transformer en questions. Par exemple, si le sujet suggère que le consultant, Premier ministre sous la Ve République, souhaite se « débarrasser » (les sujets emploient volontairement des expressions non juridiques afin d'obliger à requalifier les faits dans le langage du droit constitutionnel) d'une assemblée législative qui ne répond plus à ces vœux, il faut comprendre :

- Que peut signifier, sous la Ve République, se « débarrasser » d'une assemblée ?

- De quelle assemblée, sachant qu'il existe deux assemblées législatives, peut-on se débarrasser ?
- Quelle est l'autorité compétente pour le faire ? Si ce n'est pas le Premier ministre, celui-ci peut-il contraindre ou inciter l'autorité compétente à le faire ?
- La décision est-elle soumise à des conditions ?
- Dans le cas du scénario proposé, ces conditions sont-elles réunies ?

Cet exercice exige donc un travail de reconstruction du sujet, qui est nécessaire pour le traiter et des qualités de raisonnement juridique sont demandées.

Le travail de lecture demande donc encore plus d'attention que dans les autres types de sujet, car il faut chercher où se trouve la question, si elle n'est pas formulée, dans l'enchevêtrement de faits proposé et qui est volontairement, la plupart du temps, un peu compliqué. Le sujet peut être présenté comme une « histoire » plus ou moins réaliste à propos de laquelle il sera demandé de venir au secours de celui qui est censé être à l'origine du cas, et sans que des questions intermédiaires soient formulées. Ces faits s'inspirent parfois de faits réels ou sont adaptés de situations ayant existé mais ils sont déformés volontairement pour que la réponse ne puisse pas être trouvée directement dans un cas similaire trop connu. De même, certains cas pratiques, en droit privé surtout, sont adaptés de décisions de justice mais après que les situations réelles ont été modifiées.

Lorsque le cas pratique distingue lui-même les questions à partir d'un scénario, il faut transformer ces questions en problèmes, c'est-à-dire se demander à quel problème juridique se rattache la question posée.

Pour un sujet dans lequel un Premier ministre s'interroge sur les moyens par lesquels il peut faire adopter un certain nombre de mesures, il peut être précisé certains points. Par exemple, il est indiqué que le projet se heurte à une forte opposition du Sénat et il peut être demandé comment vaincre cette opposition. Par rapport à l'exemple de la consultation ci-dessus, la réponse est ainsi guidée par des questions plus ou moins précises.

Il faut malgré tout, dans ce cas se demander :

- Si le projet nécessite l'acceptation obligatoire du Sénat (cas d'un projet de loi constitutionnelle ou de certaines lois organiques ? lesquelles ?).

• Si ce n'est pas le cas, peut-on se passer de l'accord du Sénat ? Dans quelles conditions, de délai, de procédure ?

• Le gouvernement risque-t-il la censure du Sénat ? Peut-il au contraire engager sa responsabilité sur ce texte afin d'en accélérer son adoption ?

• Une fois la loi adoptée malgré l'opposition majoritaire du Sénat, celui-ci (ou certains de ses membres) peut-il s'adresser à une juridiction ? Si oui, laquelle, dans quelles conditions, de forme, de procédure, de délai ?

Même si, dans ce cas, la réponse à la question est guidée par la recherche des moyens de briser l'opposition du Sénat, il faut « traduire » cette question en termes ou problèmes juridiques : le bicaméralisme en France, l'inégalité entre les deux assemblées, dans l'élaboration de la loi et/ou dans le contrôle du Gouvernement, les moyens à la disposition du Sénat pour s'opposer, principalement par la saisine du Conseil constitutionnel. La formulation des questions doit aider à identifier les problèmes, mais elle ne suffit pas. Sinon, le cas pratique n'aurait plus de raison d'être.

Après avoir recensé les questions posées par le texte, il faut leur trouver une réponse. L'identification de la question, ce qui revient à trouver le problème juridique, permet de la résoudre déjà partiellement.

II / Réponse aux questions

L'objectif de l'épreuve est de trouver une réponse à la question posée, qu'elle soit la plus exacte possible, mais il faut aussi la justifier par une démonstration. Il ne faut pas, en effet, que cette réponse apparaisse comme le fruit du hasard ou le résultat de la chance. C'est aussi en cela que l'exercice est difficile. Il est délicat car il faut déjà retrouver quels sont les problèmes posés avant d'envisager d'y répondre. Ne pas poser les poser correctement est le plus sûr moyen de se tromper quant aux solutions.

Le cas pratique présente le grand avantage, apparent, d'être dispensé de la recherche d'un plan. En règle générale, en effet, le sujet est divisé en questions et il suffit d'y répondre dans l'ordre proposé. Dans le cas où il y est répondu dans le désordre, parce que certaines questions appellent des réponses plus faciles que d'autres, il est vivement conseillé de ne pas oublier de rappeler la numérotation des questions. Ce conseil doit être également suivi pour le commentaire assorti de questions (cf. *supra*).

Mais, bien entendu, cet exercice comprend d'autres difficultés qui peuvent le rendre tout aussi « redoutable » que la dissertation ou le commentaire. Il exige en effet que les questions abordées dans le cas ne restent pas sans réponse car l'objectif poursuivi ne serait pas atteint. Aucune question, posée expressément ou implicitement, ne peut rester sans réponse, et, parfois comme dans les sciences exactes, seule la réponse correcte à une question permet de traiter la ou les questions suivantes. Le candidat n'est donc pas libre (beaucoup moins que dans une dissertation pour laquelle l'approche est laissée à la discrétion de chacun) dans le traitement du sujet.

Il arrive parfois que l'utilisation des notes de cours et des ouvrages soit autorisée pour traiter le sujet. Il s'agit en principe d'une aide mais il faut imaginer que le sujet qui est posé est sans doute délicat et qu'il nécessite des réponses précises dont la connaissance « par cœur » n'est pas exigée. Mais la maîtrise de la matière est cependant une nécessité car il faut retrouver, dans ces notes ou ces ouvrages, où se trouve la réponse. C'est cet exercice qui s'apparente le plus à ce que doit faire le juriste professionnel qui, s'il ne « sait » pas tout, doit savoir quoi et où chercher. L'aide apportée par les documents, lors d'un examen, peut devenir un piège si l'on ne sait pas les utiliser et le risque est grand de se perdre.

Une autre solution consiste parfois à fournir la Constitution du pays qui fait l'objet de l'examen, ou un extrait de celle-ci. Des documents ou textes, dans lesquels peuvent se trouver des éléments de réponse, sont parfois distribués avec le sujet. Encore faut-il savoir les lire, c'est-à-dire les comprendre et s'en servir à bon escient.

Formuler une réponse argumentée nécessite de fournir à l'auteur des questions la démarche par laquelle la réponse est obtenue. Si la question posée consiste à se demander comment réviser la Constitution de 1958, il faudra par exemple envisager quelle est la qualité de l'auteur de la question (membre du Parlement ou autorité relevant du pouvoir exécutif ?). Si c'est un parlementaire, il pourra lui être répondu qu'il peut être à l'origine d'une proposition de loi constitutionnelle et que celle-ci devra suivre les étapes du vote d'une loi, avec un certain nombre de spécificités. Si ce parlementaire est un sénateur, il ne sera pas inutile de lui indiquer que le Sénat possède un véritable de droit de veto sur les initiatives de l'Assemblée nationale et que les deux assemblées se situent sur un pied d'égalité en matière constitutionnelle. Il sera enfin utile de rappeler à ce parlementaire que la loi constitutionnelle devra obligatoirement être soumise au référendum et non au Congrès. Sauf si cet élément pouvait aider à la formulation de la réponse, il n'est donc pas nécessaire, dans un cas pratique, de retracer un historique de la révision et de donner la liste de toutes les révisions intervenues depuis 1958. Il y a des chances que ces connaissances livresques intéressent assez peu celui qui cherche une réponse précise. En cela, le cas pratique se distingue de la dissertation. Les aspects théoriques du sujet doivent être limités à la seule recherche de la réponse et il est exclu de transformer un cas pratique en un cours.

On devra donc détailler les étapes du raisonnement et ne pas livrer une réponse toute faite. Il s'agit de démontrer la pertinence de la réponse et, accessoirement, de montrer que celle-ci est raisonnée et reflète la compréhension de la matière. Cette exigence est d'autant plus fondée qu'il peut exister plusieurs réponses à la question (parce que celle-ci a été formulée avec suffisamment d'incertitude pour que des éléments précis manquent : dans l'exemple précité de la révision, n'aura ainsi pas été précisée la qualité de député ou de sénateur du parlementaire consultant). La pluralité des réponses pourra provenir aussi de la matière elle-même qui ne s'apparente pas à une science exacte : le président de la République peut-il ou non refuser les ordonnances de l'article 38 que lui soumet le Gouvernement ? L'article 11 peut-il être utilisé pour réviser la Constitution ? L'absence d'une réponse unique, dans certains cas, doit inciter à la prudence et il vaut mieux, alors, fournir plusieurs solutions et souligner les avantages ou les inconvénients respectifs ou les problèmes soulevés par les unes et les autres. Cette technique doit cependant être maniée avec modération lorsque, en revanche, la réponse est évidente et que la pluralité de solutions reflète l'ignorance de son auteur : ainsi, dans un sujet sur le droit de dissolution, il vaut mieux éviter de dire au Premier ministre, qui cherche à se débarrasser du Sénat, qu'il peut le faire sans difficulté.

La rédaction du devoir obéit à des contraintes moins fortes que pour les autres types de sujet. Il n'est pas utile de faire une introduction, notamment lorsque ce sont des questions distinctes qui sont posées. Il suffit d'y répondre, dans l'ordre ou non (cf. *supra*). Recopier les questions avant d'y répondre est une perte de temps inutile. Quand c'est une consultation, on peut adopter le style d'une lettre, d'un discours ou d'une autre forme de document, comme la note administrative. Le sujet impose parfois un type de réponse, ce qui conditionne la forme du devoir, mais ce n'est pas obligatoire.

Il est fondamental d'ordonner les réponses dans une cohérence logique, gage de la clarté, après avoir identifié les questions que l'on a cru discerner dans l'exposé des faits. Là aussi, recopier les faits n'apporte rien à la qualité du devoir. Il suffit de les résumer pour en extraire le problème juridique posé.

De la même façon, une conclusion générale n'est pas nécessaire et la réponse à la dernière question posée doit terminer logiquement le devoir.

On le voit, bien que chaque type d'exercice de droit constitutionnel obéisse à un certain nombre de règles ou « consignes » qu'il faut s'efforcer de suivre et qui doivent faciliter le travail, des qualités communes sont exigibles, maîtrise des connaissances, clarté de la rédaction, rigueur de l'analyse. Enfin, dernier conseil, c'est souvent par la répétition de l'exercice que ces qualités peuvent s'acquérir. Bon travail !

Une nouvelle catégorie de sujets

De nouveaux sujets sont apparus depuis peu. Ils sont dus à la multiplication du nombre d'étudiants en droit de première année, à la réduction du nombre d'heures octroyées même aux enseignements fondamentaux (parfois à peine plus de vingt heures pour un semestre) et à la semestrialisation qui conduit à un apprentissage faisant que les étudiants oublient au second semestre ce qu'ils ont pu étudier et comprendre lors du premier semestre. D'annuelle, la matière, comme les autres, tend à devenir deux moitiés différentes d'une même discipline.

En outre, il arrive que pour les épreuves de la session de remplacement (l'ancienne session de septembre), la durée des épreuves soit ramenée de 3 heures à une heure afin de tenir compte de ces réalités et des contraintes de temps.

Les facultés de droit et les autres instituts et les professeurs ont dû s'adapter dans le choix des sujets et dans l'élaboration des corrigés.

Pour ces sujets d'un nouveau genre, il ne peut plus en effet être demandé aux étudiants d'élaborer un plan en deux parties et deux sous-parties, et les réponses peuvent se contenter d'être structurées en paragraphes dans un ordre où la logique doit primer. Lorsque les sujets appellent une argumentation, c'est-à-dire à une série de raisons qui justifient la réponse, il est recommandé de séparer et justifier les différents arguments présentés ; Dans d'autres cas, il est demandé des réponses courtes qui n'exigent qu'une réponse logique sans souci d'une structuration particulière. Lorsque ces sujets sont formulés avec plusieurs questions, il est alors nécessaire de distinguer les réponses correspondant aux différentes questions. Si ces dernières sont distinguées, les réponses doivent l'être aussi, non seulement formellement, mais aussi sur le fond.

Pour tous ces nouveaux corrigés, les qualités rédactionnelles et formelles restent toujours exigibles et la clarté du propos est une condition toujours présente du succès. L'acquisition de connaissances demeure évidemment un point de passage obligé.

La recherche documentaire

L'étude du droit constitutionnel est souvent précédée d'un *a priori* favorable, du moins peut-on l'espérer. Pour beaucoup, en effet, celle-ci peut se faire agréablement en lisant les journaux du jour (ou de la veille) ou, mieux encore, en regardant les informations à la télévision ou en « surfant » sur Internet. Il est évident, comme cela a été souligné à plusieurs reprises dans les conseils méthodologiques présentés plus avant, que cette lecture, qui demande un effort de concentration plus grand que la seule passivité devant un écran, doit être privilégiée pour cette raison, et est nécessaire à la connaissance des phénomènes constitutionnels les plus récents. Ainsi peut-on apprendre l'existence du vote d'une révision constitutionnelle ou la formation d'un nouveau gouvernement, connaître le résultat des élections qui viennent de se dérouler ou le débat sur une motion de censure. Pour utile qu'elle soit, cette connaissance n'est pas suffisante. Le droit constitutionnel est en effet une discipline juridique et doit être étudié avec les mêmes outils que les autres branches du droit, avec des qualités et une rigueur identiques. Rien ne serait plus dommageable pour la suite des études du droit que de considérer que le droit constitutionnel se résume en un commentaire de l'actualité. Il n'est donc pas surprenant que les instruments de travail soient très proches de ceux utilisés dans d'autres disciplines juridiques.

I / La Constitution, ou les constitutions, instruments essentiels

Parmi les outils indispensables, figure, évidemment, pour un juriste français, la **Constitution du 4 octobre 1958**, dans sa version à la fois complète et à jour. Complète, car elle doit comprendre le texte de la **Déclaration des droits de l'homme et du citoyen de 1789** et celui du **Préambule de 1946** et de la **Charte de l'environnement de 2004**.

Ce texte doit être à jour, car il doit, dans la mesure du possible, comprendre les dernières révisions adoptées. Pour une meilleure compréhension du texte constitutionnel, une édition qui présente le texte à jour mais aussi, sous la forme de notes de bas de page ou sous une autre, les textes abrogés ou modifiés, permet de mesurer les évolutions et les changements. Souvent, ce texte est distribué dans les premières séances de travaux dirigés. Si tel n'était pas le cas, il est nécessaire de s'en procurer un exemplaire. Il est encore plus utile d'avoir ce texte avec soi, durant les cours magistraux (et encore plus pour les séances de travaux dirigés), afin de suivre les exemples donnés ou les commentaires de texte qui sont parfois présentés durant ces enseignements.

Si, à la différence de beaucoup de matières, le droit constitutionnel ne possède pas de code officiel, la Constitution est tout aussi nécessaire à l'étude de cette matière que le code civil dans d'autres disciplines. Les « codes constitutionnels » existants sont des initiatives éditoriales et peuvent constituer des aides à la compréhension des articles de la Constitution. Il peut aussi être utile de se servir, au moins en les feuilletant ou en les parcourant, d'ouvrages publiant en français le texte des **principales constitutions étrangères ou des États de l'Union européenne**. La confrontation de ces textes avec le texte français est une perpétuelle source de réflexion et d'enrichissement sur la connaissance du système juridique français. Là aussi, en fonction du programme et des orientations propres à chaque professeur, il peut arriver que certains textes ou extraits de textes étrangers soient distribués aux étudiants ou fassent l'objet de séances spécifiques de travaux dirigés.

De la même manière, la **connaissance des constitutions françaises de notre histoire** est un complément essentiel, à la fois pour éveiller la curiosité mais aussi pour ne pas commettre l'erreur grave de considérer que la Constitution actuellement applicable aurait tout inventé. Là encore, en fonction des choix opérés par chaque professeur, une place plus ou moins grande peut être donnée à l'étude de l'histoire constitutionnelle. Il existe d'excellents recueils de textes constitutionnels français.

II / Les ouvrages de droit constitutionnel

Ces ouvrages, parfois consacrés aussi aux **institutions politiques**, sont nombreux et l'on se gardera bien d'opérer des classements ou de jeter des anathèmes. En la matière, chacun doit pouvoir trouver le ou les ouvrages qui lui conviennent le mieux. Si l'on ne veut – ou ne peut – pas acquérir trop d'ouvrages, les bibliothèques et les salles de travail sont là pour élargir la curiosité des étudiants. Les prêts entre étudiants ne doivent pas non plus être systématiquement négligés... Il est en effet préjudiciable, pour une matière à laquelle sont adossés des travaux dirigés, de se contenter, durant toute une année, d'un seul ouvrage ou manuel. **Il faut diversifier les lectures, les approches et les points de vue.** Et un ouvrage, aussi bon soit-il (et il en existe...) peut comporter de plus ou moins longs développements sur une question que dans un ouvrage voisin. Néanmoins, l'ouvrage de prédilection que choisira chaque étudiant, en fonction de critères aussi variés que le plan du livre, sa densité ou même sa présentation, doit être d'un volume suffisant pour ne pas être qu'un simple résumé du cours et pour apporter des éléments de réflexion et d'information supplémentaires par rapport au cours magistral.

À ces ouvrages de base, qui correspondent en principe à un cours annuel dispensé dans les facultés de droit, peuvent s'ajouter, en fonction des thèmes étudiés, des ouvrages plus spécialisés d'histoire constitutionnelle, de droit comparé ou de contentieux constitutionnel.

III / Les revues spécialisées

Leur lecture et leur utilisation ne sont pas absolument évidentes pour un étudiant de première année. Elles sont néanmoins essentielles pour compléter la formation et développer la curiosité.

Il existe une revue consacrée exclusivement au droit constitutionnel, c'est la *Revue française de droit constitutionnel* (*RFD const.* ou *RFDC*) qui paraît quatre fois par an. Il faut y ajouter, depuis 2010, la revue *Constitutions*. La revue *Pouvoirs* analyse un thème de l'actualité politique, française ou étrangère (quatre numéros par an). Elle comprend aussi une excellente chronique constitutionnelle française. La *Revue du droit public* (*RD publ.* ou *RDP*), la plus ancienne et comme son nom l'indique, qui s'intéresse aux divers champs du droit public, au moins interne, fait une large place au droit constitutionnel (six numéros par an). La constitutionnalisation des branches du droit, c'est-à-dire, pour simplifier, la dimension constitutionnelle des autres disciplines juridiques, implique que des revues, dont le contenu et le titre apparents ne font pas apparaître directement le droit constitutionnel, peuvent contenir des contributions consacrées au droit constitutionnel. Elles ne sont donc pas à négliger, comme le montre la première partie de cet ouvrage, consacrée à l'actualité juridique (voir la *Revue française de droit administratif*, *l'Actualité juridique Droit administratif*, et le *Recueil Dalloz*).

IV / La documentation informatisée

Les étudiants en droit ne peuvent plus ignorer ce nouveau moyen de communication, qu'il faut parfois utiliser avec prudence. Contrairement à une idée reçue, l'informatique ne permet pas de trouver réponse à tout, si l'on ne possède pas, au moins un peu, les rudiments de la matière. Sinon, l'on risque fort de se perdre et de ne pas être capable de distinguer ce qui est important de ce qui est dépourvu d'intérêt. La documentation informatisée ne dispense aucunement de travailler et n'est pas un substitut à la lecture.

Les cédéroms juridiques permettent d'économiser du papier, mais certains proposent la même information dans la version papier correspondante (c'est le cas des codes et de la plupart des revues). La consultation de ces cédéroms dans une bibliothèque est néanmoins un bon moyen de se familiariser avec cet outil et de découvrir l'information juridique sous une forme nouvelle.

De même, il existe de nombreux sites Internet susceptibles d'intéresser le droit constitutionnel, à commencer par ceux des principales institutions, les deux assemblées parlementaires, le Conseil constitutionnel, la présidence de la République ou Matignon, et ils ont le grand avantage d'être gratuits. Les sites des principales institutions publiques sont :

- **assemblee-nationale.fr**
- **senat.fr**
- **conseil-constitutionnel.fr**
- **elysee.fr**
- **premier-ministre.gouv.fr**
- **conseil-etat.fr**

Le site **www.legifrance.gouv.fr** permet enfin de connaître les textes en vigueur dans leur dernier état et d'avoir accès à la jurisprudence constitutionnelle, administrative et judiciaire. Les moteurs de recherche permettent désormais un accès facilité à la documentation. Bonne navigation…

V/ Bibliographie indicative

Les ouvrages cités ci-dessous sont susceptibles, pour certains d'entre eux, de connaître une nouvelle édition à la rentrée 2022 :

A.-C. Bezzina et M. Verpeaux, *Textes constitutionnels et politiques*, coll. « thémis », PUF.

P. Bodineau et M. Verpeaux, *Histoire constitutionnelle de la France*, coll. « Que sais-je ? ».

B. Chantebout, *Droit constitutionnel*, Sirey, coll. « Université ».

V. Constantinesco et S. Pierré-Caps, *Droit constitutionnel*, PUF, coll. « Thémis Droit ».

O. Duhamel et G. Tusseau, *Droit constitutionnel et institutions politiques*, Le Seuil.

L. Favoreu et *al.*, *Droit constitutionnel*, Dalloz, coll. « Précis ».

J. Gicquel et J.-É. Gicquel, *Droit constitutionnel et institutions politiques*, Montchrestien, coll. « Précis Domat ».

O. Gohin, *Droit constitutionnel*, Lexis-Nexis.

F. Hamon et M. Troper, *Droit constitutionnel*, LGDJ, coll. « Manuel ».

D.-G. Lavroff, *Le droit constitutionnel de la Ve République*, Dalloz, coll. « Précis ».

P. Pactet et F. Mélin-Soucramanien, *Droit constitutionnel*, Sirey, coll. « Université ».

A.-M. Le Pourhiet, *Droit constitutionnel*, Economica, coll. « *Corpus* droit public ».

H. Portelli, *Droit constitutionnel*, Dalloz, coll. « HyperCours ».

S. Rials, *Textes constitutionnels français*, coll. « Que sais-je ? ».

M. Verpeaux, *La Constitution*, Dalloz, coll. « Connaissance du droit ».

M. Verpeaux, *Droit constitutionnel français*, PUF, coll. « Droit fondamental ».

W. Pastor et É. Zoller, *Droit constitutionnel*, PUF, coll. « Droit fondamental ».

Note aux lecteurs

L'année universitaire 2021-2022 a été, mais moins que les précédentes, perturbée par la pandémie de la Covid-19. S'agissant des examens de Licence 1 qui intéressent directement le Droit constitutionnel, les facultés et instituts ont réagi de manière diverse, mais ont pu rétablir les examens « présentiels ». Les sujets et les corrigés présentés dans l'édition 2023 des Annales retrouvent ainsi un contenu plus proche de ce qu'ils étaient jusqu'en 2019.

Théorie du pouvoir politique et du droit constitutionnel

› *Dissertation*

Le pouvoir de commandement de l'État : légitimité, manifestations et limites.

Thème principal

L'État et son autorité

Mots-clés

État, Souveraineté, Normes, Constitution, Contrôle de constitutionnalité

Sujet proposé et corrigé établi par

Pauline Türk, Professeure, Université Nice-Côte d'Azur

Premier semestre 2020-2021

› *Préparation*

Analyse du sujet

Ce sujet faisait appel aux connaissances acquises dans les chapitres du cours du premier semestre de L1 consacré à l'État, à la souveraineté, aux normes, à la Constitution et à sa garantie, ainsi qu'à la séparation des pouvoirs.
Il soulève la question des conditions et fondements selon lesquels s'exerce le pouvoir de l'État, la puissance publique, le pouvoir politique, autrement dit le « pouvoir de commandement ».
La difficulté consiste à :
– faire le lien entre la légitimité du pouvoir de commandement de l'État et la notion de souveraineté ;
– identifier quelles sont les manifestations du pouvoir de commandement de l'État : elles prennent notamment la forme de normes, d'actes obligatoires et contraignants tels les règlements et les lois ;
– réfléchir aux limites qui s'appliquent au pouvoir de commandement de l'État : si la mondialisation, la globalisation, l'européanisation ou la décentralisation ont été évoquées dans les copies, ce sont surtout les mécanismes constitutionnels d'encadrement du pouvoir de l'État qui, ici, nous intéressaient : la théorie du constitutionnalisme et notamment le principe de constitutionnalité, le contrôle de constitutionnalité, et aussi la séparation des pouvoirs.
Le traitement du sujet (proposé au choix, au côté d'un sujet plus classique), impliquait une méthodologie sans faille, notamment un effort de définition des termes du sujet (ici, « pouvoir de commandement », « légitimité », « manifestations », « limites »), de délimitation et de problématisation du sujet.
Une autre difficulté tenait au choix du plan : à moins de choisir une approche en trois temps sans doute un peu descriptive, il fallait faire entrer les trois aspects de la réflexion dans une logique binaire.
À noter que le sujet, proposé aux étudiants de L1, ne pouvait être traité que sous l'angle du droit constitutionnel, et à la lumière des connaissances acquises au premier semestre. Il fallait proposer une démonstration cohérente et structurée par un plan équilibré, sur la base d'une problématique clairement dégagée en introduction, mobilisant les principales connaissances utiles. Il convenait de souligner l'importance du sujet, puisque les modes d'expression et les limites au pouvoir politique de l'État, pour éviter l'arbitraire et protéger les libertés, sont le cœur même du droit constitutionnel.

Parmi les défauts relevés dans les copies, on peut regretter :
- les fautes d'orthographe ;
- l'absence de définition des termes du sujet en introduction, de problématique, et d'annonce de plan ;
- l'absence d'interrogation sur les mots-clefs : « légitimité », « manifestations », « limites » ;
- le remplissage sur la thématique générale, sans répondre précisément à la demande ;
- les titres peu clairs, ou peu juridiques ;
- un trop faible lien entre les éléments du cours développés (l'État, la souveraineté, la constitution, etc.) et la problématique (du pouvoir de commandement, ses fondements, expressions et limites) ;
- les oublis : certaines copies ne montrent pas que le contrôle de constitutionnalité est une limite au pouvoir de l'État (et des pouvoirs exécutif et législatif en particulier, etc.) ; que le pouvoir législatif et le pouvoir exécutif sont une manifestation du pouvoir de commandement de l'État, etc. ;
- si une réflexion sur la forme de l'État (unitaire, fédéral, décentralisé, etc.) pouvait enrichir la réflexion, une partie entière, sans effort pour la relier au sujet, consacrée aux formes de l'État (régionaliste, fédéral, unitaire, déconcentré, décentralisé, etc.) est apparue hors sujet.

La notion de « Constitution » pouvait s'utiliser sous un triple angle : s'agissant de la légitimité (fondement) du pouvoir de l'État (la Constitution légitime et fonde son pouvoir) ; des manifestations (la Constitution est une norme contraignante par laquelle s'exprime le pouvoir de l'État souverain) ; et des limites (la Constitution fixe des règles qui encadrent et limitent le pouvoir de l'État : autolimitation, séparation des pouvoirs, État de droit, droits et libertés des citoyens garantis...).

Plan du corrigé

I/ Fondement et légitimité du pouvoir de commandement de l'État
A – Le pacte social, ancré dans la Constitution
B – La souveraineté légitimant le pouvoir de l'État
II/ Manifestations du pouvoir de l'État et limites à son exercice
A – Les normes, expression du pouvoir de l'État
B – L'encadrement du pouvoir par des principes et mécanismes constitutionnels

› *Corrigé*

Dans sa *Contribution à la théorie générale de l'État*, Raymond Carré de Malberg définit, en 1920, l'État comme « une communauté d'hommes, fixée sur un territoire et possédant une organisation d'où résulte, pour le groupe envisagé dans ses rapports avec ses membres, une puissance supérieure d'action, de commandement et de coercition ». L'État se caractérise, en effet, par son pouvoir de commandement, son autorité, sa capacité à exercer un pouvoir de contrainte, à commander et à se faire obéir.

Le sujet proposé pose la question de la « légitimité » de ce pouvoir de commandement, c'est-à-dire le fondement, la source, la justification de ce pouvoir, permettant d'en faire admettre le bien fondé et de susciter l'adhésion de la population qui y est soumise, ou au moins son obéissance. Cette obéissance est conditionnée par la légitimité que l'on reconnaît au pouvoir qui s'exprime. John Locke a, parmi les premiers, théorisé le droit de rébellion d'un peuple qui s'estimerait gouverné par un pouvoir illégitime. Les premiers théoriciens de l'État, tel Bodin, ont recherché le fondement du pouvoir dans la notion de souveraineté. Cette dernière notion est souvent rapprochée de la troisième composante de l'État, à savoir une organisation juridico-politique exerçant la puissance publique (le territoire et la population étant les deux premiers éléments constitutifs).

Quant aux « manifestations » du pouvoir de commandement, elles correspondent aux modes d'expression de ce pouvoir. Georges Vedel rappelait que le pouvoir de l'État lui permettait de disposer de la police et de la force armée, c'est-à-dire du « monopole de la contrainte organisée ». Cette contrainte s'exprime aussi par la production de normes, actes contraignants qui s'imposent aux citoyens/administrés qui doivent y obéir.

Enfin les limites au pouvoir de commandement de l'État prennent différentes formes. Sous l'angle du droit constitutionnel, le pouvoir de l'État s'arrête là où commence l'arbitraire. Il est donc borné, afin de préserver les droits des citoyens qui relèvent de son autorité. Ces limites sont au cœur de la théorie du « pacte social » et de la théorie du constitutionnalisme. Elles se traduisent par des mécanismes et principes tels l'encadrement du pouvoir de l'État par le droit, la séparation des pouvoirs ou encore le contrôle de constitutionnalité.

Le sujet amène donc à s'interroger sur le fondement, la consistance, les modes d'expression et l'étendue du pouvoir de l'État, à une heure où le rôle de l'État, en temps de paix comme en temps de crise, ne cesse d'être interrogé. Alors que certains remettent en cause l'État et son autorité, jugés dépassés par la montée en puissance des organisations internationales, ou contestés à raison d'une relative défiance dans les institutions de gouvernement, d'autres constatent un attachement à l'État et à son ordre juridico-politique, voire même certaines manifestations d'un « retour aux frontières ». En droit constitutionnel, la question de savoir ce qui justifie et explique que les citoyens acceptent de se soumettre à l'autorité de l'État, et celle de l'existence de garde-fous qui les protègent d'un pouvoir arbitraire, sont des enjeux majeurs.

Il sera traité d'abord du fondement légitime du pouvoir de commandement de l'État (I), puis des manifestations de son autorité, laquelle s'exprime dans le cadre de limites bien déterminées (II).

I/ Fondement et légitimité du pouvoir de commandement de l'État

Le pouvoir de commandement de l'État tire sa légitimité du « pacte social » par lequel les citoyens acceptent de se soumettre à l'autorité étatique en échange de certains avantages (A) et du principe selon lequel l'État exprime une souveraineté dont l'exercice lui est confié par le peuple ou la Nation (B).

A – Le pacte social, ancré dans la Constitution

Les théories relatives aux conditions d'apparition des sociétés politiques sont diverses. Celles dites « du contrat social » associent la création d'un État à une manifestation de la volonté des futurs citoyens de cet État de s'en remettre à une autorité commune pour obtenir la paix, la sécurité, et des conditions de vie propices à l'épanouissement individuel et collectif. Bien que très abstraites, ces théories permettent de révéler une condition nécessaire à la légitimité du pouvoir de commandement de l'État : l'adhésion des citoyens soumis à cette autorité, sans laquelle le principe même de l'obéissance aux règles (et du paiement de l'impôt) est remis en cause.

On sait que plusieurs approches en ont été développées, des plus pessimistes (T. Hobbes) à d'autres plus positives. Selon John Locke, le contrat social doit permettre de garantir la sécurité, mais aussi le respect de certains droits des citoyens, notamment celui de propriété. Selon lui, ce pacte peut donc être remis en cause si les citoyens ne bénéficient pas de l'accord, c'est-à-dire s'ils se retrouvent à subir l'autorité d'un État qui ne remplit pas ses devoirs à leur égard, ce qui leur donne un droit de rébellion contre ce pouvoir dès lors illégitime. Rousseau, auteur de l'ouvrage de référence sur le sujet paru en 1762, voyait aussi dans « le contrat social » un moyen de libérer les citoyens et non de les asservir (au prix d'un échange de leur fausse liberté naturelle contre une « liberté conventionnelle »). Sous cet angle, le pouvoir de commandement de l'État trouve donc bien pour fondement à sa légitimité la volonté des citoyens assujettis à son autorité.

La Constitution, texte fondamental constitutif de l'État, permet d'ancrer cet accord entre un peuple et son gouvernement. En témoignent certains préambules, tel celui de la Constitution des États-Unis qui débute par ces mots : « *We the People of the United States* ». On trouve là aussi la marque du pouvoir souverain, qui fonde et accepte l'autorité de l'État dans les conditions prévues par la constitution.

B – La souveraineté légitimant le pouvoir de l'État

La Constitution d'un État est le produit de l'expression d'un pouvoir souverain qui établit et organise l'autorité de l'État et ses institutions de gouvernement. La souveraineté, notion complexe, peut être définie sur le plan interne comme le pouvoir légitime et suprême de commandement d'un État sur son territoire, et sur le plan externe par référence à son indépendance vis-à-vis des autres entités politiques avec lesquelles il coexiste sur la scène internationale (voir Louis le Fur). « La souveraineté est la puissance absolue et perpétuelle… c'est-à-dire la plus grande puissance de commander » (Jean Bodin).

La souveraineté d'un État est unique, indivisible (elle ne peut être partagée), inaliénable et imprescriptible (elle ne peut être ôtée à son titulaire ni définitivement déléguée). Elle implique la détention d'un ensemble de pouvoirs (législatif, exécutif, judiciaire) et l'exercice de compétences rattachées à la puissance d'État, dites « régaliennes » : lever l'impôt, battre monnaie, conclure les traités, rendre la justice, assurer la défense et la sécurité du territoire, etc.

La souveraineté renvoyant à la source légitime du pouvoir dans l'État, plusieurs approches ont été développées à ce sujet, qui intéressent directement notre sujet. Pour les uns, le titulaire originaire et légitime de la puissance d'État, c'est-à-dire du « pouvoir de commandement » de l'État, est bien le peuple, constitué de l'ensemble des citoyens. Selon la théorie de la souveraineté populaire, Rousseau considère qu'au sein du peuple, chaque citoyen détient, en propre et à égalité avec les autres, une fraction de la souveraineté lui permettant de participer à l'expression de la volonté générale, et donc à l'élaboration des lois et à la désignation des gouvernants. Pour les autres, c'est la Nation, personne morale abstraite et indivisible, qui est souveraine et c'est en son nom que des représentants, choisis pour elle, doivent exercer le pouvoir d'État.

Finalement, les deux approches ont été entremêlées, jusqu'à ce qu'en France, on consacre dans la Constitution le principe selon lequel « la souveraineté nationale appartient au peuple », évitant ainsi désormais de devoir arbitrer entre les droits de la Nation et ceux du peuple. La légitimité du pouvoir exercé dans l'État provient donc du fait que ce pouvoir poursuit l'intérêt national et concrétise la volonté générale, exprimée par les citoyens lors d'échéances électorales régulières.

Si les fondements de la légitimité du pouvoir de l'État sont ainsi clarifiés, reste à voir comment ce pouvoir se concrétise et se manifeste, et quelles en sont les limites.

II/ Manifestations du pouvoir de l'État et limites à son exercice

Le pouvoir de l'État se manifeste de différentes façons, parmi lesquelles la production normative (A), dans un cadre fixé par une constitution protégeant les citoyens d'un pouvoir arbitraire (B).

A – Les normes, expression du pouvoir de l'État

Le pouvoir de gérer les affaires de l'État et d'organiser la vie des citoyens est exercé au nom du souverain par des institutions qui incarnent la puissance publique.

Ce pouvoir peut s'exercer à différents niveaux, selon l'organisation interne et la forme de l'État : certains États sont en effet fédéraux (État à « double étage » superposant deux niveaux de collectivités étatiques), d'autres sont unitaires (une seule organisation juridico-politique) et plus ou moins déconcentrés et décentralisés, ce qui n'est pas sans conséquence sur l'exercice du pouvoir.

Le pouvoir de l'État se traduit notamment par la possibilité de prendre des décisions et des actes contraignants, dits « normatifs ». Les normes sont des règles de droit qui ont une force obligatoire et régissent la vie en société en créant des obligations et des interdictions, en octroyant des droits et en les encadrant.

Parmi ces normes figure la Constitution, composée des règles essentielles, au plus haut niveau de la hiérarchie des normes (logique de la « pyramide de Kelsen »). Elle détermine les conditions d'élaboration des autres normes, qui traduisent l'exercice du pouvoir politique. Il en est ainsi des lois, élaborées par le législateur, normes impersonnelles « tendant vers l'intérêt public et dont l'objet est toujours général » (Rousseau). Elles expriment le pouvoir souverain de commandement dans l'État qui en assure l'élaboration, l'application et la sanction.

On peut citer aussi les règlements, actes administratifs unilatéraux à portée générale et impersonnelle, prenant la forme de décrets, d'arrêtés ou de circulaires par exemple. Ils émanent du Gouvernement et de certaines autorités administratives et viennent souvent préciser ou pallier l'absence de loi. D'autres types d'actes administratifs, de portée parfois individuelle, prennent leur place au bas de la « hiérarchie des normes ». S'imposent également sur le territoire national des normes de droit international et, dans les 27 États membres concernés, les normes issues du droit de l'Union européenne. Si l'on peut penser qu'elles s'imposent à l'État, en réalité, elles sont aussi indirectement le produit et la manifestation de son pouvoir de commandement : les conventions internationales et leurs effets sont le fruit d'un accord de volonté des États, exprimé lors de la ratification par chacun des accords internationaux correspondant. Ainsi lorsque nous sommes invités à nous conformer à une règle de droit international ou européen, c'est encore au pouvoir de l'État, qui a organisé et accepté les conditions de leur élaboration et de leur exécution, que nous nous soumettons.

B – L'encadrement du pouvoir par des principes et mécanismes constitutionnels

Le pouvoir de l'État n'est pas illimité. Certes, sur le plan politique, économique et juridique, plusieurs facteurs constituent des limites, qu'il s'agisse de la mondialisation, de la montée en puissance à l'échelle internationale de nouveaux acteurs publics ou privés, ou encore de la concurrence de lieux de pouvoirs globaux ou locaux. Mais sous l'angle du droit constitutionnel, on évoquera surtout les effets d'un mouvement (le « constitutionnalisme ») qui, à partir de la fin du XVIIIe siècle, a permis d'identifier et de consacrer des principes et mécanismes permettant de concilier l'exercice de l'autorité de l'État avec la protection des libertés de ses citoyens.

Moyen de protection contre l'oppression des gouvernants, le principe de séparation des pouvoirs est une condition fondamentale de la garantie des droits dans l'État. Il est aussi un critère de classification des régimes politiques. Fondement du libéralisme politique, il s'analyse comme un principe général d'organisation politique visant au partage du pouvoir entre plusieurs lieux, niveaux, organes, afin d'assurer un équilibre, une balance des pouvoirs propre à assurer la stabilité des gouvernements et la liberté des gouvernés. Émergeant dans la philosophie politique grecque (Aristote), puis dans la Rome antique, le principe sera théorisé par Locke et Montesquieu à l'époque des Lumières, et recevra de nombreuses interprétations en Grande-Bretagne, en France, aux États-Unis, et à travers le monde. Si elle peut être conçue sur un plan vertical (exemple du fédéralisme ou de la décentralisation), la séparation des pouvoirs se lit aussi sur un plan horizontal : le pouvoir d'État doit être divisé en plusieurs branches ou pouvoirs (législatif, exécutif et judiciaire ou fédératif selon les approches), confiés à différents organes, afin d'éviter que le pouvoir soit concentré entre les mêmes mains. Le partage du pouvoir entre des organes appelés à se faire mutuellement contrepoids est une garantie efficace contre la tyrannie d'un individu ou d'un groupe : « il faut que par la disposition des choses, le pouvoir arrête le pouvoir » (Montesquieu). Toute constitution démocratique doit donc prévoir le principe de séparation des pouvoirs, c'est-à-dire organiser la séparation des organes chargés d'exercer les fonctions de l'État.

Autres principes clef, ceux de légalité et de constitutionnalité, qui imposent que tous les individus et acteurs de la société, l'État et son administration y compris, soient soumis au respect du droit (*rule of law*). Selon la hiérarchie des normes, le législateur est soumis au respect de la Constitution, de la même façon que le pouvoir réglementaire et l'Administration sont soumis à la Constitution et aux lois. Le principe de conventionnalité impose aussi que toutes les normes nationales doivent être conformes au droit résultant des conventions internationales régulièrement entrées en vigueur. Ainsi, par exemple, le pouvoir législatif est contraint et limité par le respect des droits et libertés qui figurent dans la Constitution et dans les textes internationaux et européens, qu'il ne saurait violer. Pour que ce principe soit respecté, encore faut-il que des procédures de contrôle et des sanctions soient prévues. C'est tout l'intérêt, par exemple, du contrôle de constitutionnalité, permettant à un juge de censurer ou d'abroger une disposition législative qui violerait un droit ou une liberté fondamentale. Il s'agit bien là d'une limite efficace au pouvoir de commandement de l'État, qui ne peut pas « tout faire ». Les limites au pouvoir de commandement de l'État tiennent donc notamment dans le respect des normes constitutionnelles et internationales auxquelles il a consenti, dans l'organisation de la séparation des pouvoirs, ou encore dans les contrôles qui pèsent sur le législateur, le Gouvernement et l'Administration dans l'exercice de leurs attributions, pour éviter l'oppression et protéger les citoyens.

Théorie du pouvoir politique et du droit constitutionnel

› *Dissertation*

Le peuple, raison de la démocratie ?

Thème principal

Le peuple et la démocratie

Mots-clés

Démocratie, État, Peuple, Séparation des pouvoirs, Souveraineté

Sujet proposé et corrigé établi par

Jean-Pierre Camby, Professeur associé, Université Paris-Saclay

Premier semestre 2021-2022

› Préparation

Analyse du sujet

Le sujet amène à confronter, de manière générale, deux notions fondamentales du droit constitutionnel. Il permet de faire référence à tous les grands auteurs de la pensée politique.

Plan du corrigé

I/ Causes
A – Le peuple est à l'initiative de l'État
B – Le peuple est la puissance souveraine
II/ Logique
A – Raisonnable
B – Résonances

› Corrigé

Dans le Léviathan, en 1651, à une époque où les seules références à la démocratie sont celles de la Grèce antique, Hobbes décrit le passage fondamental de la multitude conduite par un « excès de folie » et que la raison, c'est-à-dire la volonté de vivre en sécurité, doit conduire à s'unir au profit d'un seul souverain, étranger au contrat qui lie les individus, qui se fondent alors en un peuple : « une personne unique telle qu'une grande multitude d'hommes se sont faits, chacun d'entre eux par des conventions mutuelles… l'auteur de ses actions ». Ainsi est évitée la loi de la nature selon laquelle « l'homme est un loup pour l'homme ». Mais pour Hobbes, sitôt constitué, le peuple se dissout dans le pacte social qui lui permet de vivre en sûreté, au profit du souverain. La critique de Locke, puis celle de Rousseau sont fondées : une fois que le peuple s'est constitué pour nouer ce lien social, s'il ne peut revendiquer un droit contre le Léviathan, il perd tout contrôle de la gestion des affaires publiques. La question institutionnelle posée par la Déclaration d'indépendance américaine, fondée sur la liberté individuelle, puis par la Révolution française, qui reconnaît le droit de résistance à l'oppression, est de savoir comment garantir au peuple une faculté d'expression autre que la violence, qui est le fait de la « multitude », pour aboutir à la définition de droits inaliénables.

À cette question, les réponses apportées dans le cadre de la démocratie, « gouvernement du peuple par le peuple pour le peuple » comme l'affirme la célèbre formule de Lincoln à Gettysburg, peuvent être multiples : désignation de représentants, contrôle de leur action dans le cadre d'un mandat représentatif, où ils répondent devant l'électeur, ou d'un mandat impératif, où ils répondent au citoyen qui peut les révoquer, expression directe par le référendum, droit d'accès aux décisions publiques, à leurs sources, possibilité d'intervenir en amont de celles-ci par des procédés publics d'enquête, des participations citoyennes, ou de les contester par des référendums abrogatifs. À ces méthodes classiques s'ajoutent des procédures qui permettent au peuple de contester devant un juge les lois « expression de la volonté générale » selon la formule de l'article VI de la Déclaration des droits de l'homme et du citoyen, qui incarne moins que par le passé le pacte social, puisque le citoyen, par l'*amparo* en Espagne ou le justiciable, par la QPC en France ou le recours en inconstitutionnalité en Allemagne, peut la contester devant une juridiction.

La démocratie repose sur l'idée de la participation du peuple de façon constante, même si cette participation peut ne se matérialiser que lors des échéances électorales. C'est au nom du peuple que les Constitutions sont établies, la Constitution de Philadelphie commence par la formule « we the people ». C'est au nom du peuple que les lois sont promulguées, que la justice est rendue.

Mais qu'est-ce que le peuple ? Une notion abstraite, constitutive de la nation, mais qui devient un sujet juridique concret, car il est le seul détenteur de la souveraineté. L'opposition théorique entre la nation comme source de droit et le peuple a peu d'incidence pratique : c'est bien le peuple qui est la source de la démocratie. Il en est à la fois la raison, c'est-à-dire la cause : il choisit ses représentants, et directement ou indirectement ses dirigeants, il constitue la nation, fondement de l'État, il chasse les dictatures, comme au Chili par le référendum hostile au général Pinochet, il fait tomber le mur de Berlin. Mais le peuple est également l'entité au nom de laquelle sont conduites les affaires publiques : il en assure le caractère raisonné.

Nous traiterons donc selon les deux acceptions du mot, raison comme cause et raison comme logique raisonnable, d'une part le peuple cause de la démocratie, d'autre part le peuple logique du fonctionnement de la démocratie.

I/ Cause

La notion de peuple est indissociable de celle de nation, qui renvoie à une culture commune. Dans une formule célèbre Renan affirme « la nation est une âme ». Elle est une volonté de vivre ensemble, avec une langue, des mœurs, une société communes, régie par ses propres lois : le concept d'État nation renvoie à l'idée selon laquelle les peuples ont droit à disposer d'eux-mêmes et se constituer en État et de se doter de règles propres. La démocratie postule que le peuple est à l'origine de l'État, puis qu'il est à l'origine du règne du droit dans l'État

A – Le peuple est à l'initiative de l'État

L'État est ainsi la traduction juridique de la nation, elle-même groupement du peuple. La formation des États postule l'existence d'un peuple : elle répond nécessairement à une acculturation commune, et sa traduction postule une Constitution. Pendant tout le XIXe siècle, l'Europe, conduite par cette idée propagée par le mouvement romantique, est marquée par cette concrétisation de la « liberté guidant le peuple » chez Delacroix, vers sa traduction juridique : le peuple est détenteur de la souveraineté dans les États modernes. C'est ainsi que se sont fondés, contre les vieux empires, la Grèce, en 1822, puis l'Italie ou l'Allemagne. Ces États se forment en se dotant d'une Constitution, pacte commun qui lie les gouvernants aux gouvernés et assure le respect des libertés fondamentales. Si le fonctionnement des institutions ne parvient pas à assurer, dans ce cadre, le respect des libertés ou des règles que le peuple se donne à lui-même, la démocratie est défectueuse, et on en connaît les manifestations : déclarations d'indépendance, comme dans les colonies américaines le 4 juillet 1776, révolutions, comme en France en 1830 ou 1848, où le peuple chasse ses gouvernants et se dote de nouveaux textes constitutionnels, mais aussi, à la même époque en Suisse ou en Belgique, ou plus près de nous au Portugal en 1974 avec la révolution des œillets ou en Tunisie en 2011.

Le peuple préexiste donc à l'État. Il se dote, par les Constitutions, des institutions qui le gouvernent et de la garantie des droits, comme l'affirme l'article XVI de la Déclaration des droits de l'homme et du citoyen : il est bien la « cause » de la vie démocratique, parce qu'il est la seule puissance souveraine originaire. Le Préambule de la Constitution russe de 1993, mettant fin au communisme, rend « intangible son fondement démocratique ». La Cour européenne des droits de l'homme, jugeant de la légalité des partis politiques, affirme que la démocratie est le seul modèle des États signataires de la Convention.

Ceci implique que le peuple soit, en démocratie, une source permanente du droit.

B – Le peuple est la puissance souveraine

La notion de souveraineté renvoie à cette même causalité. Jellinek la définit comme « la compétence de la compétence ». C'est donc le peuple qui est la seule raison de cette souveraineté, et qui en est, même lorsque la souveraineté est nationale, le détenteur originaire mais aussi une source permanente de l'État de droit.

La démocratie postule que le peuple se dote de ses propres lois, ce qui explique alors qu'il les respecte. Ce qu'on appelle le « mystère de l'obéissance civile » – pourquoi obéir aux lois ? – est alors facile à résoudre : la raison de l'obéissance aux lois est liée à leur origine : elles émanent du peuple. Il n'est pas de souverain juridique au-delà de celui-ci. Si la théorie de la volonté générale est souvent contestée, Rousseau n'en tire pas moins des conséquences concrètes : seul le peuple est souverain.

On peut trouver de nombreuses marques de cette puissance souveraine absolue : le Conseil constitutionnel français refuse de juger les lois adoptées par référendum, expression directe de la souveraineté du peuple (6 nov. 1962 et 23 sept. 1992) ; le tribunal constitutionnel espagnol, en 2010 comme en 2017 refuse de reconnaître un quelconque droit à l'autodétermination du « peuple catalan », le seul souverain étant le peuple espagnol ; le référendum britannique sur le Brexit est impératif ; la France ne reconnaît pas, en 1991, la constitutionnalité de la notion de « peuple corse composante du peuple français », etc.

La notion de peuple est donc indivisible. Cette indivisibilité lui confère une souveraineté, pouvoir d'édicter des normes de droit de portée générale.

Les peuples, à travers leurs Constitutions et leurs choix fondamentaux, se dotent ainsi, dans un régime démocratique, de leurs propres lois. Le peuple devient donc la logique du fonctionnement des institutions.

II/ Logique

Raison renvoie aussi à « raisonnable ». Les élus, les représentants, ne peuvent s'affranchir du peuple, même si la logique du système représentatif est qu'ils s'en éloignent et ne gouvernent pas « aux sondages », mais en dégageant un intérêt général. La notion de volonté générale est très abstraite : « tout le peuple statue sur tout le peuple » en édictant la loi, affirme *le Contrat social,* ce qui ne semble pas concrètement réalisable, mais elle est fondatrice : les gouvernants dirigent les affaires publiques seulement au nom du mandat populaire, et le peuple est amené à contrôler en permanence ses gouvernants. Cela passe par des mécanismes institutionnels que les Constitutions déterminent, la défaillance conduit inévitablement à la crise. On envisagera donc le raisonnable, puis les résonances.

A – Raisonnable

Le peuple est amené, en démocratie, à diriger les affaires publiques au nom duquel elles sont conduites. Deux éléments contribuent à faire alors du peuple la raison de la démocratie : l'élection et la séparation des pouvoirs.

L'élection fonde la légitimité des gouvernants : elle est la raison de leur mandat, et cette légitimité est discutée entre des candidats, mais indiscutable dans son résultat. La démocratie élective suppose des élections discutées, des partis politiques, des règles de financement des campagnes. Le premier protocole additionnel à la Conv. EDH postule des élections ouvertes, à échéances « raisonnables ». La compétition électorale doit être égalitaire, le pluralisme des opinions garanti, les échéances, le non-cumul et le non-renouvellement des mandats respectés. La Constitution établit donc le caractère raisonnable de l'exercice du pouvoir. Les élections y déterminent une majorité et une ou plusieurs oppositions. En démocratie, celles-ci ne sont pas tolérées mais elles sont nécessaires, c'est ce qui explique qu'en Grande-Bretagne le leader de l'opposition soit rémunéré comme tel, que l'opposition soit motrice dans les débats parlementaires et que soit mise en place un « shadow cabinet ». Par son rôle, par le fait qu'elle soit en permanence une force d'alternance crédible, l'opposition conduit la majorité à une limitation et à modérer son action. Si la France est loin de ce fonctionnement, c'est à cause d'une culture parlementaire plus faible, d'un éclatement inquiétant de la représentation, d'une montée des extrêmes, mais aussi d'une conception bien différente de la séparation des pouvoirs.

Le concept de séparation des pouvoirs a sans doute perdu une partie de sa force en Europe : dans la plupart des démocraties, l'exécutif et le législatif sont imbriqués, notamment en Grande-Bretagne où la majorité est à l'origine de la composition du gouvernement, rendant les renversements de gouvernement peu probables, le dernier datant de 1979. Mais le modèle, dont l'article XVI de la Déclaration des droits de l'homme et du citoyen rappelle le principe, demeure un moyen de limiter les pouvoirs, notamment par les techniques de contrôle parlementaire (questions, commissions d'enquête, vote annuel du budget, etc.). Seuls les États-Unis ont maintenu une acception stricte des « chek and balances » obligeant chaque pouvoir à ne pas être déraisonnable. Lorsque Donald Trump tente de sortir de la règle commune en contestant les résultats électoraux, la logique des institutions se montre la plus puissante, validant le choix du peuple, seule source des pouvoirs.

B – Résonances

Mais ce schéma ne saurait fonctionner toujours et partout : Royer Collard affirmait, dans une belle formule que les Constitutions n'étaient « point des tentes dressées pour le sommeil ». Tout gouvernant, tout système politique, et même dans certains cas, un État, peuvent être menacés soit d'immobilisme soit de crise.

Le peuple est cependant appelé en permanence à former l'opinion et à la faire valoir. S'il n'en a plus les moyens institutionnels, le risque est fort de sortir du cadre démocratique et de provoquer révoltes et révolutions. Tel est le schéma souvent constaté lors des élections dans les pays d'Afrique subsaharienne : l'emprisonnement d'opposants, la suspicion de fraude électorale conduisent alors le peuple à faire entendre sa voix par des voies dont il est démocratiquement privé. La résonance emprunte alors des formes plus violentes : la résistance à l'oppression appelle, par définition, à sortir du cadre légal. Tel fut le cas des contestations populaires des printemps arabes en Lybie, en Tunisie ou en Égypte.

Les dirigeants peuvent parvenir alors, parfois pour de longues périodes, à se dissocier de la volonté générale, mais l'histoire n'est pas linéaire ; on connaît nombre de révoltes étouffées qui renaissent, nombre de dictatures qui se sont effondrées, au Chili, au Portugal, en URSS, et dans les pays d'Europe centrale, du fait du peuple. La démocratie, « pire régime à l'exception de tous les autres » disait Churchill est bien indissociable du peuple qui en est, directement ou par ses représentants, la seule raison.

Théorie du pouvoir politique et du droit constitutionnel

› ***Dissertation***

La primauté de la Constitution.

Thème principal

La primauté de la Constitution

Mots-clés

Contrôle de constitutionnalité, Constitution, Droit international, Droit national, Norme, Primauté, Révision

Sujet proposé et corrigé établi par

Anne-Laure Valembois, Maître de conférences HDR, Université de Bourgogne

Premier semestre 2021-2022

› Préparation

Analyse du sujet

Pour traiter ce sujet, il faut utiliser des connaissances relatives à la notion d'État, à la souveraineté de l'État, à la norme constitutionnelle et au contrôle de constitutionnalité. Peuvent également être mobilisées les connaissances relatives à l'Union européenne, notamment dans ses rapports avec les États membres. L'intérêt de ce sujet est donc notamment d'évaluer les capacités de synthèse des étudiants.

Le sujet ne comporte pas de difficulté particulière : il n'est pas difficile de définir la notion de Constitution, notamment dans ses dimensions formelle et matérielle, ni de préciser la notion de primauté. Le seul élément de complexité tient peut-être au fait qu'il faut bien comprendre qu'il n'est pas demandé de traiter la question de la primauté de telle ou telle Constitution en particulier mais d'analyser le sujet de manière théorique. Cela apparaît cependant assez évident au regard de la formulation du sujet comme du programme du cours suivi par les étudiants qui comporte une partie théorique puis la présentation de divers systèmes politiques qui peuvent tous être utilisés pour illustrer les considérations théoriques mobilisées.

Plan du corrigé

I/ Une primauté consubstantielle
- *A – Une primauté de la Constitution postulée sur le droit national*
- *B – Une primauté de la Constitution revendiquée sur le droit international*

II/ Une primauté organisée
- *A – La garantie de la primauté de la Constitution par l'encadrement du pouvoir de la réviser*
- *B – La protection de la primauté de la Constitution par l'instauration d'un contrôle de constitutionnalité*

› Corrigé

La question de la primauté de la Constitution est primordiale depuis plus de deux siècles et elle n'est pas démodée car elle se renouvelle continuellement, comme en témoignent d'ailleurs certaines propositions de candidats à la présidence de la République française en 2022 relatives à l'instauration d'un « bouclier constitutionnel » ayant vocation à garantir la suprématie de la Constitution française vis-à-vis des normes internationales. Cette question apparaît aussi simple que complexe en ce sens qu'il s'agit à la fois d'une évidence théorique et d'un casse-tête pratique. La primauté de la Constitution est une quête que poursuivent les États qui cherchent à modérer l'exercice de leur pouvoir depuis la fin du XVIIIe siècle, quête qui rencontre de nombreux obstacles, en raison de certaines traditions étatiques comme d'évolutions des relations interétatiques sur la scène internationale.

Il existe plusieurs définitions de la Constitution : une définition juridique, une définition politique, une définition philosophique et une définition sociale principalement. La question de la primauté de la Constitution implique de mobiliser ses définitions juridique et philosophique. Juridiquement, la Constitution est la norme qui fonde l'État. Plus précisément, elle constitue le fondement juridique du pouvoir au sein d'un État. Cette définition juridique doit nécessairement être lue à la lumière de sa conception philosophique, qui est essentiellement libérale. De ce point de vue, la Constitution est un acte de défiance et la garantie de la liberté d'un peuple selon Benjamin Constant. En effet, selon la théorie constitutionnaliste, les pouvoirs publics doivent être limités de sorte que les libertés des individus puissent être garanties, et il revient à la Constitution d'organiser cette limitation des pouvoirs publics. Ainsi, la Constitution est la norme juridique qui a vocation à limiter le pouvoir des gouvernants pour garantir la liberté des gouvernés. En conséquence, le constitutionnalisme renvoie nécessairement à la primauté de la Constitution sur toutes les autres normes, établies par les pouvoirs constitués : c'est à cette condition que la norme constitutionnelle peut limiter la puissance des gouvernants, au service des libertés.

Il apparaît que les définitions juridique et philosophique de la Constitution conduisent à en donner deux autres définitions : l'une formelle, l'autre matérielle. Au sens formel, la Constitution est la norme qui est distincte des autres normes, et notamment des lois, parce qu'elle est adoptée selon une procédure plus solennelle que celles servant à adopter les autres normes et/ou par un organe plus solennel que ceux qui adoptent les autres normes. Au sens matériel, la Constitution est la norme qui a pour objet la dévolution et l'exercice du pouvoir ainsi que la consécration des droits et libertés fondamentaux. La définition formelle est mise au service de la définition matérielle de la Constitution en ce sens que la force, l'autorité et la légitimité donnée à la norme constitutionnelle par la procédure et/ou par l'organe utilisé(e) pour l'adopter lui permettent de régler la dévolution et l'exercice du pouvoir comme de garantir les droits et libertés fondamentaux de manière effective.

La primauté de la Constitution résulte de sa propre définition formelle, mise au service de sa définition matérielle. Réfléchir sur la primauté de la Constitution aboutit à rendre possible l'existence même de la norme constitutionnelle et donc la garantie des droits et libertés fondamentaux.

Il faut ajouter que la Constitution est la norme qui incarne la souveraineté de l'État. Un État dispose d'une souveraineté qui est une puissance absolue de commandement et qui se manifeste par le fait que l'État dispose de la compétence de la compétence, selon l'expression de Jellinek. Cette compétence de la compétence s'incarne dans le pouvoir constituant qui établit la Constitution. Réfléchir sur la primauté de la Constitution conduit donc également à interroger l'existence des États.

Ainsi, il convient de se demander dans quelle mesure la Constitution est une norme qui bénéficie d'une primauté à l'égard de toutes les autres normes juridiques, pour permettre d'attester de l'existence de l'État dont elle est la norme fondamentale comme pour garantir du respect des droits et libertés fondamentaux.

Il apparaît tout d'abord que la primauté est consubstantielle de la notion de Constitution (I). Cette qualité n'est pourtant pas suffisante pour la garantir et des mécanismes juridiques doivent être mis en place pour la rendre effective (II).

I/ Une primauté consubstantielle

La Constitution est la norme qui a pour objet de limiter la puissance des gouvernants au service des droits et libertés fondamentaux des citoyens. Sa primauté est donc postulée par rapport aux autres normes étatiques émises par les gouvernants, à savoir par le législateur et le pouvoir exécutif (A). Étant par ailleurs la norme qui fonde un État, elle revendique sa primauté par rapport à des normes externes (B).

A – Une primauté de la Constitution postulée sur le droit national

La Constitution est matériellement la norme qui a notamment pour objet de réglementer l'exercice du pouvoir, et donc des compétences normatives. Toute norme est donc établie conformément à la Constitution et dérive nécessairement d'elle si bien que la Constitution prime pour ainsi dire naturellement sur les autres normes. En d'autres termes, la validité de toute norme étatique résulte de son édiction selon les règles prévues par la Constitution et toute norme étatique est ainsi nécessairement hiérarchisée par rapport à la Constitution.

Ainsi, il existe tout d'abord une hiérarchisation entre la Constitution et la loi. La loi est l'expression de la volonté générale comme la définit la Déclaration des droits de l'Homme et du citoyen de 1789 ; elle n'en est pas moins une norme énoncée par un organe constitué, le législateur, selon une procédure définie par la Constitution. C'est la raison pour laquelle, quelle que soit sa légitimité démocratique, la loi est subordonnée à la Constitution.

Le pouvoir réglementaire appartient à l'organe exécutif qui est également un organe constitué. Ce pouvoir réglementaire est essentiellement un pouvoir d'exécution de la loi et les actes administratifs sont ainsi soumis à la loi et donc indirectement à la Constitution. La hiérarchisation entre la Constitution et le règlement existe du reste sans qu'elle résulte de la hiérarchisation entre la loi et le règlement en raison du caractère constitué de l'organe exécutif.

Il est possible d'ajouter que les actes de droit privé sont également soumis à la Constitution. Cette dernière constitue en effet le pacte social qui a vocation à être respecté non seulement par les gouvernants mais aussi par les gouvernés.

La soumission des actes administratifs et de droit privé à la Constitution est traditionnellement facilement acceptée. Tel n'est pas forcément le cas de la soumission de la loi à la Constitution. Dans les États légicentristes, la légitimité dont est revêtue la loi du fait qu'elle est votée par les représentants du peuple ou qu'elle est produite par le peuple lui-même, par la voie du référendum, peut conduire à nier la primauté de la Constitution. C'était le cas en France pendant tout le XIXe siècle et jusqu'à la moitié du XXe siècle et cela le reste toujours en partie comme l'atteste le fait que les lois référendaires ne font pas l'objet d'un contrôle de constitutionnalité.

Au Royaume-Uni, la souveraineté parlementaire fait échec à la primauté de la Constitution sur les lois ; d'ailleurs, il n'existe pas à proprement parler de constitution au sens formel outre-manche.

Il n'en reste pas moins que la Constitution apparaît comme la norme qui a vocation à primer sur l'ensemble des règles de droit national, en raison de son caractère primaire comme de sa fonction de limitation de la puissance des gouvernants. Cette primauté a également vocation à exister vis-à-vis des normes de droit international.

B – Une primauté de la Constitution revendiquée sur le droit international

Le droit international est un droit produit par les États, directement lorsqu'ils concluent des traités ou conventions internationaux, ou indirectement lorsque ce droit est produit par des organisations internationales dont l'existence résulte elle-même de traités internationaux. Le droit international ne bénéficie ainsi pas de caractère originaire, contrairement aux normes constitutionnelles qui sont celles qui fondent les États. Du caractère originaire du droit national et de la Constitution en particulier résulte sa primauté sur le droit international. Cette question des rapports hiérarchiques entre la Constitution et le droit international n'est pourtant pas si simple et voit s'opposer deux points de vue contradictoires.

Selon la vision interniste, la Constitution étant l'œuvre du souverain, elle ne saurait être soumise à aucune norme extérieure. Le respect des obligations de droit international par les États résulte de leur propre volonté souveraine dans une logique d'autolimitation et de développement de relations diplomatiques, économiques, etc. mais il ne s'aurait s'analyser comme une soumission de la norme constitutionnelle au droit international. En ce sens, le Conseil constitutionnel français a affirmé que le Traité établissant une constitution pour l'Europe est, en dépit de sa dénomination, sans incidence sur l'existence de la Constitution française et sa place au sommet de l'ordre juridique interne, puis que le principe de primauté qu'il consacre ne confère pas au droit de l'Union une portée autre que celle qui était antérieurement la sienne, c'est-à-dire qu'il ne lui donne aucune force supraconstitutionnelle (déc. n° 2004-505 DC du 19 nov. 2004).

Selon la vision internationaliste, qui est notamment celle de l'Union européenne, le droit international prime sur le droit national, pour des raisons existentielles. Ainsi, la Cour de justice des Communautés européennes, devenue la Cour de justice de l'Union européenne, affirme depuis l'arrêt *Costa c/ ENEL* du 15 juillet 1964, que l'ensemble des normes du droit de l'Union européenne, c'est-à-dire les traités institutifs comme les normes de droit dérivé (essentiellement les règlements et les directives) ne peuvent se voir judiciairement opposer un texte interne quel qu'il soit sans que soit mise en cause la base juridique de la Communauté elle-même. La primauté du droit de l'Union, y compris sur les constitutions des États membres de l'Union européenne, est ainsi une condition existentielle de cette union ; si le droit de l'Union ne primait pas sur les constitutions nationales, il suffirait pour un État d'inscrire dans sa Constitution qu'il souhaite se soustraire à telle ou telle règle pour se libérer de ses obligations communautaires et mettre ainsi à mal l'application uniforme du droit de l'Union dans tous les États membres.

Des jurisprudences assez sophistiquées ont été mises en place pour tenter de concilier ces deux visions : le droit de l'Union prime tant qu'il ne remet pas en cause les principes les plus fondamentaux et spécifiques des États membres, principes énoncés par leur Constitution. C'est le sens de la décision *Solange I* du 29 mai 1974 rendue par la Cour constitutionnelle fédérale allemande dont la logique a inspiré le Conseil constitutionnel dans la décision n° 2004-496 DC du 10 juin 2004 puis le Conseil d'État dans la décision *Arcelor* du 8 février 2007. Ainsi, s'agissant de la Constitution française, elle n'a plus vocation à primer sur le droit de l'Union européenne que si celui-ci remet en cause les principes inhérents à l'identité constitutionnelle nationale.

Alors que la primauté de la Constitution semble être une condition *sine qua non* de l'existence même d'une constitution au sens formel du terme, il apparaît que cette primauté n'est pas naturellement garantie et qu'il convient de l'organiser par des dispositifs juridiques.

II/ Une primauté organisée

Pour garantir la primauté de la Constitution, il importe principalement de faire en sorte qu'elle ne puisse pas être violée par le législateur mais aussi par le droit international. C'est la raison pour laquelle il convient d'une part de prévoir des procédures particulières de révision de la Constitution (A) mais aussi d'organiser un contrôle de la conformité des lois et des traités à la Constitution (B).

A – La garantie de la primauté de la Constitution par l'encadrement du pouvoir de la réviser

Lorsqu'un État naît, il se dote d'une Constitution, qui est son acte fondateur. La Constitution est l'œuvre du souverain dont l'État est la personnification juridique. En raison de son caractère originaire, la norme consacrée par le pouvoir souverain au moment de la naissance de l'État bénéficie d'une primauté absolue, qui n'a pas besoin d'être organisée. Cette Constitution, si elle a vocation à rester stable, doit aussi pouvoir évoluer, ne serait-ce que pour s'adapter aux besoins de la société dont elle constitue le pacte. Seul le pouvoir constituant doit pouvoir être à l'origine de ces évolutions, sauf à ruiner la primauté de la Constitution. Il convient ainsi de réglementer l'exercice du pouvoir constituant que l'on appelle dérivé, par opposition au pouvoir constituant originaire, de sorte qu'il soit réservé au pouvoir souverain.

Pour cela, le pouvoir de révision de la Constitution doit être exercé par un organe et/ou selon une procédure plus solennel(le) que celui ou celle utilisé(e) pour adopter les lois. La définition formelle de la Constitution ressurgit ainsi et met en évidence que sa primauté ne peut exister que si le pouvoir de la réviser est encadré.

À ce stade de l'analyse, il convient de remarquer que l'encadrement du pouvoir de révision de la Constitution n'est pas seulement justifié par le souci de garantir sa primauté. D'autres considérations peuvent entrer en jeu. Certaines règles incluses dans les constitutions et présidant à leur révision visent à protéger l'identité d'un État, son régime politique ou encore les droits et libertés considérés comme les plus fondamentaux, soit en énonçant des interdictions matérielles, soit en prévoyant des complications procédurales. Ainsi et par exemple, la Constitution française interdit qu'une révision constitutionnelle puisse mettre en cause la forme républicaine du gouvernement tandis que la Constitution italienne prévoit qu'une révision doit être adoptée par deux délibérations successives par chacune des chambres à un intervalle de trois mois au moins, puis approuvée, au second tour de scrutin, à la majorité absolue des membres de chaque chambre.

Dans le prolongement de cette idée, il faut noter qu'il convient de ne pas confondre la primauté de la Constitution avec son autorité, ou son identité. Formellement, la Constitution est la norme qui prime sur les autres normes juridiques, quelle que soit la fréquence de sa modification ou quel que soit son contenu. En effet, modifier telle ou telle règle inscrite dans la Constitution, supprimer telle ou telle autre, ne remet pas en cause sa primauté, même si cette règle avait vocation à être pérenne ; de même, le fait de réviser fréquemment la Constitution ne porte pas atteinte à sa primauté, dès lors que sont respectées les procédures qui réservent au pouvoir constituant le pouvoir de révision. La question du respect de ces procédures ou prescriptions matérielles par le pouvoir constituant dérivé pose un autre problème : si le pouvoir constituant, fût-il dérivé, doit respecter certaines règles inscrites dans la Constitution, cela signifie qu'il existe des règles supraconstitutionnelles qui remettent donc en cause, par hypothèse, la primauté de la Constitution. Ceci étant, le concept de normes juridiques supraconstitutionnelles apparaissant logiquement inconstructible ainsi que le démontre Georges Vedel (« Souveraineté et supraconstitutionnalité », *Pouvoirs* n° 67, 1993, p. 81), il est possible de conclure que les règles qui encadrent le pouvoir de révision de la Constitution servent principalement à en garantir la primauté et non à la remettre en cause.

Le caractère formel d'une constitution, et donc sa primauté, n'est pas seulement permis par l'encadrement de sa révision mais aussi par l'instauration d'un contrôle de son respect.

B – La protection de la primauté de la Constitution par l'instauration d'un contrôle de constitutionnalité

La primauté d'une constitution doit être garantie par l'instauration d'un contrôle de la conformité des normes infra-constitutionnelles à la Constitution. À la vérité, cette question ne se distingue pas totalement de la précédente car, en l'absence de contrôle de constitutionnalité, toute norme qui viole la Constitution est en fait une norme qui la révise. Il convient néanmoins de distinguer la question de l'encadrement du pouvoir de révision de celle du contrôle de constitutionnalité car elles ne se recoupent pas complètement.

Le contrôle de constitutionnalité doit principalement porter sur les lois et les normes de droit international, car ce sont ces normes qui, pour des raisons différentes, bénéficient d'une autorité pouvant concurrencer les constitutions.

Concernant le contrôle de constitutionnalité des lois, les expériences de contrôle politique ne se sont pas révélées très concluantes. Dans les démocraties modernes, le contrôle de constitutionnalité est un contrôle de nature juridictionnelle. Il existe deux modèles de justice constitutionnelle : le modèle américain et le modèle européen. La principale différence entre les deux modèles, qui tend d'ailleurs parfois à s'estomper, est que le contrôle est diffus dans le modèle américain alors qu'il est réservé à une juridiction qui en est spécialement chargée dans le modèle européen. Quel que soit le modèle choisi, la primauté de la Constitution ne pourra être assurée que si le contrôle est le plus général possible en ce sens qu'il faut que toute loi puisse être déférée à un juge pour qu'il examine sa conformité à la Constitution puis la supprime ou la prive d'effets le cas échéant.

La France peut être choisie pour illustrer cette question, car la primauté de la Constitution sur la loi a finalement été difficile à mettre en place, le contrôle de constitutionnalité des lois n'y ayant été instauré qu'assez tardivement et de manière progressive. En effet, le contrôle de constitutionnalité des lois français date de 1958 mais à l'époque il ne s'agit que d'un contrôle *a priori* et sur saisine restreinte, c'est-à-dire qu'un faible nombre d'autorités politiques pouvait saisir le Conseil constitutionnel pour qu'il contrôle la conformité à la Constitution des lois avant leur publication. La saisine a été ouverte à l'opposition parlementaire (60 députés ou 60 sénateurs) en 1974 mais le contrôle restait *a priori*. C'est en 2010 qu'est entré en vigueur un contrôle de constitutionnalité des lois *a posteriori* et ouvert à tous les justiciables. Le Conseil constitutionnel reste l'organe qui détient le monopole de la vérification de la conformité des lois à la Constitution mais les juridictions ordinaires sont associées à ce contrôle car leur est confiée la mission de filtrer les questions de constitutionnalité que peuvent donc désormais leur poser les justiciables.

Concernant le contrôle de constitutionnalité des traités internationaux, il a également vocation à être confié à un juge, qui se trouve ainsi le gardien de la souveraineté des États. En France, ce contrôle est confié au Conseil constitutionnel ; il s'exerce *a priori* et sur saisine restreinte. En effet, l'article 54 de la Constitution prévoit que « si le Conseil constitutionnel, saisi par le président de la République, par le Premier ministre, par le président de l'une ou l'autre assemblée ou par soixante députés ou soixante sénateurs, a déclaré qu'un engagement international comporte une clause contraire à la Constitution, l'autorisation de ratifier ou d'approuver l'engagement international en cause ne peut intervenir qu'après révision de la Constitution ».

L'examen de la jurisprudence du Conseil constitutionnel relative au contrôle de constitutionnalité des traités internationaux illustre qu'il s'agit d'un contrôle délicat : il s'agit de ne pas empêcher la France de développer des relations internationales en signant des traités et conventions tout en tentant de préserver la souveraineté de l'État français que ces traités et conventions peuvent menacer. Il révèle notamment et paradoxalement que, pour préserver sa primauté, la Constitution française doit être révisée lorsqu'un traité international que la France veut ratifier ou approuver lui est contraire. Le contrôle de constitutionnalité du droit international ne s'arrête en outre pas aux traités mais peut aussi porter sur des actes de droit dérivé, comme les règlements ou les directives de l'Union européenne. Le contrôle de constitutionnalité des actes de droit dérivé illustre également l'ambiguïté des relations entre la Constitution française et certaines normes de droit international : en vertu de la jurisprudence déjà évoquée dite de la « directive-écran » (déc. n° 2004-496 DC du Conseil constitutionnel et arrêt *Arcelor* du Conseil d'État), la Constitution continue de primer formellement mais au prix d'un certain effacement de ses exigences.

Théorie du pouvoir politique et du droit constitutionnel

Thème principal

La justice constitutionnelle

Mots-clés

Constitution, Contrôle de constitutionnalité, Gouvernants, Justice, Libertés, Séparation des pouvoirs

› *Dissertation*

La justice constitutionnelle, seule garante des libertés ?

Sujet proposé par

Jean-Pierre Camby, Professeur associé, Université Paris-Saclay

Corrigé donné par

Alexis Bouillo, ATER, Université Versailles Saint-Quentin en Yvelines

Second semestre 2021-2022

› *Préparation*

Analyse du sujet

Le sujet, en questionnant le rôle de la justice constitutionnelle dans la garantie des libertés, invite à s'interroger sur l'importance et même la suffisance – ou non – d'un tel mécanisme dans une perspective de protection des libertés devant ici être comprises comme les libertés publiques consacrées par le droit et notamment inscrites dans la Constitution formelle. Ainsi, le terme « seule » nécessitait de s'interroger sur le rôle de la justice constitutionnelle au sein du système juridique dans son ensemble et non comme une entité autonome. Il était donc dans un premier temps nécessaire de voir à quelles lacunes répondait la mise en place d'une telle justice. Le terme de justice constitutionnelle étant entendu ici comme un terme général, il était indispensable de ne pas se centrer exclusivement sur le cas français car tant le raisonnement du juge américain dans *Marbury v. Madison* que le modèle kelsenien permettaient d'apporter des éléments de réponse différents au problème posé. De même, il était indispensable de se pencher sur les autres éléments habituellement évoqués dans le cadre de la défense des libertés tels que la séparation des pouvoirs et sa théorisation par Locke et Montesquieu notamment au regard de l'indépendance de la justice. La réflexion pouvait ensuite être prolongée en s'interrogeant sur les moyens de garantir les libertés face à une justice constitutionnelle qui peut elle-même décider de les remettre en cause. Dans cette perspective, la question de la place du pouvoir constituant dérivé et plus largement du besoin persistant de gouvernants vertueux permettait de démontrer que bien qu'elle soit nécessaire à la garantie des libertés, la justice constitutionnelle demeure à elle seule bien insuffisante.

Plan du corrigé

I/ La justice constitutionnelle, garante nécessaire des libertés
- *A – Une garantie contre les lois possiblement attentatoires aux libertés*
- *B – L'effectivité de la Constitution subordonnée à l'existence d'une justice constitutionnelle*

II/ La justice constitutionnelle, garante insuffisante des libertés
- *A – La nécessité première d'une séparation des pouvoirs*
- *B – Le besoin persistant de gouvernants vertueux*

› Corrigé

Alors qu'en 1973, à travers sa célèbre décision *Roe v. Wade,* la Cour Suprême établissait le droit à l'avortement sur l'entièreté du territoire étasunien, c'est aujourd'hui cette même institution qui pourrait être à l'origine d'une remise en cause de ce droit. Loin d'être une spécificité américaine, l'implication de la justice constitutionnelle dans le champ des libertés est un élément central de la plupart des systèmes juridiques depuis la deuxième moitié du XXe siècle. Cependant, il faut remonter plus loin pour envisager la genèse de cette justice constitutionnelle. En effet, c'est sous l'égide des Lumières et de leurs théories d'inspiration libérale au XVIIIe siècle que va se développer le mouvement du constitutionnalisme. Selon les tenants de ce courant comme Locke ou Montesquieu, afin d'éviter un abus de pouvoir de la part des gouvernants, ces derniers doivent être limités et encadrés dans leurs actions par une Constitution instaurant notamment une répartition des fonctions entre différents organes (conception organique de la Constitution). Toutefois, pour que cette limitation des gouvernants par la Constitution soit efficace il faut que cette dernière prime sur les autres normes (conception normative de la Constitution). De fait, à l'initiative du penseur autrichien Hans Kelsen se développe la théorie juridique centrale du XXe siècle : la hiérarchie des normes (*La théorie pure du droit,* 1934). Ainsi, la Constitution se trouve au sommet de cette pyramide en tant que norme suprême et toute autre norme doit être conforme à cette dernière sous peine d'invalidité. Cependant, demeurait une question fondamentale : comment assurer la suprématie de la Constitution ? La réponse va être trouvée à travers un mécanisme désormais célèbre nommé contrôle de constitutionnalité, contrôle exercé en général par des juges donnant alors naissance à ce que l'on peut appeler une justice constitutionnelle. Désormais cette justice constitutionnelle est devenue un élément central du droit constitutionnel contemporain. Néanmoins, à l'image des systèmes juridiques eux-mêmes, cette justice spécifique se fondant sur le mécanisme de contrôle de constitutionnalité, trouve des traductions différentes en fonction des États considérés. Ainsi, on distingue traditionnellement entre deux modèles que sont le modèle dit « américain » (ou diffus) et le modèle dit « européen » (ou centralisé). Le premier modèle est celui qui est apparu en premier aux États-Unis. Alors que la Constitution américaine ne reconnaît pas explicitement au pouvoir judiciaire le contrôle constitutionnel des lois, la Cour suprême américaine l'a attribué à l'ensemble des tribunaux avec la décision *Marbury v. Madison* en 1803. Le raisonnement du juge suprême bien qu'audacieux, renvoie assez clairement à l'idée constitutionnaliste en évoquant le fait que les pouvoirs du législatif sont définis et délimités, et une Constitution est écrite pour que ces limites ne soient pas méconnues. De ce fait, à quoi serviraient donc que les pouvoirs soient limités, si celles-ci pouvaient à tout moment être transgressées par ceux que l'on souhaite restreindre ? Si les tribunaux doivent se référer à la Constitution, et si la Constitution est supérieure à tout acte législatif ordinaire, c'est la Constitution et non la loi ordinaire qui doit régir le cas auquel toutes deux sont applicables. Il est alors logique que le contrôle ne soit pas réservé à une juridiction suprême mais à l'ensemble des juridictions. C'est cet élément qui distingue ce modèle américain de l'européen. En effet, ce dernier est né en Autriche et Tchécoslovaquie après la Première Guerre mondiale à l'initiative de Kelsen qui fait inscrire dans la Constitution d'Autriche en 1920, la création d'une Cour constitutionnelle chargée de régler les conflits entre l'État fédéral et les États fédérés et d'assurer la suprématie de la Constitution. Cette divergence de modèles peut s'expliquer par plusieurs facteurs tel que la différence de prestige de la fonction judiciaire dans les pays de *Common law* et de tradition romano-germanique mais un élément commun peut être dégagé : la justice constitutionnelle n'a initialement pas pour unique vocation de garantir les libertés. Pour autant, à l'instar de l'idée de suprématie de la Constitution, la liberté est un principe juridique fondamental des démocraties dites libérales protégé tant au niveau national qu'international. On peut à cet égard évoquer la DDHC de 1789 qui énonce à son article 4 que la liberté « consiste à pouvoir faire tout ce qui ne nuit pas à autrui ». Cette liberté renvoie donc principalement à l'idée de liberté individuelle qui peut se traduire par différentes libertés telles que la liberté d'association, la liberté d'expression ou encore la liberté d'aller et venir. Cependant, cette liberté qui trouve aujourd'hui son expression dans ce que l'on appelle les libertés publiques, renvoie plus largement aux droits de l'Homme reconnus et protégés juridiquement et classés traditionnellement en trois catégories : les droits individuels assurant une autonomie de l'individu face à l'État ; les droits politiques qui permettent à l'individu de participer à l'exercice du pouvoir ; les droits sociaux, économiques et culturels qui permettent à l'individu d'exiger certaines prestations de l'État comme l'éducation ou la santé. Ainsi il n'y a pas *prima facie* de lien direct entre justice constitutionnelle et libertés. Cependant, pour exister, ces dernières doivent être garanties c'est-à-dire que leur existence implique la mise en place de différents moyens afin d'en prévenir la violation par les gouvernants. La garantie des droits qui traduisent les libertés est alors principalement apportée par la voie juridictionnelle c'est-à-dire l'accès à un juge qui pourra sanctionner les violations de ces différents droits. L'on voit alors ici le lien qui peut s'opérer entre la justice constitutionnelle et la garantie des libertés : en effet, la plupart des libertés sont inscrites dans la Constitution et cette dernière tire sa suprématie du contrôle de constitutionnalité. Ainsi, assurer le respect de la Constitution peut revenir à garantir les droits qu'elle énonce. Ce lien est d'ailleurs explicitement mentionné dans la DDHC à son article 16 où il est énoncé que « toute société dans laquelle la garantie des Droits n'est pas assurée, ni la séparation des pouvoirs déterminée, n'a point de Constitution ». Ce n'est d'ailleurs pas un hasard si c'est à la suite de la Seconde Guerre mondiale et des atrocités l'ayant accompagné que se sont multipliées les cours constitutionnelles (avec par exemple l'Italie en 1947 ou l'Allemagne en 1949), dans une perspective de garantie des droits de l'Homme et d'empêchement de l'instauration d'une dictature de la majorité (un mouvement similaire aura lieu en Europe de l'Est avec l'éclatement de l'URSS). Toutefois, c'est parfois dans un autre objectif que ces cours ont été instaurées après-guerre comme en France où le Conseil constitutionnel a été pensé avant tout comme un élément de rationalisation du parlementarisme. Ainsi, la situation et plus nuancée et, à l'image de l'article 16 précédemment cité qui mentionne la séparation des pouvoirs, l'on peut se demander si le lien entre justice constitutionnelle et garantie des libertés est un lien d'exclusivité. Autrement dit, l'existence d'un contrôle de constitutionnalité est-elle une condition suffisante pour assurer la garantie des libertés ? Sur cet aspect, force est de constater que bien que l'instauration d'une justice constitutionnelle permette de remédier à certaines insuffisances d'autres mécanismes du système juridique en matière de libertés (I), elle demeure insuffisante pour en garantir à elle seule la protection (II).

I/ La justice constitutionnelle, garante nécessaire des libertés

Il apparaît que par son fondement même qui est d'assurer la suprématie de la Constitution, la justice constitutionnelle contribue à garantir les libertés inscrites dans la Constitution notamment en pouvant empêcher le législateur de leur porter atteinte (A) et en œuvrant *de facto* à une forme d'effectivité de la Constitution (B).

A – Une garantie contre les lois possiblement attentatoires aux libertés

Comme évoqué précédemment, le contrôle de constitutionnalité n'a été instauré que tardivement comparé à l'émergence de l'idée même de constitution. Cela s'explique notamment par deux phénomènes parallèles. D'une part, le fait que les théories constitutionnelles issues des Lumières ayant dominé jusqu'au milieu du XXe siècle reposaient sur l'idée qu'un équilibre des pouvoirs serait suffisant pour garantir le maintien de la Constitution ; d'autre part, l'existence d'un fort légicentrisme issu de l'idée que la loi est l'expression de la volonté générale. De ce fait, l'existence d'un contrôle de constitutionnalité des lois était perçue comme allant à l'encontre de cette perception en imposant des limites au législateur vu comme exprimant la volonté du peuple (cela explique notamment le fait que le contrôle de constitutionnalité était avant tout perçu comme un mécanisme chargé de veiller à la bonne application de la répartition des compétences opérée par la Constitution, fonction aujourd'hui toujours existante mais bien moins prégnante). L'idée était simple : les garanties internes au système empêcheraient tout abus de pouvoir de la part de l'exécutif et la loi étant expression de la volonté générale, elle aurait naturellement tendance à aller dans le sens d'une garantie des libertés. Dans la lignée de Rousseau, le législateur exprimant la volonté générale, il ne peut mal faire. Ainsi, le peuple ne pouvant pas porter atteinte à ses propres libertés, un contrôle s'avère inutile. Cette idée fut pendant longtemps très majoritaire – notamment en France – et fondée sur le présupposé que si la loi est adoptée par le peuple, elle est forcément reflet de la Constitution car l'intérêt du peuple est de la respecter (par exemple, la proposition de l'Abbé Sièyes d'instaurer un contrôle constitutionnel lors de la Révolution française de 1789 n'a pas été retenu).

Cependant, l'avènement des dictatures fascistes au XXe siècle va apporter une preuve par le fait que les garanties internes n'empêchent pas les gouvernants d'atteindre de façon substantielle aux libertés. Ainsi, la plupart des dictateurs européens de cette période sont arrivés au pouvoir par des voies légales notamment grâce à l'assentiment du législateur. En effet, le légicentrisme a entraîné une forme de pouvoir absolu de la majorité au détriment des minorités et de leurs libertés. La loi exprimant la volonté générale, cette volonté générale peut vouloir une atteinte aux libertés (not. des minorités) sans craindre d'être empêchée. En France, le régime de Vichy a été un exemple frappant d'une violation par le législateur des libertés fondamentales. Ainsi, il est apparu de plus en plus évident à la suite de la Seconde Guerre mondiale que la garantie des libertés devait passer par le développement de nouveaux mécanismes de l'État de droit et de protection des droits de l'Homme. C'est en ce sens que le contrôle de constitutionnalité des lois est devenu un outil perçu comme nécessaire à la garantie des libertés face aux possibles abus du législateur. L'instauration récente de la QPC en France en 2008 exclusivement dédiée à la protection des libertés est une manifestation assez limpide de cette nouvelle tendance à lier ce contrôle aux libertés.

En ce sens, le juge constitutionnel se trouve être, pour reprendre la formule de Kelsen, un législateur négatif en venant interpréter la Constitution et la loi lors de son contrôle. Législateur négatif qui a donc en partie pour fonction d'empêcher la promulgation ou l'application de lois qui seraient contraires aux libertés énoncées dans la Constitution. Parfois, le juge va même aller plus loin en complétant un texte de loi et *de jure* va moduler le contenu même de certaines libertés. Ainsi, à titre d'exemple, la Cour constitutionnelle d'Afrique du Sud suivant la Cour suprême du Canada a décidé à l'unanimité de compléter une loi qui accordait certains droits aux conjoints en ajoutant les mots « ou partenaires du même sexe dans une relation permanente ». Au-delà d'une gardienne des libertés, la justice constitutionnelle se conçoit donc parfois comme créatrice de libertés en venant compléter certains textes législatifs.

Face au législateur, la norme de référence du juge constitutionnel est logiquement la Constitution et comme évoqué précédemment, c'est essentiellement dans celle-ci que sont inscrites les différentes libertés. De fait, pour que ces libertés aient une traduction concrète, il faut que la Constitution en ait une aussi. C'est ainsi que de l'idée d'assurer l'effectivité de la Constitution découle la possibilité de garantir les libertés qu'elle consacre.

B – L'effectivité de la Constitution subordonnée à l'existence d'une justice constitutionnelle

La Constitution a pour rôle d'établir le système juridique en instaurant certains organes et organisant les rapports qu'ils entretiennent entre eux. Cependant, elle vise aussi à consacrer les droits et libertés des citoyens et en ce sens organise les mécanismes de limitation du pouvoir de l'État. Les exemples attestant de la présence des libertés dans la Constitution formelle ne manquent pas tant dans les États adoptant le modèle américain (on peut à cet égard évoquer le *Bill of Rights* américain de 1791) que le modèle européen (on peut ici penser au Préambule de la Constitution française de 1958)

De ce fait, protéger les libertés nécessite d'assurer l'effectivité de la Constitution formelle. Pour reprendre Kelsen, « une Constitution à laquelle la garantie de l'annulation des actes inconstitutionnels fait défaut n'est pas pleinement obligatoire ». Ainsi, l'existence du texte constitutionnel ne suffit pas à en assurer l'effectivité c'est-à-dire son caractère réel et concret.

À cet égard, une controverse a opposé dans les années 1930 deux visions de l'autorité chargée d'assurer cette effectivité de la norme fondamentale. Ainsi, Carl Schmitt et Hans Kelsen se sont opposés sur le fait de savoir si le gardien de la Constitution devait être un organe politique ou juridictionnel. Schmitt, défenseur de l'organe politique, arguait d'une plus grande légitimité de l'autorité politique démocratiquement élue ayant seule la légitimité nécessaire pour exercer un contrôle aussi fondamental. À son opposé, Kelsen défendait la mise en place d'un organe juridictionnel seul capable d'être justement indépendant de l'autorité politique. C'est la vision kelsenienne qui l'a emporté sur le fondement assez évident que l'État doit lui-même respecter la Constitution (condition de l'État de droit) et qu'il ne peut donc lui-même être le gardien de la Constitution au risque d'être, notamment dans le domaine des libertés, à la fois contrôlé et contrôleur. L'effectivité de la Constitution et des libertés qu'elle énonce dépend donc de l'existence d'un contrôle de juges indépendants c'est-à-dire d'une justice constitutionnelle.

C'est par ailleurs un élément qui vient rendre caduque l'idée d'un contrôle de constitutionnalité comme allant à l'encontre de la volonté générale s'exprimant à travers la loi et partant, de la démocratie. En effet, si l'on reprend la distinction classique entre le pouvoir constituant (faire la Constitution) et les pouvoirs constitués (pouvoirs établis par la Constitution), le premier est censé émaner du peuple dans un régime démocratique. Ainsi, rendre effective la Constitution c'est faire primer la volonté du pouvoir constituant donc du peuple sur celui d'un pouvoir constitué, les représentants du peuple détenant le pouvoir législatif. De ce fait, si l'on reprend l'argument rousseauiste du peuple qui ne peut aller à l'encontre de sa liberté alors l'existence d'une justice constitutionnelle rendant effective la Constitution et veillant donc à la primauté de la volonté *originaire* du peuple ne pourrait aller à l'encontre des libertés (nous pourrions objecter que le peuple n'est pas *réellement* à l'origine de la Constitution et qu'il s'agit d'une fiction mais en ce sens les représentants du peuple ne représentent *pas réellement* le peuple non plus).

Cependant, cet établissement d'une justice constitutionnelle en vue de garantir les libertés n'est pas exempt de critiques. Ainsi, adopter un tel modèle donne un pouvoir très important au juge constitutionnel. En effet, à travers l'interprétation de la Constitution nécessaire au contrôle de constitutionnalité, il se voit détenir lui aussi un pouvoir constituant. C'est ainsi qu'on a pu parler notamment aux États-Unis d'un risque de gouvernement des juges à travers l'impact profondément politique des décisions de la Cour suprême notamment au regard des libertés publiques. Ainsi, la justice constitutionnelle ne peut se faire seule garante des libertés mais doit être accompagnée d'autres éléments pour pleinement accomplir son objectif.

II/ La justice constitutionnelle, garante insuffisante des libertés

Comme évoqué précédemment, la justice constitutionnelle tire sa capacité à protéger les libertés de sa forme juridictionnelle et des qualités qui l'accompagnent notamment l'indépendance des juges et l'impartialité de leurs décisions. De ce fait, la justice constitutionnelle ne peut fonctionner que dans un système fondé sur une séparation des pouvoirs (A) et composé de gouvernants vertueux (B).

A – La nécessité première d'une séparation des pouvoirs

La séparation des pouvoirs renvoie à un principe d'organisation politique selon lequel, dans sa formulation la plus simple, la même autorité ne doit pas exercer toutes les fonctions étatiques. En ce sens il s'agit d'une simple règle négative d'absence de cumul des fonctions. Cette classification des fonctions étatiques a premièrement été évoquée par le penseur anglais Locke dans son *Essai sur le Gouvernement civil* de 1690 au sein duquel il opère une distinction entre les pouvoirs législatif (faire la loi), exécutif (appliquer la loi) et fédératif (affaires étrangères). Cette idée a ensuite été reprise par Montesquieu dans *L'esprit des lois* (1748), qui établit une division désormais classique entre les pouvoirs législatif, exécutif et judiciaire (trancher les différends). De cette séparation, émerge le principe positif de balance des pouvoirs pouvant se résumer par la célèbre phrase « Il faut que, par la disposition des choses, le pouvoir arrête le pouvoir ». Cela renvoie alors à une situation d'équilibre entre les trois autorités étatiques, équilibre qui peut être réalisé par une indépendance des organes (modèle américain où il n'existe ni responsabilité gouvernementale ni dissolution) ou par une interdépendance de ces derniers (modèle britannique). On a donc tendance à évoquer la distinction entre séparation fonctionnelle et organique des pouvoirs. Dans les deux cas, cela peut être regroupé sous l'idée d'un équilibre entre les organes pour éviter que l'un d'eux s'approprie les pouvoirs des autres entraînant une confusion des pouvoirs. Une confusion des pouvoirs ne peut se faire qu'au profit d'un des organes de l'État ; de ce fait, en cas de confusion des pouvoirs, l'organe qui détient ces derniers pourra les exercer sans contre-pouvoir. Dès lors, cela rend possible une atteinte sans limite aux libertés de la part du gouvernant à l'encontre des gouvernés.

Cette séparation des pouvoirs suppose en outre que le pouvoir judiciaire – constitutionnel ou non – possède un caractère fondamental qui ne s'applique pas nécessairement aux autres pouvoirs : l'indépendance des juges. Cet élément s'applique de ce fait tout autant si ce n'est plus à la justice constitutionnelle dans une perspective de garantie des libertés. En effet, pour protéger les libertés face aux possibles atteintes des pouvoirs législatif ou exécutif, il faut que les juges ne soient pas influencés par ces derniers. La justice constitutionnelle est en ce sens un contre-pouvoir en venant faire contrepoids aux deux autres pouvoirs et notamment en venant contrôler le pouvoir législatif ordinaire. Ainsi, elle s'inscrit dans la séparation des pouvoirs par son indépendance au regard du législatif et de l'exécutif et par une intervention dans le système en venant contrôler la production législative du Parlement (l'exécutif quant à lui étant en principe contrôlé par le législatif bien que cela n'exclue pas la nécessité d'un contrôle juridictionnel des actes de l'exécutif). Il est d'ailleurs communément admis que la protection des libertés passe nécessairement par l'existence d'un procès équitable et cette équité suppose l'indépendance de la justice.

Cette indépendance nécessaire à la protection des libertés passe alors par plusieurs mécanismes venant la garantir et que l'on retrouve dans la plupart des systèmes juridiques contemporains : une impossibilité pour les deux autres pouvoirs de promouvoir, sanctionner ou révoquer les juges. La question de l'absence de sanction ou de révocation des juges par le pouvoir politique se traduit par l'idée d'inamovibilité des juges une fois en place. Ainsi, leur responsabilité doit être faible pour éviter l'exercice de pressions sur eux.

La question de leur mode de désignation demeure cependant un aspect davantage sujet à controverses. En effet, cela touche alors à la question de la légitimité même des juges. Dans certains pays comme aux États-Unis hors Cour Suprême, les juges sont élus afin de bénéficier d'une forme de légitimité populaire. Néanmoins, le caractère électif peut amener à une forme de justice populiste cherchant avant tout à répondre aux passions populaires dans un objectif de réélection. En ce sens, on retombe dans le risque d'une « dictature de la majorité » à laquelle justement la justice constitutionnelle est censée faire barrage. Dans d'autres pays, comme en France, les juges constitutionnels sont nommés. Dans ce cas de figure, la légitimité des juges est corrélée à celle de l'autorité les ayant nommés. Ainsi, les juges de la Cour suprême américaine sont nommés par le Président avec l'accord du Sénat alors que les juges du Conseil constitutionnel français (hors membres de droit) sont nommés par le président de la République, du Sénat et de l'Assemblée nationale. Dans les deux cas, la légitimité du juge est en partie issue du pouvoir exécutif et en partie du législatif, cela afin d'éviter une trop grande partialité. Cependant, cela n'empêche pas un risque de politisation de la justice constitutionnelle, ce qui irait possiblement à l'encontre de la garantie des libertés (sur ce point, l'exemple de l'opposition de la Cour suprême au *New Deal* en est une illustration éclatante).

Par ailleurs, si l'on reprend la distinction entre pouvoir constituant et pouvoirs constitués précédemment évoquée, il y a là aussi une séparation nécessaire à la garantie des libertés. En effet, cette séparation entre les deux pouvoirs se traduit par la notion de rigidité constitutionnelle. Sans rigidité constitutionnelle, c'est-à-dire sans mise en place d'une procédure de révision de la Constitution plus contraignante que l'adoption de la loi ordinaire, la justice constitutionnelle n'aurait simplement aucun pouvoir réel sur les autres pouvoirs constitués. En effet, ces derniers pourraient aisément modifier la Constitution c'est-à-dire exercer le pouvoir constituant dérivé pour échapper à une décision d'inconstitutionnalité d'une loi. Une Constitution dite rigide nécessite en général une majorité qualifiée pour être révisée et en ce sens, il faut un consensus politique pour aller à l'encontre de la justice constitutionnelle. De même, cela permet un respect des droits des minorités car la majorité qualifiée suppose le soutien d'au moins une partie de la minorité. Il devient donc dans cette configuration bien plus difficile d'atteindre aux libertés inscrites dans la Constitution si les pouvoirs constitués ne peuvent exercer leur pouvoir constituant dérivé que sous des conditions très strictes.

Ainsi, la justice constitutionnelle ne peut garantir les libertés qu'en situation de séparation des pouvoirs mais même dans ce cas l'impartialité des juges peut être contestée. C'est pour cela qu'un autre élément doit être recherché : celui de la vertu des gouvernants.

B – Le besoin persistant de gouvernants vertueux

La justice constitutionnelle ne pourrait garantir réellement les libertés qu'avec des gouvernants qui œuvrent à cette garantie. Cela passe en premier lieu par la vertu des juges constitutionnels eux-mêmes. En effet, bien qu'il doive exister des garanties d'indépendance, il est difficile de contester le rôle éminemment politique de la justice constitutionnelle. À cet égard, il est difficile de soutenir que lorsqu'un juge atteste d'une violation de la Constitution et des libertés qu'elle contient, il ne fait que constater cette violation. Cela ne relève pas d'un fait objectif car pour dire qu'il y a violation, il faut au préalable déterminer ce que dit la Constitution ainsi que la norme contrôlée. De ce fait, un contrôle de constitutionnalité constitue nécessairement une soumission de la norme contrôlée à la volonté du contrôleur. Certes, certains éléments viennent encadrer la volonté du juge notamment en imposant des raisonnements juridiques spécifiques chargés de « dépolitiser » la décision. Toutefois, il est assez illusoire de croire que cela retire le caractère politique du pouvoir que détient la justice constitutionnelle (la création du bloc de constitutionnalité par le Conseil constitutionnel en France en est la preuve). En effet, la position de chaque juge dépendra ultimement de ses préférences politiques au sens large. Cela se voit, et s'affiche même au grand jour aux États-Unis où les juges sont définis comme libéraux ou conservateurs. Ainsi, la justice constitutionnelle participe au pouvoir politique et de ce fait peut œuvrer à la garantie des libertés mais aussi à leur suppression en fonction de la tendance politique majoritaire en son sein.

Par ailleurs, même si le juge constitutionnel œuvre à la protection des libertés, il y a toujours un risque de confrontation avec les autres pouvoirs et notamment le législatif. Dans ce cas de figure, la justice constitutionnelle pourrait se trouver bien démunie face au titulaire du pouvoir constituant dérivé (c'est-à-dire face à celui qui peut réviser la Constitution comme énoncé précédemment). En effet, même si une norme est jugée comme allant à l'encontre des libertés inscrites dans la Constitution, il est toujours possible de réviser la Constitution pour la rendre conforme à cette norme liberticide. C'est un phénomène que l'on peut retrouver au sein de ce que l'on appelle les démocraties illibérales. Ces démocraties sont formellement démocratiques en contenant des élections libres mais on y trouve une mainmise des pouvoirs élus sur les médias et la justice avec une tendance aux restrictions des libertés individuelles (la Hongrie ou la Pologne sont à cet égard des exemples frappants). Dans une telle situation, la protection des libertés serait dévolue à la justice constitutionnelle, mais dans ce type de démocratie les dirigeants peuvent obtenir une majorité assez forte pour faire réviser la Constitution et peuvent dès lors modifier les libertés qui y sont inscrites. Certaines cours constitutionnelles ont voulu parer à cette possibilité en établissant l'existence de principes supérieurs à la Constitution elle-même et donc insusceptibles de révision (cas en Allemagne ou en Inde par exemple). Toutefois, à travers la procédure de révision, les gouvernants peuvent toujours modifier le statut et les fonctions des cours constitutionnelles pour les rendre vulnérables voire changer les juges pour en faire des alliés du régime. Ainsi, une forme d'esprit libéral des gouvernants doit accompagner la justice constitutionnelle sous peine de la rendre bien moins efficace. Il apparaît donc que l'existence d'une justice constitutionnelle permet de renforcer la protection des libertés mais en l'absence de considération des gouvernants – justice constitutionnelle comprise – pour les libertés, le seul contrôle qui demeure est le droit – fort théorique – des citoyens à la rébellion face aux abus des pouvoirs publics comme énoncé à l'article 2 de la DDHC.

Théorie du pouvoir politique et du droit constitutionnel

Thème principal

La diversité des régimes parlementaires

Mots-clés

Bicéphalisme,
Pouvoir exécutif,
Pouvoir parlementaire,
Pratiques politiques,
Rationnalisation,
Régime parlementaire,
Système électoral

› *Dissertation*

Comment appréhender la variété des régimes parlementaires ?

Sujet proposé par

Bernard Dolez,
Professeur,
Université Paris 1

Corrigé établi par

Damien Lecomte,
Attaché temporaire d'enseignement,
Université Paris 1

Premier semestre 2021-2022

› *Préparation*

Analyse du sujet

Le sujet est classique et relativement facile, à condition néanmoins d'avoir de solides connaissances et de savoir les organiser efficacement. La problématique étant « donnée » par le sujet, l'important est de répondre clairement et pleinement à la question posée.
Le seul « piège » dans lequel il est possible de tomber serait de consacrer de trop longs développements à décrire le principe du régime parlementaire : la définition doit en être donnée clairement et solidement dans l'introduction, mais la question porte – et la réponse doit porter – sur la *variété* des régimes parlementaires. La dissertation ne doit pas démontrer quels sont les traits communs fondamentaux des régimes regroupés sous cette même catégorie, mais doit au contraire expliquer quelles sont leurs logiques de différenciation à travers le temps et l'espace.
La principale difficulté sera donc de classer les variations des régimes parlementaires de façon logique et cohérente pour pouvoir structurer la démonstration, en s'appuyant sur des exemples concrets venant tant de l'histoire constitutionnelle française que de pays étrangers.

Plan du corrigé

I/ Les différenciations institutionnelles des régimes parlementaires
A – Les désignations et les prérogatives variables du pouvoir exécutif bicéphale
B – L'organisation et la rationalisation inégale du pouvoir parlementaire
II/ Les variations importantes des pratiques électorales et politiques
A – L'influence du système électoral et partisan sur la stabilité du régime
B – Le poids majeur des pratiques et des traditions politiques

› *Corrigé*

Les mélomanes connaissent le principe de la variation : un même thème musical peut connaître des modifications mélodiques, rythmiques, harmoniques, au point de créer des thèmes très différents rendant l'original méconnaissable, bien qu'il en soit la base commune.

Il en est de même des variations du régime parlementaire, ce type de régime né en Grande-Bretagne entre le XIIIe et le XVIIIe siècle, avec l'affaiblissement progressif de la Couronne et le pouvoir grandissant du Parlement. Des critères fondamentaux le définissent : la responsabilité politique du gouvernement devant le Parlement et un pouvoir exécutif bicéphale. Le chef de l'État, non responsable politiquement, est distinct du gouvernement qui, lui, doit avoir la confiance d'au moins une assemblée parlementaire pour se maintenir.

Le régime parlementaire a connu un grand succès dans les démocraties contemporaines, devenant le régime politique le plus répandu en Europe et dans le monde. Néanmoins, à partir de cette structure commune, de multiples variations se sont développées au fil du temps et d'un pays à l'autre. Le risque inhérent à ce régime est celui de l'instabilité gouvernementale, laquelle dépend de la cohésion et du comportement des parlementaires devant lesquels le gouvernement est responsable. Or, les régimes parlementaires gèrent ce risque de multiples manières et présentent des visages très différents quant au fonctionnement concret de leurs institutions. D'où la nécessité pour la doctrine de rendre intelligible les logiques de différenciation de ces systèmes pourtant regroupés dans la même grande catégorie.

Comment peut-on appréhender la variété des régimes parlementaires ? Au-delà de leurs caractéristiques fondamentales communes, les régimes parlementaires présentent des structures et des règles institutionnelles multiples (I) et leur fonctionnement concret dépend beaucoup des pratiques politiques, électorales et partisanes (II).

I/ Les différenciations institutionnelles des régimes parlementaires

Si tous les régimes parlementaires se caractérisent par un exécutif bicéphale et un gouvernement responsable devant le Parlement, ils connaissent des variations considérables quant à la composition et la structuration de ce pouvoir exécutif (A) et quant à l'organisation et l'encadrement des pouvoirs du Parlement et de ses relations avec le gouvernement (B).

A – Les désignations et les prérogatives variables du pouvoir exécutif bicéphale

La première distinction fondamentale est sans doute celle entre dualisme et monisme : dans un régime parlementaire dualiste, le gouvernement est doublement responsable, devant le Parlement et devant le chef de l'État ; en régime parlementaire moniste, il n'est responsable que devant le Parlement. Le parlementarisme dualiste n'a toutefois souvent été qu'une étape dans l'évolution des monarchies parlementaires, dans lesquelles les assemblées ayant le pouvoir d'accuser et de juger les ministres du roi ont progressivement obtenu le pouvoir de les renvoyer, comme en France sous les chartes de 1814 et 1830. Les régimes parlementaires dualistes sont souvent devenus monistes, dans les faits sinon dans le droit. En France, la crise du 16 mai 1877 a fait triompher la pratique moniste sous la IIIe République.

En revanche, les régimes parlementaires restent très variables quant à l'identité de leur chef d'État : celui-ci peut être un monarque dont la fonction se transmet de façon héréditaire, un président élu indirectement par un collège électoral, souvent composé de parlementaires et parfois au-delà, ou un président élu au suffrage universel direct par le peuple. Les chefs d'État de régimes parlementaires disposent ainsi de légitimités inégales ; leurs prérogatives et leur influence sur la vie politique de la nation et l'action gouvernementale le sont aussi. Le droit de révoquer le gouvernement n'est qu'un des pouvoirs que peut avoir ou ne pas avoir un chef d'État : il peut être doté ou non du droit de dissoudre les assemblées ou de convoquer un référendum, d'un droit de veto législatif, qu'il soit suspensif ou définitif, il peut avoir un rôle dans la composition et la saisine d'une cour constitutionnelle.

Le chef de l'État de régime parlementaire a souvent un rôle honorifique d'incarnation de la continuité de l'État et de l'unité de la nation ; il peut aussi avoir une mission d'arbitre du bon fonctionnement des institutions et du respect des règles fondamentales. Son influence sur la vie politique est très variable ; les monarques héréditaires et les présidents élus indirectement ne jouent le plus souvent qu'un rôle protocolaire, mais l'élection au suffrage universel direct peut donner à un président une capacité de peser politiquement, même s'il n'est qu'en France qu'il peut aller jusqu'à décider de fait de la politique gouvernementale.

Ainsi en Pologne, le président de la République, élu directement par le peuple, dispose de pouvoirs substantiels d'initiative législative, de dissolution du Parlement, de convocation de référendum, et peut exercer une certaine influence, même si la politique de la nation est conduite par le Conseil des ministres. En revanche, en Allemagne et en Italie, le président de la République, élu indirectement par des parlementaires et des représentants locaux, est le plus souvent davantage en retrait de la politique nationale et exerce surtout une magistrature morale, même s'il peut discrètement peser, notamment lors de la formation des gouvernements. La reine du Royaume-Uni quant à elle, s'en tient strictement à appliquer les décisions du gouvernement et du Parlement, sans jamais faire valoir de préférence politique personnelle.

La place et l'autorité du chef du gouvernement peuvent varier d'un régime parlementaire à l'autre. En France, les lois constitutionnelles de 1875 ne mentionnaient pas de chef spécifique parmi les ministres responsables devant le Parlement, et ce n'est qu'avec la Constitution de 1946 que le président du Conseil acquiert une existence officielle, bien que la fonction existât déjà en pratique. L'équilibre entre les prérogatives personnelles du chef du gouvernement et la nature collégiale du gouvernement peut être différent selon les pays. Le partage formel des pouvoirs entre le chef de l'État et celui du gouvernement varie également, le second pouvant, comme au Royaume-Uni, exercer de fait les pouvoirs du premier, y compris le droit de dissolution. Les différences viennent cependant surtout des relations du gouvernement avec le Parlement et notamment des modalités de sa responsabilité politique devant lui.

B – L'organisation et la rationalisation inégale du pouvoir parlementaire

Le Parlement en régime parlementaire détient non seulement le pouvoir d'élaborer et de voter la loi mais aussi de renverser le gouvernement ; mais sa composition, son organisation et l'étendue de ses prérogatives peuvent considérablement varier. La première distinction majeure est celle de l'existence d'une seule ou deux chambres et, dans ce dernier cas, de la répartition des pouvoirs entre les deux chambres.

Le monocaméralisme (ou monocamérisme) consiste en l'existence d'une seule assemblée concentrant toutes les prérogatives parlementaires, avec le mérite de la simplicité. Le bicaméralisme (ou bicamérisme), c'est-à-dire l'existence de deux chambres, apporte un surcroît de délibération. Sa justification peut résider dans le fait d'avoir une « chambre haute » dont la sagesse supposée tempérerait les ardeurs d'une assemblée issue du suffrage populaire. C'est historiquement la raison d'être d'une chambre « aristocratique » comme celle des Lords au Royaume-Uni, toutefois désormais composée davantage de pairs nommés que de pairs héréditaires, mais aussi d'assemblées élues indirectement, principalement par les élus locaux, comme le Sénat en France sous la IIIe République. Le bicamérisme peut être lié à la forme fédérale ou décentralisée de l'État : en République fédérale d'Allemagne, le Bundestag partage une part du pouvoir législatif avec le Bundesrat représentant les États fédérés ; le Sénat de la Ve République française est chargé de représenter les collectivités territoriales.

Le bicaméralisme peut être égalitaire ou inégalitaire : en cas d'existence d'une seconde chambre, l'important est le partage des pouvoirs entre les deux assemblées, que ce soit pour le vote de la loi ou pour la mise en cause de la responsabilité du gouvernement. S'il est courant qu'une seule chambre, élue au suffrage universel direct, détienne « le dernier mot » dans la procédure législative et soit la seule à pouvoir renverser le gouvernement, il est possible que deux assemblées aient des pouvoirs strictement égaux. La France de la IIIe République ou encore l'Italie de 1946 à nos jours montrent qu'un bicaméralisme strictement égalitaire peut fortement compliquer la formation d'un gouvernement stable, dès lors que les deux chambres n'ont pas nécessairement la même composition politique.

Plus largement, les pouvoirs du Parlement et ses relations avec le gouvernement peuvent être différemment encadrés, dans l'objectif de limiter les risques d'instabilité gouvernementale, inhérente au principe même du régime parlementaire : c'est la question de la rationalisation du parlementarisme, consistant à fixer des modalités précises et contraignantes de la mise en cause de la responsabilité du gouvernement par les parlementaires. L'Allemagne présente le dispositif le plus fameux de cette démarche avec la motion de défiance (ou de censure) dite constructive : le Bundestag ne peut censurer le Chancelier fédéral, chef du gouvernement, qu'en proposant le nom de son successeur ; il ne peut le renverser qu'en le remplaçant. Cette règle empêche que le gouvernement soit censuré par des majorités de circonstances et la conjonction d'oppositions contraires. De même, après une IIIe République aux procédures très souples pour renverser le gouvernement, la Constitution de la IVe République a cherché à encadrer et détailler les conditions requises pour contraindre le Conseil des ministres à la démission.

La désignation du gouvernement et de son chef peut nécessiter une investiture ou une élection par le Parlement, ou être effective dès nomination par le chef de l'État, la confiance du Parlement étant présumée, à charge aux parlementaires de renverser le gouvernement dans le cas contraire : cela représente une distinction entre un parlementarisme dit « positif » et un parlementarisme dit « négatif ». Au-delà de la responsabilité gouvernementale, les pouvoirs du Parlement peuvent être aussi plus ou moins encadrés par la capacité d'intervention de l'exécutif dans la procédure législative, par exemple pour la fixation de l'ordre du jour. Toutefois, la force réelle des règles constitutionnelles dépend en grande partie du système électoral et partisan et des pratiques politiques.

II/ Les variations importantes des pratiques électorales et politiques

Au-delà des règles concernant les institutions et les relations inter-institutionnelles, le fonctionnement concret des régimes parlementaires varie en fonction du système électoral et de ses effets sur le système partisan (A) mais aussi et surtout des traditions et des conventions qui dictent les comportements politiques (B).

A – L'influence du système électoral et partisan sur la stabilité du régime

Puisque le gouvernement en régime parlementaire dépend de l'existence et de la stabilité d'une majorité parlementaire, le choix du mode de scrutin pour l'élection des assemblées est un enjeu crucial. L'arbitrage classique est celui entre la représentativité des sensibilités politiques et partisanes diverses issues du suffrage universel et l'efficacité pour dégager une majorité la plus cohérente et opérationnelle possible ; un arbitrage entre la représentation proportionnelle et le scrutin majoritaire, à un ou deux tours, et toutes les nuances intermédiaires ou mixtes combinant les deux logiques à des degrés variables.

Le mode de scrutin a une influence certaine sur le système partisan, c'est-à-dire le nombre de partis parlementaires d'importance et les relations entre eux, puisque d'une part il peut influencer le vote des électeurs mêlant leurs préférences politiques avec des considérations stratégiques, et surtout bien sûr parce qu'il décide de la transposition des suffrages exprimés en sièges parlementaires, la répartition des seconds correspondant plus ou moins fidèlement à la répartition des premiers. Plus le scrutin est proportionnalisé, plus la répartition des sièges reflète les choix de l'électorat ; plus il est majoritaire, et plus la représentativité peut être déformée et un parti être favorisé, particulièrement celui arrivé en tête, une majorité parlementaire absolue étant possible malgré une majorité électorale seulement relative.

Selon l'analyse classique de Maurice Duverger, le scrutin majoritaire à un tour favorise le bipartisme, le scrutin majoritaire à deux tours favorise un relatif multipartisme de partis interdépendants et le scrutin proportionnel favorise un multipartisme de partis indépendants les uns des autres. L'assemblée élue peut ainsi être plus ou moins fractionnée entre plusieurs partis, et les majorités nécessaires à la formation d'un gouvernement peuvent être plus ou moins aisées à former. Une majorité peut être mono-partisane ou plus ou moins plurielle, une coalition peut avoir été formée avant les élections ou devoir être constituée après celles-ci. Elle peut être plus ou moins stable ou fragile, permanente pendant toute la législature ou au contraire devoir être renégociée et reconstituée tout au long de celle-ci. Avec des conséquences lourdes sur la lisibilité de la désignation du chef du gouvernement, la légitimité et l'autorité de celui-ci.

Le Royaume-Uni est l'archétype du régime parlementaire majoritaire et bipartisan, dans lequel le mode de scrutin majoritaire à deux tours favorise la domination de deux grands partis alternant au pouvoir, le vainqueur obtenant la plupart du temps une majorité absolue à lui seul. Dès lors, le chef du parti est son candidat naturel à la fonction de Premier ministre et, tant qu'il conserve la direction de son parti, il est assuré de disposer d'une majorité stable pour le soutenir et voter ses projets de loi. Les élections de la chambre des Communes prennent des allures d'élections indirectes du Premier ministre, par le choix du parti majoritaire.

La République fédérale d'Allemagne, quant à elle, pratique un mode de scrutin mixte mais dans lequel la répartition des sièges au Bundestag dépend d'un vote à la proportionnelle. Aucun parti n'obtient de majorité absolue à lui seul et les coalitions entre au moins deux d'entre eux sont indispensables : le candidat d'un parti à la Chancellerie ne doit pas seulement arriver en tête, il doit aussi être capable de rassembler des partenaires. Sous la IVe République française comme dans la République italienne, le mode de scrutin à dominante proportionnelle, voire parfois à la proportionnelle intégrale, s'accompagne d'un paysage partisan très fragmenté dans lesquelles les majorités sont difficiles à constituer et souvent éphémères, le Président du Conseil étant alors une personnalité de compromis susceptible de changer à plusieurs reprises au cours d'une même législature. Toutefois, le seul mode de scrutin ne fait pas tout, et dépend beaucoup des comportements électoraux et des pratiques des partis et des responsables politiques.

B – Le poids majeur des pratiques et des traditions politiques

Le mode de scrutin majoritaire ne garantit pas avec certitude la formation d'une majorité stable et disciplinée : encore faut-il des partis politiques nationaux forts et structurés à cette fin. L'exemple de la IIIe République française et son instabilité parlementaire et gouvernementale chronique, avec des groupes parlementaires fragmentés et divisés, malgré l'utilisation d'un scrutin majoritaire à deux tours pendant la majeure partie de son histoire pour l'élection de la Chambre des députés, le prouvent. Les choix des électeurs peuvent toujours ne pas déboucher sur une majorité claire : même le Royaume-Uni a connu des périodes de bouleversements du système bipartisan, avec le remplacement progressif d'un des deux grands partis par un autre dans les années 1920 et 1930, périodes pendant lesquelles aucune formation n'obtenait de majorité absolue ; récemment encore dans les années 2010, le pays a connu deux parlements sans majorité absolue, obligeant le parti majoritaire à négocier une coalition ou un soutien sans participation gouvernementale avec un tiers parti.

À l'inverse, la représentation proportionnelle n'entraîne pas forcément d'instabilité : tout dépend de la capacité des partis politiques, d'une part à former des coalitions durables, d'autre part à faire respecter une discipline de vote en leur sein. Les difficultés à former des majorités parlementaires stables sous la IVe République française ne résultent pas seulement du scrutin proportionnel, mais aussi du contexte politique national et international : l'exclusion du Parti communiste des alliances gouvernementales à partir de 1947 pour cause de Guerre froide et le refus du RPF du général de Gaulle de se compromettre avec le régime qu'il combattait ont privé la IVe République de deux groupes parlementaires au poids important, opposés entre eux mais unis dans leur opposition aux gouvernements, obligeant à constituer des coalitions instables entre les autres partis et notamment avec des petits partis centristes « charnières », eux-mêmes souvent divisés en factions internes et sans discipline partisane de vote.

Outre-Rhin en revanche, la représentation proportionnelle n'a pas empêché l'Allemagne de connaître une vraie stabilité gouvernementale, avec le développement d'une culture de compromis et de consensus lui permettant de former des coalitions stables, qui ne remettent pas en cause l'autorité du chef du gouvernement pendant toute la législature, autour de deux grands partis capables d'aller jusqu'à former entre eux des « grandes coalitions » lorsqu'aucune autre majorité parlementaire n'est possible, comme ce fut le cas pendant trois des quatre mandats de la Chancelière Angela Merkel de 2005 à 2021.

Au-delà des normes institutionnelles et de la loi électorale, le fonctionnement concret des régimes parlementaires dépend donc beaucoup des comportements des acteurs politiques et de la façon dont ceux-ci sont réglés par des traditions et des conventions constitutionnelles non-écrites. La pratique moniste de la IIIe République, l'abandon du droit de dissolution par le président de la République et son autolimitation à une fonction protocolaire, proviennent de la « Constitution Grévy », c'est-à-dire une convention énoncée par le président Jules Grévy après son élection en 1879 et globalement respectée par ses successeurs ; Alexandre Millerand, seul à tenter de faire évoluer cette pratique, par une lecture plus stricte des lois constitutionnelles, ayant démissionné en 1924 sous la pression après une défaite aux élections législatives.

De même, les efforts de rationalisation du parlementarisme entrepris par les constituants de 1946 ont été mis en échec et « contournés » par les pratiques d'hommes politiques toujours très attachés à une « tradition » républicaine parlementariste de la

IIIe République. De sorte que l'autorité personnelle du président du Conseil que devait lui conférer son investiture par les députés a immédiatement été écornée par la pratique de la « double investiture », soumettant au jugement des partis et des factions partisanes la composition de l'ensemble du gouvernement. Les conditions constitutionnelles de mise en cause de la responsabilité gouvernementale ont également été détournées par la pratique de « pseudo-questions de confiance » et de démissions non constitutionnellement obligatoires, rendant impraticable la dissolution prévue en cas de crise ministérielle régulière. L'appréhension de la variété des régimes parlementaires impose donc de prendre en compte les pratiques réelles des acteurs politiques.

Histoire constitutionnelle

› *Commenter : Honoré Gabriel Riqueti, comte de Mirabeau (extrait du Discours à l'Assemblée constituante, 16 juillet 1789)*

Thème principal

Théorie du régime parlementaire

Mots-clés

Collaboration des pouvoirs, Régime parlementaire, Régime présidentiel, Responsabilité politique, Séparation des pouvoirs, Souveraineté

« S'il est une maxime impie et détestable, ce serait celle qui interdirait à l'Assemblée nationale de déclarer au monarque que son peuple n'a point de confiance dans ses ministres. Cette opinion attaque à la fois et la nature des choses, et les droits essentiels du peuple, et la loi de la responsabilité des ministres, loi que nous sommes chargés de statuer ; loi plus importante encore, s'il est possible, au roi qu'à son peuple, loi qui ne sera jamais librement en exercice si les représentants du peuple n'ont pas l'initiative de l'accusation ; qu'il me soit permis de m'exprimer ainsi.

Eh ! depuis quand les bénédictions et les malédictions du peuple ne sont-elles plus le jugement des bons ou des mauvais ministres ? Pourquoi une nation qui est représentée, s'épuiserait-elle en vains murmures, en stériles imprécations, plutôt que de faire entendre le vœu de tous par ses organes assermentés ? Le peuple n'a-t-il pas placé le trône entre le ciel et lui, afin de réaliser, autant que le peuvent les hommes, la justice éternelle, et anticiper sur ses décrets, du moins pour le bonheur de ce monde ? Mais vous voulez donc confondre les pouvoirs ?...

Nous aurons bientôt occasion d'examiner cette théorie des trois pouvoirs, laquelle, exactement analy-

Sujet proposé et corrigé établi par

Xavier Bioy, Professeur, Université Toulouse 1 Capitole

Premier semestre 2021-2022

sée, montrera peut-être la facilité de l'esprit humain à prendre des mots pour des choses, des formules pour des arguments, et à se routiner vers un certain ordre d'idées, sans revenir jamais à examiner l'intelligible définition qu'il a prise pour un axiome. Les valeureux champions des trois pouvoirs tâcheront alors de nous faire comprendre ce qu'ils entendent par cette grande locution de trois pouvoirs ; et, par exemple, comment ils conçoivent le pouvoir judiciaire distinct du pouvoir exécutif ; ou même le pouvoir législatif sans aucune participation au pouvoir exécutif.

Il me suffit aujourd'hui de leur dire : vous oubliez que ce peuple, à qui vous opposez les limites des trois pouvoirs, est la source de tous les pouvoirs, et que lui seul peut les déléguer. Vous oubliez que c'est au souverain que vous disputez le contrôle des administrateurs. Vous oubliez enfin que nous, les représentants du souverain, nous devant qui sont suspendus tous les pouvoirs, et même ceux du chef de la nation, s'il ne marche point d'accord avec nous, vous oubliez que nous ne prétendons point à placer, ni déplacer les ministres en vertu de nos décrets, mais seulement à manifester l'opinion de nos commettants sur tel ou tel ministre. Eh ! comment nous refuseriez-vous ce simple droit de déclaration, vous qui nous accordez celui de les accuser, de les poursuivre, et de créer le tribunal qui devra punir ces artisans d'iniquités dont, par une contradiction palpable, vous nous proposez de contempler les œuvres dans un respectueux silence ? Ne voyez-vous donc pas combien je fais aux gouverneurs un meilleur sort que vous, combien je suis plus modéré ? Vous n'admettez aucun intervalle entre un morne silence et une dénonciation sanguinaire. Se taire ou punir, obéir ou frapper, voilà votre système. Et moi, j'avertis avant de dénoncer ; je récuse avant de flétrir ; j'offre une retraite à l'inconsidération ou à l'incapacité avant de traiter de crimes. Qui de nous a plus de mesure et d'équité ? »

› *Préparation*

Analyse du sujet

Le commentaire porte sur un texte complexe qui peut dérouter le lecteur. Le texte est écrit dans une langue quelque peu ancienne et recherchée, de style lyrique. L'objet est politique et le sujet juridique. Il faut prendre garde à bien le resituer dans son contexte pour en donner la postérité sans anachronisme. L'enjeu est donc d'abord de comprendre les idées de l'auteur puis de les relier à des notions étudiées dans le cours et qui sont parfois apparues en doctrine longtemps après le texte.

Plan du corrigé

I/ Plaidoyer contre la tentation d'un régime présidentiel
A – Unité de la souveraineté et division des pouvoirs
B – Contre une radicalisation « nominaliste » de la séparation
II/ Plaidoyer pour un régime parlementaire
A – Pour une collaboration fonctionnelle des organes
B – Pour la responsabilité des ministres devant le Parlement et le chef de l'État

› *Corrigé*

Ce célèbre discours de Mirabeau, dont l'éloquence lui valut le surnom de « la Torche de Provence », se situe dans le contexte très particulier du temps révolutionnaire et constituant. Pour la première fois en France, les députés, principalement issus du Tiers état, cherchent des solutions institutionnelles fondatrices d'un nouvel ordre politique et juridique. C'est pourquoi on relèvera l'aspect un peu archaïque du discours de Mirabeau qui entrevoit les dangers d'une lecture radicale de la séparation des pouvoirs, qui ne sera vraiment théorisée qu'avec la doctrine de la IIIe République, de même que l'affinement des notions de peuple et de représentation. Semblant ne pas rompre totalement avec le jusnaturalisme jusqu'alors dominant, ils argumentent, usant des références à la « nature » des choses (« attaque à la fois et la nature des choses ») autant qu'à la nouvelle démocratie (« et les droits essentiels du peuple »).

L'objet du discours tend à convaincre principalement de permettre au corps législatif d'engager la responsabilité des ministres du roi (on ne parle pas encore de « gouvernement ») et de ne pas ainsi disjoindre totalement les missions des différents organes à venir. Qui pourra mettre en cause la responsabilité du gouvernement ? Le contexte du discours est celui de la discussion quant à la place à accorder au Roi et au gouvernement qu'il désigne. Dominant l'ensemble du propos de son aura, la théorie de la séparation des pouvoirs convoque ainsi autant les conceptions de Montesquieu que celles de Locke ou Sieyès, attestant déjà d'une pluralité de conceptions que la doctrine universitaire peinera à synthétiser.

Sous les yeux des constituants français, le modèle américain semble tenir la corde et promouvoir une vision plutôt radicale dont le texte français de 1791 s'imprégnera fortement. L'exemple des États-Unis permet d'imaginer de confier l'exécutif au roi, avec un éventuel *veto* sur les textes adoptés par l'Assemblée unique et de mettre en place aucune sanction du Parlement à l'égard du gouvernement.

Pourtant, Mirabeau s'échine à s'en écarter, justifiant implicitement une lecture française différente des moyens de parvenir à une modération des pouvoirs. Mirabeau dénonce une dérive nominaliste en ce que la formule « séparation des pouvoirs » constituerait la chose sans en livrer les modalités. Il met en garde contre un éclatement de la souveraineté, déléguée à chaque à organe, alors même que tout l'objet de la Révolution a été de la transférer du monarque vers la nation ou le peuple, encore confondus. Mirabeau garde toutefois en tête la façon dont l'Angleterre a engendré la responsabilité ministérielle, à partir des mécanismes de responsabilité du droit pénal.

Mirabeau sera désavoué une première fois lors de l'adoption de la Constitution de 1791, qui optera pour une forme plus radicale de séparation, puis, une seconde fois, lors de la Convention, qui opérera une confusion des pouvoirs aux mains de l'organe exécutif.

Il plaide précisément contre les errements d'un régime de séparation stricte des pouvoirs, modèle qui sera plus tard nommé « présidentiel » (I) et dont il dénonce la dérive de dilution des responsabilités. On le sent favorable à un régime qui cumule les deux avantages d'une responsabilité ministérielle effective et d'une collaboration des fonctions, une séparation souple formant un régime de type « parlementaire » (II).

I/ Plaidoyer contre la tentation d'un régime présidentiel

L'une des grandes questions qui alimentent les débats constituants concentre les interrogations relatives à la compatibilité entre, d'une part, l'unité du nouveau souverain collectif, peuple ou nation, et, d'autre part, la nécessité de séparer ses organes et ses fonctions souveraines. L'unité de la souveraineté supporterait-elle de « diviser » les pouvoirs ? (A) La réponse de Mirabeau est positive, sous condition de ne pas radicaliser la séparation des pouvoirs (B).

A – Unité de la souveraineté et division des pouvoirs

L'apport principal des premiers temps de la Révolution réside dans le déplacement de la souveraineté, du monarque vers l'Assemblée qui incarne la nation et émane du peuple. Dès le 6 mai les députés du tiers s'appellent « communes » et le 17 juin, reprenant l'idée de Sieyès, le tiers se proclame Assemblée nationale. À la division de la société en ordres se substitue l'idée d'une nation homogène et l'Assemblée s'est prémunie contre toute dissolution en votant la levée des contributions. Le 19 juin, le clergé décide de s'unir au tiers. La démarche constituante tente d'inscrire dans le droit cette nouvelle donne politique. Pour préserver cette nouvelle figure, l'assemblée législative sera unique. La plupart la voudront aussi toute puissante, se subordonnant à l'exécutif. D'autres verront la nécessité de doter cet exécutif d'une indépendance qui garantisse l'équilibre des pouvoirs. Mirabeau plaide, quant à lui, pour une assemblée forte, unique représentante du souverain et délégataire de la souveraineté. Il a recours, implicitement, à la théorie de la délégation des pouvoirs du souverain aux organes constitués qui permet de garder l'unité du souverain mais la pluralité des organes mettant en œuvre cette souveraineté. Mirabeau écrit en ce sens : « vous oubliez que ce peuple, à qui vous opposez les limites des trois pouvoirs, est la source de tous les pouvoirs, et que lui seul peut les déléguer ».

Au demeurant, cette théorie de la délégation conduira la doctrine, sous la Troisième République, à distinguer deux modes de représentation du souverain qui recoupent largement deux types de souveraineté. D'un côté, la théorie du mandat, qui rejoint l'idée de délégation, et d'un autre, la théorie de la représentation. Pour la première, les députés, acteurs de la législation, sont soumis à un mandat de type impératif et doivent ainsi « présenter à nouveau » les idées du peuple souverain sur telle ou telle question portée par le peuple lui-même à l'agenda politique lors des élections. Cela induit des mandats courts, des élections indirectes à plusieurs échelons (comme en 1790) et favorise un mode de scrutin à la proportionnelle pour garder le lien de « représentativité » avec le souverain populaire. Pour la seconde, les élus disposent d'un mandat représentatif de la nation qui leur laisse plus d'autonomie et exige même de se détacher de la circonscription qui les a élus. Les représentants sont ainsi moins des délégataires que l'incarnation même de la nation comme entité abstraite.

Mirabeau semble pencher pour l'idée du mandat (« ni déplacer les ministres en vertu de nos décrets, mais seulement à manifester l'opinion de nos commettants sur tel ou tel ministre ») alors que son Assemblée, et son propre groupe politique même, opteront pour la théorie de la représentation en admettant que le roi, par son veto législatif, peut être considéré comme l'autre représentant de la nation, thèse défendue par Barnave.

Cette représentation du souverain repose sur la confusion des souverainetés « nationale » et « populaire » qui ne seront systématiquement distinguées que dans la seconde moitié du XIXe siècle. Quelque temps avant les débats relatifs à la notion de représentation, Mirabeau place l'Assemblée au cœur du système politique : « Pourquoi une nation qui est représentée, s'épuiserait-elle en vains murmures, en stériles imprécations, plutôt que de faire entendre le vœu de tous par ses organes assermentés ? » Elle doit légiférer et contrôler l'exécution de la loi.

B – Contre une radicalisation « nominaliste » de la séparation

Une fois résolu le problème de l'unité du pouvoir en plusieurs organes, le discours se déplace vers l'aménagement de la séparation des pouvoirs elle-même. Dans cette phase où les concepts juridiques sont encore peu élaborés, Mirabeau s'inquiète, avec ses mots pleins de fougue et d'images, contre une lecture manichéenne, simpliste car radicale.

Dans un contexte où il n'est pas encore question de destituer le roi, mais au contraire de lui confier l'exécution des lois, Mirabeau admet l'expression de légitimités politiques distinctes des différents organes. Au roi la légitimité historique et unitaire de la tradition monarchique et aristocratique liée au gouvernement de l'administration, aux « représentants » du peuple assemblés la légitimité démocratique et donc le soin de la loi et du contrôle *a posteriori* des ministres. Il n'est pas encore question d'instituer, comme le préconisait Montesquieu, une seconde chambre, actant de la légitimité aristocratique et frein à la toute-puissance du monarque. Il faudra attendre un authentique régime parlementaire, à l'ébauche avec la Restauration, déjà en germe dans le discours de Mirabeau.

II/ Plaidoyer pour un régime parlementaire

Mirabeau penche, sans le dire, pour une séparation des fonctions mais avec un mécanisme de responsabilité inspiré du modèle anglais. Il semble dénoncer une conception trop stricte de la séparation des pouvoirs, impliquant une forme minimale de collaboration.

C'est pourquoi Mirabeau en appelle à l'institutionnalisation d'une responsabilité des ministres qui ne soit pas un détournement de la responsabilité pénale. Le roi ne pouvant être destitué, ni l'Assemblée dissoute, la cohabitation des organes n'est possible que par le contrôle des ministres par le roi et par l'assemblée, une forme de régime dualiste. Pourtant, dans le texte de 1791, si les ministres contresignent les décisions du Roi et que le corps législatif peut les accuser pour n'importe quel motif et ainsi les suspendre de leurs fonctions, ils sont responsables devant le Roi mais pas devant l'Assemblée.

A – Pour une collaboration fonctionnelle des organes

Mirabeau ne croit pas à une séparation radicale des « pouvoirs » ou « puissances » au sens de Montesquieu. Au-delà de la difficulté de distinguer les différentes fonctions et les actes qui les concrétisent, il critique une conception à la fois trop simpliste et sûrement dangereuse : « Les valeureux champions des trois pouvoirs tâcheront alors de nous faire comprendre ce qu'ils entendent par cette grande locution de trois pouvoirs ; et, par exemple, comment ils conçoivent le pouvoir judiciaire distinct du pouvoir exécutif ; ou même le pouvoir législatif sans aucune participation au pouvoir exécutif ». Comme le pensent les partisans d'une séparation « souple » (Locke ou Montesquieu), la Constitution doit répartir les étapes de la décision entre les différents organes institués. Ainsi, chacun peut arrêter les autres et exiger un consensus, donc un consensus profitable pour modérer les impulsions politiques, les abus de pouvoir. En complément, il pressent la nécessité d'un mécanisme de responsabilité politique qui assure la cohérence globale des organes souverains.

Pourtant, le régime finalement adopté en 1791 est plutôt celui d'une spécialisation des organes sans mécanisme de destitution politique du roi et de ses ministres. Sur le modèle américain, mais avec des aménagements différents du processus législatif et de la fonction judiciaire, le texte adopté en 1791 place une Assemblée unique, élue indirectement, en position centrale mais distincte du gouvernement qui peut poursuivre sa propre trajectoire. Seul le veto royal permet d'interférer dans la fonction législative, au risque du blocage des institutions.

B – Pour la responsabilité des ministres devant le Parlement et le chef de l'État

« S'il est une maxime impie et détestable, ce serait celle qui interdirait à l'Assemblée nationale de déclarer au monarque que son peuple n'a point de confiance dans ses ministres ». Le mot est lâché : « confiance ». Un régime politique authentiquement démocratique ne peut admettre que le roi et ses ministres se replient sur leur seule action sans tenir compte des orientations choisies par les représentants élus.

Il opte ainsi clairement pour la mise en cause politique par l'Assemblée, poussant à la démission, plutôt que l'*impeachment* qui conduit à la condamnation, comme usage impropre d'une mise en cause pénale à des fins institutionnelles. Bien que ce soit la version originelle du régime parlementaire anglais, depuis le XVIe siècle, et celle retenue alors et encore aujourd'hui par le régime américain, Mirabeau y voit un système hypocrite et archaïque : « Se taire ou punir, obéir ou frapper, voilà votre système […] j'offre une retraite à l'inconsidération ou à l'incapacité avant de traiter de crimes. » Aux États-Unis, en effet, en cas de divergence de vue entre organes, l'absence de mécanisme de dissolution de la chambre des représentants et l'absence de désaveu du Président et de son administration ne permettent pas de trouver une issue institutionnalisée aux conflits politiques. À plusieurs reprises la tentation a été forte d'engager une procédure de sanction assortie d'un privilège de juridiction impliquant le Sénat pour sa mise en cause, jusqu'au départ du président Nixon.

Toutefois, l'acceptation d'un parlementarisme « orléaniste » (ainsi nommé pour la double responsabilité des ministres devant le chef de l'État et devant le Parlement) avant l'heure ne va pas jusqu'à la volonté d'instaurer en France un système à l'anglaise. Mirabeau souhaite simplement fluidifier la possibilité pour le Parlement de désavouer l'action du gouvernement afin de faire respecter la prééminence du Parlement sans laquelle la « loi […] ne sera jamais librement en exercice ». Il faut donc que « les représentants du peuple (aient) l'initiative de l'accusation ». Il n'est pas encore question d'un système plus élaboré dans lequel des « contrepoids » créent des équilibres subtils. Pas encore de bicaméralisme appelant à réfléchir aux symétries ou prééminence d'une assemblée sur l'autre ; pas plus que d'organisation mesurée de la dyarchie de l'exécutif et la valorisation d'un Premier ministre menant la politique à la place du chef de l'État.

La dissolution et la motion de censure naîtront en France plus tard, principalement à la faveur de la Monarchie de Juillet. Ce n'est qu'alors que le profil particulier de Louis-Philippe, « roi des Français », concomitant avec la forte personnalité de Thiers et le cumul de deux légitimités pour deux chambres, verra s'établir un système parlementaire équilibré que beaucoup pensaient impossible en France ou certainement peu enviable. L'histoire montrera qu'il sera souvent déséquilibré, soit au profit du Parlement sous les Troisième et Quatrième République, soit à son détriment avec la Ve et l'instauration de la rationalisation des prérogatives parlementaires. Nul doute que Mirabeau aurait aimé la première hypothèse, comme le montre dans ce texte son attention à la préséance du corps législatif. Cependant, quelques mois après ce discours, les événements lui donneront autant raison que tort. La constituante accouchera d'une solution sans réelle responsabilité des ministres et se satisfaisant de l'absence de collaboration. L'échec qui s'en suivra débouchera sur le temps de la Convention et l'écrasante domination d'une assemblée unique, se précipitant dans la dictature et décidant, en 1794, de sortir le cadavre de Mirabeau du Panthéon, pour intelligence avec la monarchie...

Les régimes politiques étrangers

› *Exercice de démonstration*

Démontrez que le monarque britannique gouverne aussi.

Thème principal

Le monarque et le gouvernement au Royaume-Uni

Mots-clés

Bipartisme, Chef de l'État, Droit coutumier, Gouvernement, Modes de scrutin, Monarque, Parlement, Premier ministre

Sujet proposé par

Julien Jeanneney, Professeur, Université de Strasbourg

Corrigé établi par

Pierrick Bruyas, ATER, Université de Strasbourg

Premier semestre 2021-2022

› Préparation

Analyse du sujet

La formulation du sujet incite à une construction originale, différente du plan d'une dissertation. Elle nécessite de trouver au moins deux arguments tendant à répondre à la question et dans le sens voulu par celle-ci.

› Corrigé

« **Monarque** » : Le monarque est le chef de l'État dans une monarchie. Au Royaume-Uni, la reine est donc le chef de l'État. Autrefois titulaire du pouvoir exécutif, le monarque est donc aujourd'hui formellement et organiquement rattaché au pouvoir exécutif. Pourtant, on considère, en règle générale, dans les monarchies constitutionnelles, que le pouvoir du monarque est davantage symbolique que politique.

« **Gouverner** » : Exercer un pouvoir de conduite de l'action politique. C'est, en principe, une prérogative du pouvoir exécutif.

« **Aussi** » : L'intitulé présuppose soit que d'autres organes gouvernent, soit que le monarque ne se contente pas de gouverner – en tout état de cause, que le rattachement au monarque de la fonction de gouverner n'est pas une évidence.

Argument 1 : Le monarque britannique gouverne aussi, dans la mesure où il détient des prérogatives en matière de nominations

Autrefois, le monarque britannique était au centre du pouvoir exécutif dont il était la principale incarnation. Au fil du temps le pouvoir du monarque a diminué, substitué en grande partie par celui du gouvernement, responsable devant le Parlement. Cependant, héritage de l'histoire, le monarque britannique continue d'être placé au centre d'un certain nombre d'enjeux politiques. Le plus important d'entre eux est sans doute le pouvoir qu'a le chef de l'État de nommer le Premier ministre. S'il est vrai que le monarque suit aujourd'hui le résultat des élections législatives en nommant le *leader* du parti ayant remporté le plus de sièges à la Chambre des communes, son rôle peut toutefois être déterminant. Ce rôle « d'arbitre » peut, en effet, s'avérer essentiel si une majorité claire n'apparaît pas après les élections législatives – par exemple, en cas de coalition pour la formation d'un gouvernement. Au Royaume-Uni, ce cas de figure est peu probable, car le scrutin majoritaire uninominal à un tour (« *first pass the post* ») facilite le bipartisme et rend le recours aux coalitions rare. Le pays se distingue, à cet égard, d'autres États européens, à l'image de la Belgique, où le scrutin proportionnel et le fédéralisme favorisent un fort multipartisme et rendent l'intervention du roi essentielle pour que les partis s'accordent en vue de former une coalition stable. Au Royaume-Uni le statut de chef de l'État confère également au monarque d'autres responsabilités de nominations aux postes et honneurs civils et militaires. Elles sont exercées, suivant la coutume, soit sur proposition du gouvernement, soit de façon discrétionnaire.

Argument 2 : Le monarque britannique gouverne aussi, dans la mesure où il participe au processus législatif

Le système britannique repose notamment sur l'idée de souveraineté parlementaire, plaçant le Parlement au centre du jeu politique. Pourtant, le pouvoir de ce dernier est juridiquement conditionné à la participation du monarque dans le processus législatif. Cette combinaison indispensable entre Parlement et monarque est parfois résumée grâce à l'adage constitutionnel « *Queen/King in Parliament* ». Dans les faits, cela signifie qu'une loi ne prend plein effet qu'à partir du moment où le monarque y appose sa signature. On appelle cela le *royal assent* (assentiment royal). S'il était autrefois possible qu'un monarque refuse de signer (cela s'est notamment produit six fois sous Guillaume III), mettant ainsi en œuvre un pouvoir de *veto*, le monarque n'exerce, dans les faits plus son *veto* de façon discrétionnaire : il suit le choix de ses ministres. La configuration est distincte, à cet égard, de ce que l'on observe en Belgique : en 1990, le roi belge a refusé de signer une loi du Parlement qui autorisait les femmes à recourir à une interruption volontaire de grossesse. Face à cette situation exceptionnelle, compte tenu de la grande popularité du roi, les ministres sont parvenus à trouver un subterfuge constitutionnel (le Parlement l'ayant déclaré pour une journée dans « l'impossibilité de régner ») afin de permettre à la loi d'être promulguée et au monarque de ne pas perdre son trône, tout en respectant son cas de conscience. Le monarque britannique ne dispose pas, sous ce rapport, de la liberté du monarque belge. Un autre signe de la participation du monarque britannique au processus législatif peut être trouvé dans la présence, certes symbolique, d'un sceptre royal dans la chambre basse du Parlement britannique. En l'absence de cet objet, le droit constitutionnel coutumier interdit qu'une loi soit votée. Ce cas de figure s'est présenté en 2018, lors d'un vote très clivant sur le *Brexit*, au cours duquel un député travailliste s'est saisi du sceptre et a quitté la Chambre des communes afin d'empêcher le scrutin.

Argument 3 : Le monarque britannique gouverne aussi, dans la mesure où il possède une influence diffuse dans la vie politique nationale et à l'échelle internationale

L'un des aspects les plus importants du rôle du monarque britannique est caractérisé par son pouvoir d'influence. Selon Walter Bagehot (1867), ses principales prérogatives sont « le droit d'être consulté, le droit d'encourager, le droit de mettre en garde ». Il s'agit donc d'un pouvoir d'influence reconnu par le droit constitutionnel coutumier. En premier lieu, cette influence prend une forme politique, dans la mesure où la reine rencontre chaque semaine son Premier ministre et lui donne son point de vue et des conseils sur les affaires politiques du moment. Les anciens Premiers ministres ont ainsi reconnu avoir souvent tenu compte de ses conseils. En deuxième lieu, ce pouvoir d'influence est diplomatique. Bien qu'agissant sur les conseils de son gouvernement, le monarque tisse des relations diplomatiques et personnelles avec les représentants d'autres États. En témoigne le rôle important joué par la reine Elizabeth II dans la préservation des liens avec les anciennes colonies britanniques : elle a pris la tête du *Commonwealth* et demeure aujourd'hui, au moins formellement, la reine d'une dizaine d'États par ailleurs souverains, à l'image de l'Australie, du Canada et de la Nouvelle-Zélande, où elle est représentée par un gouverneur général. Enfin, le monarque britannique « gouverne » en matière religieuse : il est, aujourd'hui encore, le chef de l'Église anglicane – l'anglicanisme étant demeurée religion d'État.

La Ve République

› *Commentaire de texte : F. Hollande,* Affronter *(Stock, oct. 2021, p. 120-121)*

Thème principal

Les référendums sous la Ve République

Mots-clés

Peuple, Présidentialisme, Question de confiance, Référendum, Suffrage

« Je mesure la distance qui s'est installée entre la nation et ses représentants. Pour la réduire, il me paraît indispensable de redonner plus souvent la parole au peuple sans défaire les mandats qu'il a confiés à ses représentants lors des scrutins précédents. Je propose donc d'introduire une discordance dans les calendriers électoraux. Autant ce décalage me semble inopportun dans le cadre de nos institutions actuelles, autant il pourrait trouver sa place dans un régime présidentiel. Ainsi, le chef de l'État serait élu pour six ans (ce qui est le mandat d'un maire ou d'un président de région) et l'Assemblée nationale pour quatre (comme en Allemagne), sans que celle-ci, je le rappelle, puisse être dissoute par le président.

« La Ve République était fondée sur la consultation régulière du peuple français. Le général de Gaulle en avait fait la source de sa légitimité. C'est par référendum qu'il avait établi une nouvelle République. C'est à la suite d'un référendum perdu qu'il avait quitté le pouvoir, ce qui peut expliquer pourquoi ses successeurs en ont fait un usage prudent et parfois maladroit.

« Le chef de l'État dispose de deux moyens de consulter le pays. L'article 11 concerne le domaine législatif et la ratification des traités, tandis que l'article 89 est réservé à la révision de la Constitution.

Sujet proposé et corrigé établi par

Pierre Mouzet, Maître de conférences, Université de Tours

Second semestre 2021-2022

« Une autre procédure a été introduite en 2008 avec le référendum d'initiative partagée. Exigeant le soutien d'un cinquième des parlementaires et de 10 % des électeurs pour être engagée, cette démarche a été cadenassée à un tel point qu'elle n'est jamais utilisée. Je propose d'abaisser les seuils et de rendre possible le déclenchement d'une consultation dès le nombre requis de parlementaires et d'électeurs réunis, sous réserve de la validation par le Conseil constitutionnel de la conformité de la question posée à notre loi fondamentale. »

› *Préparation*

Analyse du sujet

Ce texte récent, très riche du point de vue constitutionnel, précis et allusif tout à la fois, ne présente normalement guère de difficultés en fin de première année de Licence droit ; à deux éléments près. Un premier piège en effet, dans la dernière phrase, est technique : le « et » rappelle que réunir un dixième des électeurs ne suffit pas à l'organisation d'un « référendum d'initiative partagée » (RIP) puisqu'il faut encore que le Parlement ne s'empare pas de la proposition (*cf.* article 11, alinéa 5, de la Constitution). Le second piège est philosophique : il fallait comprendre que « sans défaire les mandats », dans la deuxième phrase, signifie que François Hollande refuse tout référendum ou scrutin révocatoire, y compris semble-t-il sous la forme gaullienne de la question de confiance ; au vrai, même les bonnes copies l'ont fort peu vu ! Mais cela signifie aussi que chacun des quatre paragraphes évoque le problème du référendum, quoique le mot ne soit expressément employé qu'une fois sur deux. Ainsi, l'unique difficulté réelle du sujet tenait au choix de la problématique et, d'abord, de la thématique.

On peut légitimement considérer que ce passage-ci du dernier livre de François Hollande est consacré au seul thème du référendum et que sa proposition d'instaurer un régime présidentiel est ici secondaire, le sujet n'étant au fond que *la fréquence du suffrage populaire* : sa formule « je le rappelle » sera certes comprise par les constitutionnalistes (et donc les étudiants de fin de L1) comme la répétition d'un savoir scientifique — ou théorique : on ne saurait parler de « régime présidentiel » si le président dispose du droit de dissolution — mais les lecteurs normaux comprendront qu'il en a tout simplement été question plus haut dans l'ouvrage (ce qui, au demeurant, est exact aussi). À condition de parfaitement expliquer tout ceci dans l'introduction générale, une première solution est donc de creuser uniquement la problématique référendaire en montrant que F. Hollande, qui s'affiche ici doublement non gaulliste (I), refuse également des propositions souvent faites par des personnalités plus à gauche que lui (II), singulièrement à l'endroit du référendum d'initiative citoyenne (RIC) :

I/ La disparition du référendum gaullien
- *A – La question de confiance posée au peuple*
- *B – L'utilisation constituante de l'article 11*

II/ Une proposition pour un référendum nouveau
- *A – Un refus de tout référendum révocatoire*
- *B – Un refus d'un vrai référendum d'initiative citoyenne*

Si l'on songe à la doctrine gaullienne apparaît une deuxième problématique, où le thème devient *l'attachement « à notre loi fondamentale »*. Il importait en effet de mettre en lumière le fait que notre auteur non seulement propose deux révisions constitutionnelles (celle de l'article 11, pour le RIP, et celle de l'article 12 en plus de l'article 6 et de la suppression du Premier ministre et des articles 49 et 50, pour le régime présidentiel, régime dont de Gaulle ne voulait pas) mais encore souligne par deux fois le nécessaire respect de la Constitution : d'une part en exigeant expressément que le RIP soit toujours validé par le Conseil constitutionnel et, d'autre part, en condamnant implicitement l'interprétation de ses prédécesseurs qui avaient fait de l'article 11 une seconde voie de révision de la Constitution. Si une telle analyse devra de toute façon être présentée dans le développement, quel que soit le plan retenu donc, une solution est ainsi de faire apparaître cet attachement, relatif (I) mais profond (II), dans les intitulés :

I/ Réviser la Constitution

A – Créer un régime présidentiel

B – Décadenasser le référendum d'initiative partagée

II/ Respecter la Constitution

A – Contrôler le référendum d'initiative partagée

B – Réserver la révision à l'article 89

À l'inverse, une troisième problématique exploitera le registre hollandais du « normal », en ne mettant pas en exergue dans les titres l'utilisation constituante de l'article 11 — ce passage du livre est en effet écrit sur le ton de l'évidence, cette évidence que le Président Macron avait lui-même maniée l'année précédente en parlant d'interdiction — et en consacrant toute la première partie au premier paragraphe : le thème sera alors le titre de son précédent ouvrage d'analyse constitutionnelle, *Répondre à la crise démocratique* (Fayard, 2019), dans lequel déjà (cela avait été dit en cours) F. Hollande préconisait l'abandon du parlementarisme ; or, c'est de manière « anormale » au regard de l'environnement européen de la France et de son histoire constitutionnelle qu'il propose un régime d'inspiration américaine. On pourra alors construire sur un balancement entre les deux sujets, régime et référendum, en usant dans les intitulés de certaines de ses expressions, qui seront ainsi valorisées :

I/ Une suggestion audacieuse pour le régime

A – Le caractère « inopportun » de la cohabitation

B – Le caractère pertinent du « régime présidentiel »

II/ Une vision prudente pour l'usage du référendum

A – Le caractère désuet du référendum « source de légitimité »

B – Le caractère « cadenassé » du référendum d'initiative partagée

On suivra ici une quatrième (parmi tant d'autres) solution de plan, de problématique et de construction : d'abord en allant au plus simple, c'est-à-dire en conservant les deux sujets et, surtout, la structuration et l'ordre des quatre paragraphes du texte à commenter, ce qui est souvent de bonne méthode ; ensuite en pointant les silences du texte, car c'est aussi le rôle d'un commentaire véritable que de dire ce que lui ne dit pas, ici le mot « présidentialisme » pour qualifier l'expression « nos institutions actuelles », là le « RIC » pour faire le pendant du RIP seul évoqué ; enfin, pour bien montrer la parfaite compréhension du texte, en jugeant via des adjectifs épithètes ses deux prises de position centrales, puisque tout commentaire peut être critique, l'audace devenant cette fois originalité et la prudence banalité...

Plan du corrigé

I/ Un régime original
- *A – L'abandon du présidentialisme synchronisé (1er § du texte)*
- *B – L'abandon du présidentialisme référendaire (2e § du texte)*

II/ Un référendum banal
- *A – Le refus des deux référendums constituants (3e § du texte)*
- *B – Le refus du référendum d'initiative citoyenne (4e § du texte)*

› *Corrigé*

1. C'est le livre récent d'un ancien Chef d'État : comme le programme d'un futur candidat.

2. Dans son dernier ouvrage, *Affronter*, paru six mois avant l'élection présidentielle de 2022, M. François Hollande consacre plusieurs paragraphes à « la distance qui s'est installée entre la nation et ses représentants » : il préconise de la réduire, écrit-il aussi, en redonnant « plus souvent la parole au peuple » ; et celui qui présida la République de 2012 à 2017 de proposer pour la France à la fois « un régime présidentiel », avec des mandats décalés, et de « rendre possible » le référendum d'initiative partagée.

3. Nul besoin d'insister sur l'intérêt d'un tel texte : ces idées plus ou moins surprenantes témoignent du moment, de la contestation d'un système politique que beaucoup disent en crise. Ce qui frappe dans ce passage est que le thème du régime présidentiel n'est aucunement abordé sous l'angle classique du monocéphalisme, ou des rapports entre président de la République et Premier ministre, mais au sujet de la seule fréquence du suffrage populaire, alors même que l'auteur refuse de « défaire les mandats » : ni dissolution, ni révocation. Aussi le rapport avec la facilitation du référendum, que pratiquement tous les candidats auront évoqué durant la campagne électorale, dans les mois suivant cette publication, est-il à cet égard évident.

4. À l'Élysée, le Président Hollande n'a lui-même jamais fait l'expérience du référendum : aucun de ses six projets de révision n'a été adopté en termes identiques par les deux assemblées, l'empêchant d'engager (s'il l'avait voulu) celui de l'article 89, aucune proposition votée par l'Assemblée nationale ou par le Sénat n'ayant été soumise à l'autre chambre de toute la Ve République. Et c'est après sa présidence, lors du premier mandat d'Emmanuel Macron, que les premières tentatives de « référendum d'initiative partagée » (RIP), cette vraie-fausse initiative populaire créée en 2008, ont été lancées, sans aboutir. Néanmoins, il dirigeait le Parti socialiste lorsqu'en 2005 son parti s'est déchiré à l'endroit de la Constitution européenne, rejetée par référendum, sur le fondement de l'article 11, cet article que, Président, il s'abstint d'utiliser.

Notre auteur ne dit mot — ce n'est pas son sujet — des autres scrutins qu'autorise aujourd'hui la Constitution de 1958 : référendum local (art. 72-1) et référendum sur l'adhésion d'un État à l'Union européenne (art. 88-5 : s'il cite « la ratification des traités », c'est à propos du seul article 11), sans parler des « consultations pour avis » de telle ou telle population ; Notre-Dame-des-Landes ou Nouméa sont loin d'ici et lui ne parle que de la « nation » tout entière, l'utilisant comme synonyme du « peuple français » ou, plus loin, du « pays ». En revanche, il évoque évidemment le général de Gaulle : mais son référendum « source de légitimité » apparaît ici celui du passé ; et, s'il n'appelle pas à ressusciter la pratique gaullienne du référendum question de confiance, M. Hollande, comme son successeur à l'Élysée mais contrairement à tous leurs prédécesseurs, écarte clairement l'usage constituant de l'article 11.

Quant à la révision constitutionnelle, l'ancien président de la République en « propose » ici deux, qui ne figuraient pas dans ses projets de loi constitutionnelle déposés entre 2013 et 2016 : d'une part, celle de certains alinéas de l'article 11, puisque le « cadenassage » du RIP qu'il dénonce provient de la Constitution elle-même, révisée en 2008 ; d'autre part, puisqu'il défend un « régime présidentiel », celle des articles 12, l'Assemblée nationale ne pouvant plus « être dissoute par le président » — s'il écrit ici « je le rappelle », il peut s'agir d'une référence à un pilier de la science constitutionnelle comme à de précédents passages de son ouvrage — et, le gouvernement n'étant plus responsable devant elle, 49 et 50, ainsi que tous les articles visant « le Premier ministre », sachant qu'il propose en outre de passer du quinquennat au septennat (justifié par analogie avec la durée du mandat des exécutifs locaux), donc de réviser l'article 6.

Cependant, l'intérêt du régime à l'américaine tel qu'ici présenté par F. Hollande n'est pas dans sa description — il ne nous dit rien de ce qu'il faudrait réformer — mais dans son articulation avec le moment des élections. Ce n'est pas, en effet, le mandat présidentiel qui serait réduit à quatre ans, comme aux États-Unis (ou dans la Constitution de 1848), mais la durée de la législature (« comme en Allemagne », écrit-il). Les députés ne seraient plus élus pour cinq ans et, donc, plus la même année que le chef de l'État : cette « discordance dans les calendriers électoraux » aboutirait ainsi à une élection nationale tous les deux ou quatre ans. Et au lieu d'un référendum tous les seize ans (comme entre 2005 et l'écriture de son livre), il pourrait y en avoir un dès qu'une partie du peuple le souhaiterait... à condition d'un soutien parlementaire.

5. Tout ce passage du livre de M. Hollande se présente comme un balancement systématique : utiliser le référendum mais ne pas le laisser aux seuls citoyens, voter plus souvent mais ne pas défaire les mandats, modifier l'article 11 mais sans l'entendre au-delà du « domaine législatif », réviser la Constitution mais sans réduire le rôle du « Conseil constitutionnel [à l'endroit] de la conformité de la question posée à notre loi fondamentale », changer le calendrier électoral mais pas dans le cadre institutionnel actuel, ce présidentialisme (qu'il ne nomme pas ici) où l'on a depuis vingt ans synchronisé les mandats pour éviter la cohabitation. De même, il rappelle la « Ve République » du général de Gaulle pour mieux l'opposer à celle de « ses successeurs » (dont lui-même ?), l'expression ne désignant que sa naissance ou, au plus, le système politique de sa première décennie. Il y a ce que l'ancien président observe – juridiquement, il opère un constat historique, la désuétude de la doctrine gaullienne, mais aussi un constat authentique, la réservation du référendum constituant à l'article 89 – et ce qu'il préconise, d'une part une « désynchronisation » présidentielle et, d'autre part, un « décadenassage » du RIP.

Si, dans son précédent ouvrage d'analyse constitutionnelle, *Répondre à la crise démocratique*, F. Hollande promouvait déjà l'abandon du parlementarisme, il ne soutient donc pas le « référendum d'initiative citoyenne » (RIC) ; et, ne voulant pas que le peuple défasse les mandats, il écarte clairement ici tout référendum révocatoire. Autant on peut pointer son audace de défendre un régime présidentiel honni par de Gaulle, un régime américain souvent assimilé à l'expérience funeste de la Seconde République qui isolerait la France du reste de l'Europe, un régime « anormal » donc, autant il faut relever sa prudence à l'endroit de cette « VIe République » promue par d'autres leaders et, précisément, de la révision de l'article 11.

6. L'originalité, pour nous Européens du XXIe siècle, du régime que M. Hollande suggère tient donc ici surtout au fait qu'il propose d'abandonner « le cadre de nos institutions actuelles » pour « introduire une discordance » électorale temporelle (I). Et celui qui, un temps, avait défendu le « Président normal » semble vouloir un « référendum normal » : réformer le RIP comme il le souhaite permettrait, sans doute, de le banaliser, mais c'est surtout son refus à la fois du référendum constituant direct et du RIC qui le rend banal (II).

I/ Un régime original

Le texte de François Hollande n'est pas seulement un utile rappel de la très claire distinction, en droit constitutionnel, entre le régime présidentiel et « nos institutions actuelles ». Leur nature parlementaire avec laquelle il propose de rompre caractérise en effet aussi bien le présidentialisme – puisque tous les gouvernements de la Cinquième ont été et sont politiquement responsables devant l'Assemblée nationale – que le système de la cohabitation. Or il juge « inopportun » ce qui peut favoriser celle-ci. L'allusion au « régime présidentiel » repose donc d'abord sur son idée d'abandonner le présidentialisme synchronisé (A). C'est ensuite seulement que notre auteur rappelle qu'a depuis longtemps été abandonné le présidentialisme référendaire pratiqué par le général de Gaulle (B).

A – L'abandon du présidentialisme synchronisé

Pour « redonner plus souvent la parole au peuple » l'ancien président de la République « propose donc » d'abord, comme il l'écrit dans notre premier paragraphe, « d'introduire une discordance dans les calendriers électoraux » et c'est seulement ensuite qu'il évoque « un régime présidentiel », dans lequel « ce décalage [...] pourrait trouver sa place ». François Hollande préconise implicitement une révision constitutionnelle qu'il ne détaille pas ici : ni le rôle nouveau de l'Assemblée nationale, s'il en imagine un, ni le Parlement dans son ensemble, c'est-à-dire les pouvoirs du Sénat; tout juste pourrait-on déduire qu'il n'envisage pas de Cour suprême du fait qu'il cite, plus loin, « le Conseil constitutionnel ».

La « discordance » électorale qu'il propose n'est pas non plus le rythme régulier du modèle états-unien, avec un président américain élu pour quatre ans et une Chambre des représentants renouvelée tous les deux ans, donc notamment à mi-mandat : le schéma de F. Hollande, avec ses mandats respectivement de six et quatre ans, renouerait avec une arythmie assez comparable au temps du septennat (où 7 = 5 + 2 ou 2 + 5), avant 2002, celle qui avait favorisé les cohabitations, de deux ans (en 1986 et en 1993) ou de cinq ans (en 1997).

Sa discordance ou son « décalage » — qui n'est d'ailleurs pas garanti : à défaut d'interdire au président de la République de démissionner ou de mourir, il devrait suggérer de fixer la date de l'élection présidentielle dans la Constitution ou d'instituer un vice-président — n'exige une révision que parce qu'il propose de modifier, en l'allongeant, la durée du mandat présidentiel. Pour créer une législature de quatre ans au lieu de cinq, il suffirait en effet de modifier le Code électoral via la loi organique prévue à l'article 25 de la Constitution.

C'est ainsi que l'on avait procédé, avec la loi organique du 15 mai 2001, quelques mois après la modification référendaire de l'article 6 et la loi constitutionnelle du 2 octobre 2000 substituant le quinquennat au septennat, pour créer cette concordance des calendriers électoraux à laquelle F. Hollande propose de renoncer. Il est vrai que la quasi-concomitance des élections présidentielle et législatives a engendré, si l'on ose dire, cette espèce de scrutin national unique tous les cinq ans en « quatre tours » sur deux mois que nous connaissons depuis vingt ans.

L'ancien président de la République paraît assumer le risque – que l'inversion du calendrier électoral de 2002 a visé à éradiquer, en faisant précéder l'élection des députés de quelques semaines par celle du chef de l'État – d'un affrontement entre deux majorités, à l'Élysée et au Palais-Bourbon : c'est le pari du compromis, à la Montesquieu, sur lequel repose tout régime présidentiel, pari qui justifie l'exclusion du droit de dissolution (voire son interdiction, comme dans la Constitution de 1848).

François Hollande considère sans doute, au moins inconsciemment, que le pouvoir de dissoudre est aujourd'hui inutile : le système constitutionnel prévoit lui-même la logique institutionnelle que le Président Mitterrand appliqua, en 1981 puis en 1988 ; le fait majoritaire rend improbable la censure d'un gouvernement, donc la dissolution en réplique comme à l'automne 1962 ; et le raisonnement qu'il tient à l'endroit du référendum, le président échaudé en somme, s'applique à la dissolution ratée de 1997. Toutefois, il semble oublier Mai 68 et la dissolution comme réponse à une crise sociale. C'est là l'une des raisons pour lesquelles de Gaulle préférait son présidentialisme référendaire au régime présidentiel.

B – L'abandon du présidentialisme référendaire

Du deuxième paragraphe de l'extrait *d'Affronter* on aura relevé sa conjugaison à l'imparfait : la « Ve République *était* fondée sur la consultation régulière du peuple français ». F. Hollande n'utilise ni le présent, qui vaudrait adhésion ou conviction, ni le passé simple, qui rappellerait simplement une réalité historique : il utilise un temps qui indique un passé clairement révolu. Le plus-que-parfait des phrases suivantes nous éloigne plus encore du général de Gaulle. Ainsi, quand l'auteur écrit que c'est « par référendum qu'il avait établi une nouvelle République », il fait référence au scrutin du 28 septembre 1958, prévu par la loi constitutionnelle du 3 juin : il aurait même pu évoquer (et l'on peut y lire !) celui d'octobre 1945.

Le présidentialisme référendaire est ce que René Capitant théorisa sous l'appellation de régime populaire : la consultation du Peuple comme « source de [la] légitimité » du président de la République consacre la responsabilité politique de celui-ci devant celui-là. C'est ce qui explique cette autre vérité historique pointée par F. Hollande : c'est effectivement « à la suite d'un référendum perdu », portant en l'occurrence sur la réforme du Sénat et la régionalisation, que de Gaulle « avait quitté le pouvoir », en annonçant sa démission immédiate de la présidence par un communiqué publié le soir même des résultats, le 27 avril 1969.

Sa pratique du référendum était en effet « régulière » : le scrutin de 1969 était le cinquième depuis son retour au pouvoir en 1958, le quatrième sur le fondement de l'article 11. Deux référendums avaient permis de mettre fin à la Guerre d'Algérie, celui du 8 janvier 1961 portant approbation de la politique d'autodétermination locale et celui du 8 avril 1962 concernant les accords d'Évian. Et, seulement six mois plus tard, le référendum du 28 octobre 1962 institua l'élection présidentielle au suffrage universel direct. C'est donc surtout durant son premier mandat que de Gaulle consulta le peuple, même s'il avait annoncé un référendum en mai 1968.

Georges Pompidou poursuivit toutefois le présidentialisme référendaire. S'il ne soumit pas au référendum son projet d'instaurer le quinquennat, en 1973, le scrutin du 23 avril 1972 – seulement trois ans après l'échec gaullien, donc – porta sur l'élargissement des Communautés européennes et, notamment, l'adhésion de la Grande-Bretagne : c'était la première fois que le peuple se prononçait sur la ratification d'un tel traité. En revanche, il faudra attendre le 6 novembre 1988 pour le référendum suivant, soit le même délai de seize ans qu'entre 2005 et la parution d'*Affronter* !

Si le président Hollande n'épargne pas ceux à qui il a succédé, il ne vise sans doute pas son unique prédécesseur socialiste : les deux référendums décidés par François Mitterrand auront été, à ses yeux, non pas « un usage prudent et parfois maladroit », selon ses mots, mais plutôt un usage audacieux et chaque fois habile, qu'il s'agisse de l'autodétermination en Nouvelle-Calédonie en 1988 (orchestrée par Michel Rocard) ou de l'Europe avec la ratification du Traité de Maastricht autorisée par le scrutin du 20 septembre 1992.

Le mot « prudent » est un euphémisme pour qualifier, sinon le premier septennat de Mitterrand, du moins le mandat de Giscard d'Estaing, qui n'évoqua jamais le référendum. Il peut aussi viser Pompidou, qui choisit un thème sans risque politique, et le premier mandat de Chirac, dès lors que le 24 septembre 2000 – unique utilisation de l'article 89 – les trois quarts des suffrages exprimés se portèrent sur le « oui » au quinquennat et les trois quarts des électeurs inscrits ne s'exprimèrent pas… Quant au mot « maladroit », il vise clairement le référendum du 29 mai 2005 et le « non » du peuple français, sinon à Chirac, en tout cas au Traité portant Constitution pour l'Europe.

Prudent, d'ailleurs, s'applique peut-être à lui-même, qui n'envisagea pas de soumettre la loi sur « le mariage pour tous » au référendum. Il est vrai que l'on vit alors acteurs et doctrine expliquer que, si l'article 11 vise depuis 1995 des réformes relatives à la politique « sociale » de la nation, les réformes « sociétales » ne relèveraient pas de son champ d'application. On l'a dit d'emblée : François Hollande ne propose pas de modifier l'alinéa 1er de l'article 11. C'est que sa vision du référendum est, au fond, assez banale.

II/ Un référendum banal

M. Hollande développe une vision classique à la fois du référendum et de l'initiative populaire. S'il propose de réviser l'article 11, l'ancien président de la République ne suggère pas de réviser la Constitution *par le biais de* l'article 11 : celui-ci ne « concerne » pas le domaine constitutionnel; François Hollande dénonce donc à son tour la doctrine gaullo-mitterrandienne des deux référendums constituants et d'une voie complémentaire de l'article 89 (A). S'il propose de réviser l'article 11, l'ancien président de la République ne suggère pas, non plus, d'étendre le champ du référendum législatif et son idée est de « rendre possible » (car on peut la résumer ainsi) le « référendum d'initiative partagée », pas de créer un quelconque référendum d'initiative citoyenne (B).

A – Le refus des deux référendums constituants

Le troisième paragraphe du livre de M. Hollande est d'une clarté absolue. Exposant, et opposant, les « deux moyens de consulter le pays » offerts au chef de l'État – car il ne parle plus ici du droit de dissolution – il dissocie parfaitement l'article 11 (« le domaine législatif et la ratification des traités ») du Titre XVI de la Constitution. En écrivant : « l'article 89 est réservé à la révision de la Constitution » (ce qui est une manière de signifier qu'il ne s'agit pas d'une procédure ordinaire, dans tous les sens du terme), F. Hollande n'écrit certes pas : « la révision de la Constitution est réservée à l'article 89 », mais c'est aussi ce qu'il veut dire.

Comme Emmanuel Macron, qui *ès* qualités de président de la République en exercice a plusieurs fois expliqué (notamment devant la Convention citoyenne pour le climat) que la Constitution interdisait de recourir au référendum direct, sans vote parlementaire préalable, pour adopter une loi constitutionnelle, l'ancien président rejoint donc cette interprétation authentique et condamne la lecture que le général de Gaulle défendait de l'article 11 : on se souvient que celui-ci arguait de sa qualité d'« auteur » de la Constitution et de l'expression « organisation des pouvoirs publics » pour justifier la révision de 1962 puis celle de 1969.

Pourtant, non seulement aucun des prédécesseurs de François Hollande – ni lui, du reste, entre 2012 et 2017 ! – ne l'avait fait, qu'il s'agisse des gaullistes N. Sarkozy, J. Chirac et évidemment G. Pompidou (Premier ministre en 1962) ou même de V. Giscard d'Estaing (dont une phrase décontextualisée d'un discours de 1977 est parfois invoquée), mais le Président Mitterrand lui-même, son mentor, avait déclaré dans un entretien à la revue *Pouvoirs* en 1988 que « l'usage établi et approuvé par le peuple » avait fondé ce second référendum constituant, en matière institutionnelle.

On l'a dit plus haut : la publication de l'ouvrage *Affronter* a été décidée en marge de la campagne électorale pour l'élection présidentielle de 2022. Il est possible que François Hollande ait ici songé à contrer la promesse de certains candidats, à l'extrême-droite, d'utiliser l'article 11 pour des référendums constitutionnels, voire anticonstitutionnels, notamment à l'endroit des droits humains. Lors du débat télévisé de l'entre-deux tours, Mme Marine Le Pen a ainsi à nouveau défendu l'argument gaullien de la souveraineté populaire, fût-ce contre les juges, pour la mise en œuvre de son programme électoral.

Ce qui est très intéressant dans ce passage du livre de F. Hollande, c'est que l'ancien président ne s'embarrasse ni d'arguments ni d'explications. Sans doute connaît-il la position du Conseil d'État, dont les avis ont toujours été opposés à l'utilisation constituante de l'article 11, condamnée dans un *obiter dictum* du célèbre arrêt *Sarran* de 1998. Sans doute n'ignore-t-il pas la jurisprudence *Hauchemaille* développée par le Conseil constitutionnel à partir de l'été 2000 (dont même la presse généraliste s'est fait l'écho durant la campagne présidentielle de 2022), qui lui permet de contrôler le « fonctionnement normal des pouvoirs publics ». Mais un tel ouvrage, destiné aux électeurs et non aux seuls juristes, n'avait pas à en faire état.

Il n'est pas moins vrai que l'interprétation gaullo-mitterrandienne peut se prévaloir de certains arguments. Dès 1962, dans la *Revue du droit public*, le Pr. Lampué avait ainsi démontré que l'article 11 n'était pas clair et avait relevé que l'exclusion du traité « contraire à la Constitution » pouvait être interprétée *a contrario* de sorte que, s'agissant de l'organisation des pouvoirs publics, les deux articles pouvaient jouer concurremment. Surtout, on n'a jamais véritablement voulu empêcher son utilisation constituante lors de ses réécritures formelles : ni en 1995, lors de l'élargissement aux réformes économiques ou sociales, ni en 2008, quand fut inséré le RIP.

Au juste, là est une des deux grandes différences entre le « référendum présidentiel » et le RIP (lequel ne peut porter sur le « même sujet » avant deux ans en cas de rejet par le peuple) : l'article 11, alinéa 4, prévoit expressément un contrôle de constitutionnalité de l'initiative partagée, par le Conseil constitutionnel. Nul doute que F. Hollande, qui parle de « validation » par ce dernier, eut émis la même réserve à l'endroit du RIC… s'il l'avait proposé !

B – Le refus du référendum d'initiative citoyenne

On parle communément, comme dans le quatrième paragraphe de notre extrait d'*Affronter*, d'« initiative partagée » parce qu'elle exige « le soutien d'un cinquième des parlementaires et de 10 % des électeurs pour être engagée » : c'est, peu ou prou, la lettre de l'article 11, alinéa 4, et cette règle correspond à 185 députés ou sénateurs d'une part et, aujourd'hui, plus de 4,8 millions d'électeurs d'autre part. Précisons toutefois que, si tout ce que F. Hollande écrit ici est vrai, dire que « cette démarche […] n'a jamais abouti » serait plus exact que « n'est jamais utilisée » : il suffit en effet de consulter la douzaine de décisions classées « RIP » du Conseil constitutionnel pour se souvenir qu'elle a été entreprise deux fois, en 2019 et en 2021.

F. Hollande – qui vise ici la majorité du Président Sarkozy, la réforme ayant été « introduite en 2008 », par la loi constitutionnelle du 23 juillet (mais la loi organique qu'elle exigeait a attendu 2013) – a raison d'utiliser le mot « cadenassée ». Si réunir 185 parlementaires, en pouvant en appeler aussi bien au Palais-Bourbon qu'au Palais du Luxembourg mêlés, contrairement à d'autres procédures, apparaît parfaitement possible puisque ce fut le cas pour les aéroports de Paris puis pour le service public hospitalier, le nombre d'électeurs signataires exigé semble pratiquement inaccessible : même au bout de neuf mois, délai légal de la collecte, le premier RIP n'avait été soutenu que par un peu plus d'un million de citoyens.

F. Hollande ne précise pas l'ampleur de l'abaissement du seuil d'un dixième des électeurs qu'il juge pertinente. S'agit-il de descendre à un million, comme le Président Macron l'a dit aussi ? Un demi-million, comme pour les initiatives européennes, ou en Italie ? Moins encore ? Surtout, il écrit bien : « abaisser les seuils ». Il n'y aurait donc plus besoin d'un cinquième des parlementaires : là encore, combien ? On pourrait songer à la saisine du Conseil constitutionnel et au nombre de soixante, ou bien à un seul groupe de l'une ou l'autre assemblée. En revanche, il ne parle ni de descendre à zéro ni ne dit « supprimer » mais bien « de parlementaires et d'électeurs réunis » : il est clair qu'il ne souhaite pas une pure initiative citoyenne !

Cependant, « cadenassée » ne fait pas seulement référence aux seuils de l'article 11 : les verrous sont pluriels et cumulatifs. Dans le système alambiqué pensé en 2008, en effet, un RIP peut encore être écarté par un débat législatif au Parlement puisque, dit l'alinéa 5, c'est seulement si la proposition de loi n'a pas été examinée dans un délai fixé par la loi organique (laquelle a précisé : six mois) par chacune des deux assemblées que le président de la République la soumet au référendum. Quand F. Hollande propose « de rendre possible le déclenchement d'une consultation » dès les seuils atteints, il suggère donc d'abroger cet alinéa 5, ce qui serait aussi l'une des conditions d'un RIC véritable.

Mais le plus intéressant reste assurément ce que François Hollande *ne propose pas*. Au fond, il exclut quatre réformes : il n'envisage ni de laisser l'initiative aux seuls citoyens, quel qu'en soit le nombre, on l'a dit ; ni de permettre un RIC ou un RIP constitutionnel, puisqu'il maintient la réserve « de la conformité de la question posée à notre loi fondamentale » ; ni de transformer le RIP ou d'inventer un RIC révocatoire, on l'a dit aussi, puisqu'il refuse de voir « défaire les mandats », au nom sans doute de la représentativité et/ou de l'efficacité des élus ; ni, enfin, d'étendre le champ du référendum – pas plus d'ailleurs le référendum présidentiel que le RIP ou un RIC – aux droits et libertés : il n'écrit pas « *tout* le domaine législatif » et ne propose pas de modifier l'alinéa 1er de l'article 11…

Reste cette idée, importante, d'offrir « plus souvent la parole au peuple ». Autant le mythe du régime présidentiel peut sembler illusoire, tant la culture constitutionnelle du peuple français n'est pas celle du compromis, autant la seconde proposition de François Hollande peut paraître séduisante, malgré ses limites. Mais sans doute eut-il fallu qu'il soit effectivement candidat… puis réélu à la présidence de la République.

La Ve République

› *Commentaire de l'allocution radiodiffusée du Général de Gaulle en date du 30 mai 1968*

Thème principal

Le président de la République

Mots-clés

Référendum, Dissolution, Article 16, Premier ministre

Sujet proposé et corrigé établi par

Bertrand-Léo Combrade, Maître de conférences, Université de Picardie Jules Vernes

Second semestre 2021-2022

Françaises, Français, étant le détenteur de la légitimité nationale et républicaine, j'ai envisagé, depuis vingt-quatre heures, toutes les éventualités, sans exception, qui me permettraient de la maintenir. J'ai pris mes résolutions. Dans les circonstances présentes, je ne me retirerai pas. J'ai un mandat du peuple, je le remplirai. Je ne changerai pas le Premier ministre dont la valeur, la solidité, la capacité méritent l'hommage de tous. Il me proposera les changements qui lui paraîtront utiles dans la composition du gouvernement. Je dissous aujourd'hui l'assemblée nationale. J'ai proposé au pays un référendum qui donnait aux citoyens l'oc casion de prescrire une réforme profonde de notre économie et de notre université et en même temps de dire s'ils me gardaient leur confiance ou non par la seule voie acceptable, celle de la démocratie. Je constate que la situation actuelle empêche matériellement qu'il y soit procédé, c'est pourquoi j'en diffère la date. Quant aux élections législatives, elles auront lieu dans les délais prévus par la Constitution à moins qu'on entende bâillonner le peuple français tout entier en l'empêchant de s'exprimer en même temps qu'on l'empêche de vivre, par les mêmes moyens qu'on empêche les étudiants d'étudier, les enseignants d'enseigner, les travailleurs de travailler. Ces moyens, ce sont l'intimidation, l'intoxication et la tyrannie exercées par des groupes organisés de longue main, en conséquence, et par un parti qui est une entreprise totalitaire, même s'il a déjà des rivaux à cet égard. Si, donc, cette situation de force se maintient, je devrai, pour maintenir la république, prendre conformément à la Constitution d'autres voies que le scrutin immédiat du pays. En tout cas, partout et tout de suite, il faut que s'organise l'action civile. Cela doit se faire pour aider le gouvernement, d'abord, puis localement, les préfets devenus ou redevenus commissaires de la République, dans leur tâche qui consiste à assurer, autant que possible, l'existence de la population, et à empêcher la subversion à tout moment et en tout lieu. La France, en effet, est menacée de dictature. On veut la contraindre à se résigner à un pouvoir qui s'imposerait dans le désespoir national, lequel pouvoir serait alors évidemment et essentiellement celui du vainqueur, c'est-à-dire celui du communisme totalitaire. Naturellement, on le colorerait, pour commencer, d'une apparence trompeuse en utilisant l'ambition et la haine de politiciens au rancart. Après quoi, ces personnages ne pèseraient pas plus que leur poids, qui ne serait pas lourd. Et bien non, la République n'abdiquera pas. Le peuple se ressaisira. Le progrès, l'indépendance et la paix l'emporteront avec la liberté. Vive la République ! Vive la France !

› *Préparation*

Analyse du sujet

De prime abord, ce texte se prête assez facilement à l'exercice du commentaire. Son auteur se réfère, en effet, à de nombreuses notions et situations politiques qui sont étudiées lors du cours de droit constitutionnel consacré à la Ve République : la fin du mandat du président de la République, la démission du Premier ministre, la dissolution, l'article 16, le référendum... Deux principales difficultés doivent toutefois être surmontées. D'une part, parvenir à articuler ces notions et situations politiques dans un plan structuré ne trahissant pas l'esprit du texte. D'autre part, avoir une connaissance suffisamment fine du contexte dans lequel ce discours est prononcé ainsi que de son impact politique. Partant, plusieurs plans sont envisageables. L'étudiant soucieux de « jouer la sécurité » peut proposer une démonstration se bornant à restituer fidèlement la structure du discours en y apportant des connaissances personnelles. Dans ce cas de figure, il semble alors pertinent de distinguer les options expressément exclues en l'état par le président de la République, à savoir la démission du Premier ministre et l'organisation d'un référendum (Ire partie), et les initiatives annoncées : la dissolution de l'Assemblée nationale et, en cas d'impossibilité d'organiser les élections législatives, le recours à l'article 16 de la Constitution (IIe partie). Il est également possible de proposer un commentaire plus engagé, en mettant en contraste, d'une part, les rapports privilégiés entretenus par le Président avec le peuple, d'autre part, les rapports distanciés entretenus par ce même Président avec les autres pouvoirs constitués évoqués (Premier ministre et Assemblée nationale). Parmi les autres plans possibles, figure celui proposé dans le présent corrigé. Il consiste à considérer ce discours comme un révélateur de la façon dont le général de Gaulle conçoit son rôle de président de la République.

Plan du corrigé

I/ Protéger efficacement la Ve République
A – Un moyen : la dissolution de l'Assemblée nationale
B – Une menace : l'article 16 de la Constitution
II/ Exercer effectivement le pouvoir politique
A – Un objectif : réaffirmer son autorité
B – Un moyen : rappeler sa légitimité

› Corrigé

Plus que tout autre chef de l'État, le général de Gaulle est un homme dont la personnalité hors du commun s'est révélée lors des périodes de crise. Durant ces périodes, il a su prononcer des discours témoignant d'un talent oratoire incontestable. Dans le prolongement de l'appel du 18 juin 1940, du discours prononcé le 3 juin 1958 à Alger ou de sa prise de parole diffusée le 23 avril 1961, l'allocution radiodiffusée du 30 mai 1968 a marqué les esprits et, sans doute, contribué à infléchir le cours des événements. Pour comprendre la portée de cette allocution, encore importe-t-il de la replacer dans son contexte. En mai 1968, le général de Gaulle a été réélu président de la République il y a trois ans, au suffrage universel direct. Georges Pompidou est à la tête d'un gouvernement disposant d'une majorité resserrée à l'Assemblée nationale. Les élections législatives de 1967 n'ont, en effet, pas été très favorables aux gaullistes, qui doivent composer avec les giscardiens. Dans la rue, la colère gronde. Des étudiants, rejoints notamment par des enseignants et des ouvriers, se mettent en grève et manifestent pour réclamer une réforme de l'Université et une amélioration des conditions de travail. « La réforme, oui, la chienlit, non », répond de Gaulle en privé, au retour de son voyage en Roumanie. La réforme, précisément, est proposée par la voie d'un référendum. Elle ne suscite pas l'enthousiasme des manifestants qui préfèrent, lors de la « nuit des barricades », exprimer leur soutien à Daniel Cohn-Bendit, citoyen allemand interdit de séjour en France en raison de son implication dans ce mouvement social. Alors que la crise est à son paroxysme, l'invraisemblable se produit. De Gaulle disparaît. Pendant de longues heures, ni le Premier ministre, ni le Secrétaire général de l'Élysée n'ont de nouvelles du président. Il réapparaît soudain, le 30 mai au matin, pour présider un Conseil des ministres qui s'achève peu avant 16 heures. À 16 heures, précisément, il enregistre un discours, objet du présent commentaire. Ce discours est radiodiffusé à 16 h 30. Incontestablement, il fera date. D'un point de vue politique, le bouleversement souhaité par la rue n'aura pas lieu. De Gaulle, invité à démissionner par les manifestants (« Dix ans, ça suffit »), reste au pouvoir (« Je ne me retirerai pas »). Pompidou, son plus fidèle soutien, est maintenu en fonction. La majorité parlementaire gaulliste, resserrée en mai 1968, est très largement confortée après les élections législatives organisées quelques semaines plus tard. D'un point de vue constitutionnel, le discours figure parmi ceux qui ont contribué à façonner l'interprétation de la Ve République. Le président de la République y apparaît dans les deux rôles qu'il s'est attribués, dont un seul est expressément prévu par la Constitution de 1958. En exposant les moyens dont il dispose pour trouver une issue à la crise politique, le Président s'affiche comme un arbitre protecteur du bon fonctionnement des institutions de la Ve République (I). Dans le même temps, cependant, en s'exposant de la sorte il dévoile la seconde attribution qu'il s'est octroyée *de facto* : celle d'un capitaine à la tête d'une majorité politique dont personne, à part le peuple, ne semble en droit de contester l'autorité (II).

I/ Protéger efficacement la Ve République

La Ve République est un régime politique qui a été conçu pour mettre un terme à la guerre d'Algérie. Dans cette optique, elle attribue au président de la République un certain nombre de pouvoirs propres lui permettant d'agir en cas de crise politique menaçant les institutions. Ces pouvoirs propres ont déjà permis de mettre un terme à la crise algérienne, de même qu'ils ont tenu en échec la tentative de putsch des généraux en 1961. Dans son discours du 30 mai 1968, le général de Gaulle déplore la survenance d'une nouvelle menace pour les institutions de la Ve République. Endossant son costume d'arbitre conformément à l'article 5 de la Constitution, il fait deux annonces majeures aux « Françaises » et aux « Français ». Premièrement, l'organisation d'élections législatives anticipées (A). Deuxièmement, en cas d'empêchement de ces dernières, la mise en œuvre de moyens juridiques plus brutaux (B).

A – Un moyen : la dissolution de l'Assemblée nationale

L'annonce survient au détour d'une phrase : « Je dissous aujourd'hui l'Assemblée nationale ». Sans doute prend-elle de court la plupart des membres de la Chambre basse, y compris ceux de la majorité. Quelques jours auparavant, si le général de Gaulle avait bien annoncé une consultation populaire, elle devait prendre la forme d'un référendum. Dans son discours, toutefois, il exclut son organisation dans l'immédiat. « La situation actuelle, explique-t-il, empêche matériellement qu'il y soit procédé ». Ce référendum, censé donner « aux citoyens l'occasion de prescrire une réforme profonde de notre économie et de notre université », n'aura finalement jamais lieu. De Gaulle, si friand de ce moyen de démocratie semi-directe dans les premières années de la Vᵉ République, le délaisse ensuite. Il y aura recours une dernière fois en 1969, en demandant aux électeurs français s'ils approuvent la réforme du Sénat et la régionalisation. Face à la victoire du « non », de Gaulle, qui engageait sa responsabilité personnelle à chaque référendum, quittera définitivement le pouvoir. L'annonce de la dissolution implique le respect d'un certain nombre de règles procédurales fixées à l'article 12 de la Constitution. Parmi celles-ci, figurent des conditions de délai que le président évoque expressément. Parce qu'elle relève de la catégorie des moyens d'arbitrage détenus par le chef de l'État, la dissolution est un pouvoir propre qui s'exerce sans contreseing. Voilà le peuple invité, comme il l'avait déjà été en 1962, à trancher démocratiquement un désaccord entre, d'un côté, les électeurs et leurs représentants qui soutiennent le gouvernement Pompidou, de l'autre, les électeurs et leurs représentants favorables à un changement de majorité. Les élections législatives auront effectivement lieu et marqueront la victoire écrasante de la majorité soutenant le gouvernement Pompidou. Dix ans après sa promulgation, la Constitution de 1958 témoigne de sa capacité à résoudre efficacement les crises politiques. Le 30 mai 1968 à 16 heures 30, toutefois, de Gaulle n'a pas la certitude que les élections législatives pourront avoir lieu. C'est pourquoi il n'exclut pas de recourir à « d'autres voies que le scrutin immédiat du pays ».

B – Une menace : l'article 16 de la Constitution

Le recours à l'article 16 n'est pas expressément mentionné dans le discours. Le général se borne à envisager l'hypothèse selon laquelle les élections législatives seraient empêchées par « l'intimidation, l'intoxication et la tyrannie exercées par des groupes organisés de longue main [...] et par un parti qui est une entreprise totalitaire, même s'il a des rivaux à cet égard ». Si le parti en question n'est pas nommé, dans l'esprit des Français il est clair que de Gaulle désigne le parti communiste. Replacée dans le contexte de l'époque, l'allusion prend tout son sens. En mai 1968, le « socialisme à visage humain » envisagé par la Tchécoslovaquie, pays jusqu'alors politiquement aligné sur l'URSS, suscite l'hostilité de la majorité des responsables communistes. Quelques semaines plus tard, le « Printemps de Prague » prend fin avec l'intervention militaire des troupes du Pacte de Varsovie. Quant aux « rivaux » du parti communiste, il s'agit de François Mitterrand et Pierre Mendès-France, prêts à prendre l'initiative si l'occasion se présente. En cas de maintien de cette « situation de force », de Gaulle envisage, sans plus de précision, le recours à d'autres moyens, « conformément à la Constitution ». Là encore, l'allusion est pourtant claire pour les auditeurs de l'époque. Le général n'exclut pas de mettre en œuvre l'article 16 de la Constitution afin de protéger la République. Cette disposition, qui octroie les pleins pouvoirs au président de la République, peut être utilisée en cas de menace sur les institutions de la République interrompant le fonctionnement régulier des pouvoirs publics. En 1961, l'article 16 a déjà été mis en œuvre pendant plusieurs mois à la suite de la tentative de putsch des généraux en Algérie. La légalité des « ordonnances » prises par le Président durant cette période ne peut être appréciée que si elles relèvent du domaine du pouvoir réglementaire (CE 1962, *Rubin de Servens*). Les ordonnances relevant du domaine de la loi, quant à elles, bénéficient d'une immunité juridictionnelle. En l'espèce, les élections législatives ayant effectivement pu être organisées, la menace n'a pas été mise à exécution. Là encore, toutefois, la Constitution de la Vᵉ République témoigne de sa solidité face à l'adversité. Les moyens d'arbitrage dont dispose le président de la République lui permettent de répondre efficacement aux troubles susceptibles de menacer les institutions.

L'allocution du 30 mai 1968 met donc en scène un président de la République arbitre qui dispose de moyens juridiques efficaces pour faire face à la crise politique. Dans le même temps, le discours laisse entrevoir, entre les lignes, un président de la République qui, loin de se cantonner à sa fonction d'arbitrage, se comporte comme un capitaine à la tête d'une majorité politique.

II/ Exercer effectivement le pouvoir politique

D'un point de vue institutionnel, un autre « mai 1968 » était-il possible ? Incontestablement, la gravité de la situation ne doit pas être négligée. Mais la menace sur les institutions de la Vᵉ République est-elle aussi sérieuse que de Gaulle le prétend ? Le Premier ministre et sa majorité, à la manœuvre depuis le début des événements, ne disposaient-ils pas des ressources pour trouver une issue à cette crise ? La démonstration proposée ici est la suivante : la dramatisation des enjeux, justifiant l'usage des pouvoirs propres du président de la République, est l'occasion de réaffirmer son autorité politique sur les autres institutions de la Ve République (A). Son rôle de capitaine d'équipe, théoriquement dévolu au Premier ministre par la Constitution, est légitimé par le soutien du peuple, suivant une conception césariste de la fonction présidentielle (B).

A – Un objectif : réaffirmer son autorité

Derrière le discours alarmiste adressé aux Français, le général de Gaulle entend, en pleine tempête sociale, reprendre en main le gouvernail du navire de la majorité qui s'est trouvé placé, *de facto*, entre les mains du Premier ministre. Même si ces accords n'ont pas reçu la pleine adhésion des ouvriers, c'est Pompidou qui a mené, avec rigueur et bonne volonté selon les parties en présence, les négociations dans le cadre du Grenelle organisé au ministère des Affaires sociales. C'est le même Pompidou qui, constatant que de Gaulle semblait dépassé par les événements, a fait rédiger à la hâte un projet de décret lui permettant de présider le Conseil des ministres avec un ordre du jour portant sur l'ordre public et le maintien des activités essentielles à la vie du pays, que le Président signera avant de disparaître. Aussi, lorsque Pompidou, toujours lui, apprend que le président de la République, alors introuvable pendant plusieurs heures, a rencontré le général Massu au Quartier général des forces françaises en Allemagne, il s'indigne. N'est-ce pas le Premier ministre qui, aux termes de l'article 21 de la Constitution, est responsable de la Défense nationale ? Cette indignation, parce qu'elle débouche sur la présentation de sa démission, est révélatrice. Dans son discours, en effet, sans révéler qu'elle émane du Premier ministre lui-même, le général de Gaulle rejette la perspective d'une telle démission : « Je ne changerai pas de Premier ministre ». Cette affirmation est lourde de sens. Elle témoigne, en effet, de l'interprétation dualiste que de Gaulle retient du régime parlementaire de la Ve République. Il considère, en effet, qu'il peut mettre un terme aux fonctions d'un Premier ministre quand il le souhaite mais aussi, comme c'est le cas en l'espèce, que la démission d'un Premier ministre n'est possible qu'avec son accord. Cette quête de réaffirmation de l'autorité du président de la République peut également être décelée entre les lignes du discours, lorsque le général se présente comme « le détenteur de la légitimité nationale et républicaine ». Certes, le président de la République incarne l'unité de la nation. Mais les membres du Parlement, en particulier les députés de l'Assemblée nationale également élus au suffrage universel direct, peuvent à bon droit se prétendre co-détenteurs de cette légitimité républicaine. Or, sans être ignorée dans ce discours, l'Assemblée nationale n'est évoquée que pour annoncer sa dissolution. En définitive, ce 30 mai 1968, de Gaulle s'affirme comme seul capitaine d'équipe. Et les membres de l'équipage auquel il s'adresse ne sont pas les autres pouvoirs publics, mais le peuple lui-même.

B – Un moyen : rappeler sa légitimité

Si les chroniqueurs politiques de l'époque commentaient ce discours avec le champ lexical d'aujourd'hui, ils indiqueraient probablement que le président de la République a décidé de « jouer la carte de la transparence ». En effet, de Gaulle ne s'en cache pas : il a « envisagé, depuis 24 heures, toutes les éventualités, sans exception ». Y compris son retrait de la vie politique, qu'il rejette expressément en avançant un argument juridique de poids : « j'ai un mandat du peuple, je le remplirai ». L'objet de ce mandat n'est pas exposé. En s'en tenant à une interprétation littérale et parlementariste de la Constitution, le président de la République a pour mandat d'exercer la plénitude de ses fonctions d'arbitrage, qu'il met en scène dans son discours. Derrière cette mise en scène, toutefois, il y a les coulisses. Implicitement, de Gaulle a besoin d'un appui populaire pour affirmer et maintenir son interprétation présidentialiste du régime parlementaire de la Ve République, qui entérine la captation par le chef de l'État de l'effectivité des articles 20 et 21 de la Constitution lesquels attribuent au Premier ministre et à son Gouvernement la mission de déterminer et conduire la politique de la nation. Aussi, tout en affichant une figure d'arbitre au-dessus des contingences politiques, lorsque de Gaulle énonce que « partout et tout de suite, il faut que s'organise l'action civile », il demande au peuple français davantage qu'un soutien dans la protection des institutions de la Ve République. Les électeurs gaullistes ne s'y tromperont pas. Le 30 mai 1968, quelques minutes après la radiodiffusion du discours, les députés gaullistes rejoignent des comités de soutien au général de Gaulle. Des centaines de milliers de parisiens défilent sur les Champs-Élysées. S'ils laisseront des traces profondes dans les mœurs et le mode de vie des Français, les événements politiques de mai 1968 prennent fin, tandis que de Gaulle est parvenu, par la force de son discours et l'appui populaire dont il bénéficie, à se repositionner à la tête d'une Ve République dont il sera, pendant onze mois encore, à la fois l'arbitre et le capitaine. Ce cumul de fonctions, quant à lui, s'impose aujourd'hui avec la force de l'évidence, au point que la plupart des Français le croient inscrit dans le texte de la Constitution.

La Ve République

› *Dissertation*

La réforme constitutionnelle de 1962 et la fonction présidentielle sous la Ve République.

Thème principal

La réforme constitutionnelle de 1962 et la fonction présidentielle

Mots-clés

Élection présidentielle, Fonction présidentielle, Quinquennat, Référendum, Révision, Septennat

Sujet proposé et corrigé établi par

André Dauteribes, Maître de conférences HDR, Université de Bourgogne Franche Comté

Premier semestre 2021-2022

› Préparation

Analyse du sujet

Le sujet permet de replacer la révision de 1962 sur l'élection du président de la République au suffrage universel direct dans son contexte et de rappeler l'élaboration de cette révision. Il conduit aussi à présenter les effets de cette réforme essentielle et de s'interroger sur son avenir.

Plan du corrigé

I/ Les objectifs politiques de la réforme constitutionnelle de 1962 relatifs à la fonction présidentielle

A – Une réforme imposée

B – Une réforme contestée

II/ La portée de la réforme constitutionnelle de 1962 sur la fonction présidentielle

A – Une réforme consacrée et renforcée depuis 1962

B – Une nouvelle réforme en perspective ?

› Corrigé

Les 10 et 24 avril 2022, la vie politique française a été marquée par la douzième élection présidentielle depuis l'adoption par référendum de la Constitution de la Vᵉ République le 28 septembre 1958, et proclamée le 4 octobre suivant. Ces élections ont consacré la victoire d'Emmanuel Macron au deuxième tour de scrutin pour la deuxième fois depuis sa première élection en 2017 à la fonction de président de la République Française.

C'est au suffrage universel direct et au scrutin uninominal majoritaire à deux tours pour un mandat de cinq ans qu'est élu désormais en France le président de la République. Ces conditions n'étaient pas celles en vigueur au début de la Vᵉ République. Elles ont été modifiées à la suite de trois réformes constitutionnelles successives : celle de 1962, qui introduit l'élection du président de la République au suffrage universel direct, adoptée dans un contexte politique très particulier : celui de la décolonisation de l'Algérie ; celle de 2000, qui réduit la durée du mandat présidentiel à cinq ans ; celle enfin de 2008, qui interdit au président de la République de briguer plus de deux mandats consécutifs.

Ces différentes révisions constitutionnelles ont été considérées nécessaires au fil des années pour accompagner l'évolution et l'adaptation des institutions de la Ve République. Dans le texte constitutionnel adopté en 1958, les constituants ont prévu des dispositions qui permettent précisément la modification éventuelle de la Constitution.

Ils avaient sans doute à l'esprit et en mémoire l'histoire constitutionnelle particulièrement chaotique de la France depuis la Révolution française qui montre qu'il est très difficile de ne pas envisager l'évolution des dispositions d'une constitution ou d'un régime face aux changements économiques, sociaux, politiques ainsi qu'à l'évolution des relations internationales ; des mentalités, des mœurs, ou plus généralement de la société.

Les soubresauts de cette histoire constitutionnelle française et de son instabilité institutionnelle chronique montrent qu'il existe un incontestable avantage politique à envisager l'évolution d'un texte constitutionnel afin de prévenir autant que possible un éventuel coup de force politique ou un coup d'État ! Anticiper et envisager une évolution paisible et juridique des institutions politiques vaut mieux que le recours à des moyens violents et source de désordres, en offrant la possibilité au peuple, soit directement par la voie référendaire, soit indirectement aux représentants du peuple par la voie parlementaire, de favoriser l'évolution des institutions politiques.

Dans ces conditions, le peuple souverain reste le seul titulaire du pouvoir constituant sous sa forme originaire et dérivée. C'est précisément l'article 3 de la Constitution du 4 octobre 1958 qui dispose : « La souveraineté nationale appartient au peuple qui l'exerce par ses représentants et par la voie du référendum… ». Par ailleurs, l'article 89 qui est l'article unique du titre XVI de la Constitution intitulé : « De la Révision » contient des dispositions spécifiques qui permettent de réviser la Constitution. Il suffit de s'y conformer pour respecter la légalité constitutionnelle.

C'est ce que n'a pourtant pas fait le Général de Gaulle en 1962 en recourant à l'article 11 de la Constitution pour réaliser avec succès une révision constitutionnelle modifiant les conditions de l'élection du président de la République française qui restent toujours en vigueur.

L'année 2022 est marquée précisément par le soixantième anniversaire de cette réforme constitutionnelle de 1962 initiée par le

Général de Gaulle alors président de la République. Cela fait aussi cette année vingt ans, que le président de la République est élu depuis 2002, pour une durée de cinq ans au lieu de sept antérieurement.

Ce double anniversaire donne l'occasion de dresser un bilan de cette réforme fondatrice mais complétée depuis cette époque, par deux autres révisions constitutionnelles qui n'ont pas été sans influences sur la fonction présidentielle en France.

Quels étaient les objectifs politiques recherchés à travers ces réformes ? Ont-ils été en pratique obtenus et réalisés ? Quelle a été leur portée politique et juridique ? Quelles en sont les éventuelles limites ? Quelles sont les potentielles conséquences de ces révisions constitutionnelles sur la fonction présidentielle en France ? Sommes-nous aujourd'hui encore en présence de la même constitution et du même régime ? Est-ce que ces réformes n'ont pas subrepticement changé la nature du régime politique fondé en 1958 ?

Soixante ans après la réforme de 1962, vingt-deux ans après celle de 2000, et au regard de l'élection présidentielle de 2022, nous disposons désormais d'un recul suffisamment pertinent pour mesurer d'une part si les objectifs envisagés par la réforme constitutionnelle de 1962 sur la fonction présidentielle (I), se sont traduits depuis cette époque par une évolution de cette même fonction ou plus largement même du régime de la Ve République (II).

I/ Les objectifs politiques de la réforme constitutionnelle de 1962 relatifs à la fonction présidentielle

Le Général de Gaulle et Michel Debré ont été les artisans incontournables de la Constitution de la Ve République promulguée le 4 octobre 1958 et dont ils ont inspiré les dispositions fondamentales. Parmi celles-ci on trouve notamment l'unique article prévu pour permettre la révision de la Constitution : l'article 89 précité. Il précise qu'une révision constitutionnelle est toujours possible sauf dans des circonstances exceptionnelles et des hypothèses très limitées envisagées expressément.

L'initiative peut venir de l'exécutif ou des parlementaires et prend la forme respectivement soit d'un projet de révision ou soit d'une proposition de révision. Dans l'hypothèse d'un projet de révision, celui-ci doit faire l'objet à l'issue d'une navette parlementaire entre l'Assemblée nationale et le Sénat du vote d'un texte identique (le Sénat ayant la possibilité de bloquer l'adoption d'un projet de révision). Lorsque le vote est acquis à la majorité des suffrages, le président de la République a le choix entre deux possibilités pour faire approuver le projet : soit il choisit de le soumettre au vote du Congrès réunissant à Versailles les députés et sénateurs qui doivent le voter à une majorité des trois cinquièmes des suffrages exprimés ; soit il choisit le référendum. La proposition de révision des parlementaires doit également être approuvée en termes identiques par les deux chambres. Si c'est le cas, le président de la République soumet ensuite le vote du texte à une approbation par référendum.

La lecture attentive de ces dispositions montre que la voie référendaire avait été dès l'origine privilégiée par les constituants pour conclure une révision constitutionnelle. La voie du Congrès n'était qu'une option dont le choix était réservé au président de la République.

La voie référendaire a été par conséquent et logiquement la forme privilégiée par le Général de Gaulle en 1962 pour obtenir l'accord du peuple sur son projet de loi constitutionnelle destiné à modifier les conditions de l'élection du président de la République française. Or, le Général de Gaulle a ignoré délibérément la procédure de l'article 89 et décidé de recourir aux dispositions constitutionnelles contenues dans l'article 11 de la Constitution de 1958 !

De Gaulle impose alors non seulement les conditions de la révision mais aussi son contenu (A). Ses choix provoquent un tollé chez de nombreux responsables politiques et juristes qui ont critiqué cette voie révisionnelle et la réforme elle-même (B).

A – Une réforme imposée

C'est après avoir échappé à l'attentat du « Petit Clamart » le 22 août 1962 organisé par l'OAS que le Général de Gaulle décide de modifier les règles de l'élection du président de la République. L'année 1962 avait été marquée par le cessez-le-feu en Algérie et la conclusion des « Accords d'Évian ». Le 8 avril 1962, un référendum est organisé pour obtenir l'accord des électeurs français sur le sujet. Ces Accords sont très largement approuvés en métropole. Le 21 avril 1962 débute le rapatriement des Français vivant en Algérie. Le Premier ministre Michel Debré, en désaccord avec le Général de Gaulle sur l'opportunité d'élections législatives anticipées avait démissionné de ses fonctions le 14 avril 1962 et avait été aussitôt remplacé par Georges Pompidou.

C'est dans ce contexte politique particulièrement agité et violent qu'après l'échec de son assassinat, le Général de Gaulle considère qu'il faut envisager de renforcer la légitimité de ses successeurs. Considérant qu'il bénéficiait d'une légitimité historique naturelle, il considérait qu'il serait souhaitable que les futurs présidents de la République soient investis d'une légitimité démocratique grâce à une élection au suffrage universel direct de manière à rendre leur autorité incontestable.

Le 20 septembre 1962, il annonce dans une allocution radiotélévisée un référendum sur l'élection du président de la République au suffrage universel direct qui sera organisé le 28 octobre 1962 sur le fondement de l'article 11 de la Constitution.

L'objet du référendum est très largement approuvé par les électeurs français mais à l'Assemblée nationale, les parlementaires se rebellent et une motion de censure est votée le 4 octobre 1962 en représailles contre le gouvernement de Georges Pompidou qui se trouve dans l'obligation de démissionner. De Gaulle réplique en renouvelant Georges Pompidou dans ses fonctions et en dissolvant l'Assemblée nationale le 9 octobre 1962.

Le Général de Gaulle avait pris un triple risque politique en sollicitant le vote des Français à la fois sur le sujet du référendum et en provoquant des élections législatives, mais aussi en mettant en jeu son propre mandat.

Le succès de cette opération politique renforce son pouvoir et plus largement la fonction présidentielle elle-même. Les commentateurs politiques considèrent que c'est à partir de là que la France entre dans une « monarchie républicaine ».

Les effets politiques de cette réforme sont considérables et vont marquer jusqu'à nos jours la vie politique française. L'élection présidentielle devient l'élection fondamentale et déterminante au cours de laquelle le président élu impose ses choix politiques. Le président de la République devient « la clef de voûte des institutions de la Ve République ».

L'élection au suffrage universel direct renforce sa prééminence et sacralise sa fonction qui bénéficie ainsi d'une légitimité populaire et démocratique supérieure à celle des parlementaires. Par ailleurs, l'élection du président de la République au suffrage universel direct a contribué à installer une bipolarisation de la vie politique française puisqu'il devient en vérité le seul véritable chef de la majorité parlementaire chargée de soutenir les politiques qu'il définit et propose au cours de la campagne présidentielle. Elle a d'autre part contribué à réduire considérablement le Parlement dans ses prérogatives. C'est précisément en grande partie cette conséquence qui a été à l'origine des très vives critiques contre son contenu.

B – Une réforme contestée

Les choix opérés par le Général de Gaulle pour réaliser sa réforme ont dès le départ soulevé les protestations de nombreux parlementaires et responsables politiques mais aussi les critiques de juristes.

Les juristes comme les parlementaires ont contesté le choix de l'article 11 qui conduisait à écarter ces derniers de la procédure révisionnelle de l'article 89 et qui leur semblait l'unique procédure appropriée et respectueuse de la Constitution elle-même. Par la voie de l'article 89, un vote dans les mêmes termes des deux assemblées était nécessaire. Or, non seulement la procédure référendaire dépossédait notamment le Sénat d'un pouvoir constitutionnel important mais elle privait également à l'avenir les sénateurs ainsi que les députés du pouvoir de participer à l'élection du président de la République.

Le président du Sénat d'alors, Gaston Monnerville, qui a dénoncé le projet de réforme constitutionnelle, accuse le Général de Gaulle de violer délibérément la Constitution et le Premier ministre Georges Pompidou de forfaiture. L'ensemble des partis politiques non gaullistes représentés à l'Assemblée nationale reprennent la même accusation. Ils considèrent que de Gaulle impose un pouvoir personnel, et déplorent le dessaisissement du Parlement dans ses prérogatives constitutionnelles. Ils craignent pour l'avenir une pratique bonapartiste et plébiscitaire des institutions.

Rien n'y fait ! De Gaulle lance la bataille du référendum, la gagne et instaure l'élection du président de la République au suffrage universel direct. Le président du Sénat ne s'avoue pas totalement vaincu et, utilisant l'une de ses prérogatives constitutionnelles saisit le Conseil constitutionnel pour qu'il vérifie la constitutionnalité de cette loi. Le Conseil constitutionnel rend alors une décision historique. Il se déclare incompétent pour vérifier la constitutionnalité d'une loi référendaire : c'est-à-dire d'une loi adoptée directement par le peuple souverain et qui est « l'expression directe de la souveraineté du peuple ». Il en irait différemment pour une loi votée par les représentants du peuple. Il apparaît alors à la suite de cette décision du Conseil constitutionnel qu'il existe désormais deux voies révisionnelles possibles !

De Gaulle a, face aux attaques, tenu à justifier son choix d'un strict point de vue juridique. Pour lui, la voie référendaire était parfaitement légale et légitime. À l'appui de sa position, il invoquait le principe de la souveraineté du peuple tel qu'il était consacré dans l'article 3 de la Constitution. Pour le Général de Gaulle, le pouvoir constituant ne pouvait appartenir qu'au peuple seul et l'usage du référendum est logique. Pour lui, rien ne justifiait qu'un texte ou une institution prive le peuple de son pouvoir constituant. Il rappelait aussi la formulation de l'article 11 : « le président de la République peut soumettre à référendum tout *projet de loi portant sur l'organisation des pouvoirs publics*... ». C'était, disait-il, la même expression utilisée par l'une des trois lois constitutionnelles à l'origine de la IIIe République : la loi du 25 février 1875 relative à l'organisation des pouvoirs publics ! Il en déduisait que la modification des conditions de l'élection du président de la République porte parfaitement sur ce sujet et que le recours au référendum était totalement constitutionnel. De Gaulle déclare qu'il est un parfait démocrate et républicain et récuse toutes les accusations d'autoritarisme et de pouvoir personnel qui lui sont adressées par ses opposants.

De Gaulle a cependant réintroduit dans les institutions la pratique référendaire largement utilisée sous les Premier et Second Empires mais écartée sous les IIIe et IVe Républiques. Le référendum constituait pour le Général de Gaulle un dispositif créant un lien direct avec les Français et qui permettait ainsi de placer le Président au-dessus des partis politiques et du Parlement.

Le succès obtenu à ce référendum décisif a permis de neutraliser toutes les critiques d'alors : juridiques et politiques. Et la mise en œuvre de l'élection du président de la République française au suffrage universel direct à partir des élections présidentielles de

1965 allait se traduire par des conséquences institutionnelles qui transformeront profondément le fonctionnement et la nature du régime institué en 1958.

II/ La portée de la réforme constitutionnelle de 1962 sur la fonction présidentielle

Depuis 1965, tous les présidents de la République qui se sont succédés (sauf en période d'intérim de la présidence de la République assurée par le président du Sénat Alain Poher ; en 1969 après la démission du Général de Gaulle, puis en 1974 après le décès de Georges Pompidou dans l'exercice de ses fonctions) ont été élus au suffrage universel direct au deuxième tour de scrutin qui ne laisse en présence que deux candidats. Ce nouveau système électoral a consacré la place éminente du président de la République dans nos institutions et relégué le Parlement dans un rôle secondaire. On a vu s'installer et se développer inexorablement une pratique présidentialiste des institutions si bien que deux révisions constitutionnelles ont été conçues et réalisées d'abord en 1995 sous la présidence de Jacques Chirac, puis en 2008 sous la présidence de Nicolas Sarkozy pour tenter de revaloriser le rôle du Parlement. Sans succès !

En dépit de la volonté affichée de modérer la pratique présidentialiste des institutions de la Ve République consécutive à la révision constitutionnelle de 1962, deux nouvelles réformes constitutionnelles réalisées en 2000, puis en 2008 sont venues en réalité la renforcer (A). Si bien qu'au cours de la dernière campagne présidentielle de 2022, des voix se sont élevées et de nouvelles propositions ont été avancées pour transformer une fois encore les modalités de l'élection présidentielle (B).

A – Une réforme consacrée et renforcée depuis 1962

L'élection du président de la République au suffrage universel direct depuis 1965 est désormais entrée dans les mœurs politiques de la Ve République, et les élections de 2022 qui ont vu le succès d'Emmanuel Macron sont les onzièmes réalisées sous cette forme.

La légitimité démocratique et la puissance qui procède de ce dispositif ont fait de l'élection présidentielle, l'élection la plus médiatique et la fonction la plus convoitée de la Ve République. Les pouvoirs propres dont dispose le président et ceux qu'il partage avec le Premier ministre qui lui doit sa nomination, font du chef de l'État l'acteur quasi unique de la vie politique française. Cette place est, de plus, consolidée par « le fait majoritaire » qui résulte de l'appui d'une majorité parlementaire quasi-assuré au Président aux élections législatives, favorisé par le mode de scrutin uninominal majoritaire à deux tours en vigueur.

Le seul obstacle qui peut mettre en difficulté politiquement et atténuer la prééminence du président de la République, c'est celui d'élections législatives qui se traduiraient, en cours de mandat, par la victoire d'une opposition parlementaire en raison de la distorsion de la durée du mandat du président fixée à sept ans, de celui des députés qui est de cinq ans. Cette situation s'est produite trois fois depuis 1958. Deux fois sous la présidence de François Mitterrand entre 1986 et 1988 puis entre 1993 et 1995, et une fois sous la présidence de Jacques Chirac entre 1997 et 2002.

Pour rendre difficile mais pas impossible cette situation de cohabitation qui a duré cinq ans entre Jacques Chirac, président de la République issu de la droite, et Lionel Jospin, son Premier ministre issu de la gauche, ces deux responsables politiques ont pris l'initiative d'une nouvelle révision constitutionnelle destinée à réduire à cinq ans la durée du mandat du président de sorte qu'il ait la même durée que celui des députés. L'objectif majeur était de garantir la concordance des majorités présidentielle et parlementaire dans un souci d'efficacité et de rationalité politiques. Un autre argument avait été avancé consistant à soutenir l'idée que la diminution de la durée du mandat du président favoriserait le renouvellement plus fréquent du titulaire de la fonction présidentielle et renforcerait le fonctionnement démocratique des institutions. Un dernier argument en faveur du quinquennat consistait à constater qu'aucun président depuis 1958 n'avait en réalité exercé véritablement et réellement son pouvoir politique durant sept années consécutives (démission de de Gaulle, décès de Georges Pompidou, cohabitations sous François Mitterrand et Jacques Chirac). Cinq ans apparaissaient comme la durée maximale d'exercice des pouvoirs présidentiels depuis 1962. Seul Valery Giscard d'Estaing avait pu réaliser un mandat de sept ans sans cohabitation.

Grâce à l'accord politique conclu entre Jacques Chirac et Lionel Jospin, un projet de loi constitutionnelle est voté en ce sens par les deux assemblées en termes identiques et soumis à référendum par la voie de l'article 89 en septembre 2000, avec succès, mais avec un record de près de 70/100 d'abstentions ! Les opposants à l'instauration du quinquennat se substituant au septennat en vigueur depuis 1873 craignaient l'instauration d'un véritable régime présidentiel.

C'est par conséquent la loi constitutionnelle du 2 octobre 2000 qui réduit désormais la durée du mandat du président de la République à cinq ans et qui s'est appliquée pour la première fois en 2002. Par ailleurs, après l'adoption de cette loi, des responsables politiques ont demandé qu'à l'avenir les élections législatives soient organisées après les présidentielles pour garantir la cohérence des majorités. Le Parlement vote en ce sens une loi organique en 2001 qui inverse le calendrier électoral. Cette loi est effective en 2002. Depuis vingt ans désormais, les élections présidentielles sont suivies des élections législatives qui confortent traditionnellement la prééminence du président de la République amorcée depuis son élection au suffrage universel direct après 1962, grâce à une majorité parlementaire généralement docile.

Au cours de la campagne présidentielle de 2007, Nicolas Sarkozy se prononce s'il est élu pour une « modernisation des institutions de la Ve République » à l'approche du cinquantième anniversaire de sa création. Après son élection, un comité présidé par Édouard Balladur, ancien Premier ministre de cohabitation de François Mitterrand, est chargé de réfléchir à l'objectif de modernisation fixé par le nouveau président élu en 2007 et à un rééquilibrage des institutions entre le Parlement et l'exécutif. Parmi les différentes mesures proposées, l'une d'elle prévoit l'impossibilité pour le président de la République de briguer plus de deux mandats consécutifs.

Une nouvelle procédure de révision constitutionnelle est engagée au cours de l'année 2008 et actée par l'adoption de la loi constitutionnelle du 23 juillet par la voie de l'article 89 et le choix par le président de son approbation par le Congrès. Cette loi modifie quarante articles de la Constitution de 1958 et en insère neuf nouveaux. Les modifications introduites sont très substantielles mais parmi celles qui portent sur l'exécutif figure la modification de l'article 6 alinéa 2 qui limite à deux mandats consécutifs la fonction présidentielle.

Avec cette disposition, le régime politique français se rapproche du système américain lorsqu'on se rappelle du statut du président des États-Unis qui ne peut exercer lui aussi plus de deux mandats. On est inévitablement conduit à penser que les artisans de cette réforme se sont inspirés de ce régime présidentiel américain car cette révision attribue également un droit de message au président qui peut désormais intervenir en personne devant le Congrès et introduit le contrôle de constitutionnalité par voie d'exception en vigueur aux États-Unis.

Nicolas Sarkozy a été le premier à mettre en œuvre cette réforme mais il a aussi revendiqué au cours de son quinquennat entre 2007 et 2012 une pratique « hyper-présidentialisée » des institutions ! Ses partisans l'ont analysé comme la marque d'une nouvelle forme de gouvernance plus efficace et plus moderne. Ses contempteurs l'ont au contraire présentée comme une dérive inquiétante voire dangereuse des institutions. Le constitutionnaliste Dominique Rousseau publie un ouvrage au titre significatif : *Le Consulat Sarkozy* ! Le responsable politique François Bayrou publie un essai dont le titre est : *Abus de pouvoir* !

En 2012, à l'occasion de la nouvelle campagne présidentielle, le candidat François Hollande fait campagne sur le thème d'une « présidence normale » pour se distinguer de Nicolas Sarkozy et gagne les élections. À nouveau après son élection en 2017, Emmanuel Macron exerce ses fonctions de manière très centralisée et verticale. On parle d'une pratique « jupitérienne » des institutions !

Ce qui ressort de l'observation et de l'analyse de cette évolution politique et constitutionnelle, c'est une extrême personnalisation du pouvoir et de la fonction présidentielle inaugurée en 1962. Le débat autour de ce sujet n'est pas clos et s'est invité dans la campagne présidentielle de 2022.

B – Une nouvelle réforme en perspective ?

Les candidats à l'élection présidentielle de 2022 ont lancé des propositions de réforme de la Constitution de 1958 qui concernent pour partie le statut du président de la République. Elles ont été nombreuses, diverses et certaines radicales.

Philippe Poutou par exemple voulait abroger la Constitution de 1958 et supprimer l'institution présidentielle. Jean-Luc Mélenchon est de son côté favorable à l'élection d'une assemblée constituante chargée d'élaborer une constitution nouvelle pour remplacer celle de 1958. Le communiste Fabien Roussel proposait de supprimer l'élection du président de la République au suffrage universel direct afin de restaurer la parlementarisation des institutions de la Ve République.

Pour certains autres candidats, la question de la restauration du septennat a été évoquée et défendue. Il s'agit des candidats : Yannick Jadot, Nicolas Dupont-Aignan, Marine Le Pen et Emmanuel Macron. Jean Lassalle ne se prononçait pas personnellement, et proposait un référendum sur le maintien du quinquennat ou le rétablissement du septennat.

Ce débat sur le retour du septennat ne manque pas de surprendre plus de vingt ans après sa suppression. Yannick Jadot était favorable à la restauration du septennat non renouvelable pour « dé-présidentialiser » la Ve République. Nicolas Dupont-Aignan voulait rétablir le septennat avec la possibilité d'organiser un référendum d'initiative citoyenne révocatoire en cours de mandat.

Marine Le Pen, candidate finaliste de l'élection présidentielle de 2022, est elle aussi favorable au septennat non renouvelable qui présente selon elle un avantage : éliminer la tentation de la campagne permanente en vue d'une réélection en fin de mandat. Il favoriserait, d'après elle, la réflexion et le temps long pour agir.

Pour Emmanuel Macron et ses partisans, un mandat de cinq ans est trop court et impose d'agir rapidement bien que le Président gagne en vérité le pouvoir législatif pendant cinq ans en raison du fait majoritaire. C'est la raison pour laquelle il avait inscrit dans son programme présidentiel de 2017 une réforme constitutionnelle qu'il a abandonnée en cours de mandat. Elle aurait consisté à réduire le nombre de parlementaires et à favoriser l'accélération de la procédure législative dans un objectif de rationalité et d'efficacité.

Au cours de la campagne du printemps 2022, il s'est prononcé pour un mandat présidentiel de sept ans renouvelable associé à l'organisation d'élections législatives à mi-mandat à l'exemple des États-Unis. Elles permettraient d'assurer selon ses propres mots « une respiration démocratique » en cours de mandat avec cependant le risque pour le Président de perdre ces élections et de se retrouver en situation de cohabitation avec une majorité parlementaire hostile à sa politique. Une éventualité que la réforme de 2000 avait eue pour objectif sinon de supprimer mais de rendre très exceptionnelle.

L'avenir révélera le sort réservé à ces propositions liées à un contexte politique particulier et qui, pour nombre d'entre elles seront très probablement abandonnées. Ce qui frappe dans l'histoire et l'évolution de cette succession de révisions constitutionnelles du statut de la fonction présidentielle, c'est le réformisme constitutionnel quasi-permanent typiquement français depuis la Révolution française mais aussi depuis 1958. La Ve République n'y échappe pas et il semble impossible de trouver au déroulé de notre histoire constitutionnelle un consensus sur la conception républicaine, juridique et politique de la fonction présidentielle !

La Ve République

› *Cas pratique*

Thème principal

Le président de la République

Mots-clés

Place et rôle, Pouvoirs, Élection présidentielle, Gouvernement, Guerre en Ukraine

Élève de l'Institut national du service public (ex-ENA), vous effectuez un stage au Palais de l'Élysée, au sein du cabinet du président de la République.

Le début de votre stage correspond, à quelques jours près, au déclenchement, à la fin du mois de février 2022, de la guerre en Ukraine.

Quelques heures seulement après le début de l'offensive russe contre l'Ukraine, vous êtes sollicité par le président de la République lui-même qui vous interroge sur quatre points :

1) le déclenchement de la guerre en Ukraine doit-il entraîner un report de l'élection présidentielle prévue en avril 2022 ? *(5 points)*

2) selon quelles modalités le président de la République pourrait-il s'exprimer au Parlement à propos de cette guerre ? *(5 points)*

3) dans quel cadre la décision de faire intervenir des troupes françaises en Ukraine pourrait-elle, le cas échéant, être prise ? *(5 points)*

4) quelles réponses possibles la Constitution prévoit-elle dans l'hypothèse, quoique très improbable, d'une attaque de la France par la Russie ? *(5 points)*

Le président vous demande de lui adresser au plus vite une note confidentielle exprimant votre avis (en droit avant tout) sur ces différents aspects.

Sujet proposé et corrigé établi par

Florian Poulet, Professeur, Université d'Évry-Val-d'Essonne (Paris-Saclay)

Second semestre 2021-2022

Attention, pour rédiger la note, vous vous placerez au jour où le président vous consulte, à savoir à la fin du mois de février 2022.

› Préparation

Analyse du sujet

Appliqué à la matière constitutionnelle, l'exercice du cas pratique démontre que cette matière, souvent perçue comme théorique et abstraite, est porteuse de forts enjeux pratiques et concrets, renforçant l'intérêt, si ce n'est la nécessité, d'en maîtriser le contenu et la logique.
Cet exercice exige de proposer, en réponse aux questions posées, des solutions argumentées et justifiées, reposant sur des références textuelles et jurisprudentielles pertinentes.
Le présent cas insiste sur une règle méthodologique importante : la prudence dans la formulation des réponses. De façon générale, en effet, les solutions à apporter à un problème juridique doivent être nuancées et, le cas échéant, conditionnées ; elles ne sauraient valoir, en tout état de cause, qu'en l'état actuel du droit. Parfois, le cas repose sur un problème qui s'est déjà posé dans la pratique : la résolution des questions suppose alors d'identifier le précédent et de démontrer que la situation de l'espèce correspond à celui-ci. Dans d'autres cas, en revanche, la question ne s'étant jamais posée en pratique, elle revêt un caractère inédit : il convient alors d'imaginer une solution raisonnablement possible, en proposant des raisonnements par analogie, *a contrario* ou *a fortiori*. Dans tous les cas, il faut se montrer prudent et nuancé. De même, il convient d'apporter une réponse précise, la plus opérationnelle possible, à chacune des questions posées.

Plan du corrigé

I/ Sur le report de l'élection présidentielle
II/ Sur les modalités de la communication du président avec le Parlement
III/ Sur la décision de faire intervenir des troupes françaises en Ukraine
IV/ Sur l'hypothèse (très improbable) d'une attaque de la France par la Russie

› Corrigé

Objet : note à l'attention de Monsieur le président de la République française

Monsieur le Président,

Présentée par le régime russe comme une « opération militaire spéciale », la guerre en Ukraine résulte de l'invasion, par les forces armées russes, du territoire ukrainien le 24 février 2022. Une telle agression armée a fait l'objet de très vives réactions de la part de la majorité des États membres de la communauté internationale, dont la France.

Indépendamment même de ses ressorts et de sa contrariété au droit international, cette guerre est l'occasion d'interroger les conditions d'application d'un certain nombre de dispositions de la Constitution française du 4 octobre 1958. Envisagée à l'aune de ces dispositions, la guerre en Ukraine apparaît alors, assez largement, comme le révélateur d'un certain nombre des ambitions qui ont animé les auteurs de la Constitution de 1958.

Parmi ces dernières, la revalorisation de la place et du rôle du président de la République ne manque pas d'être mise en lumière et incarnée par la guerre qui nous occupe. Plus que jamais, le président de la République, « chef des armées » (Const., art. 15), apparaît comme « le garant de l'indépendance nationale, de l'intégrité du territoire et du respect des traités » (Const., art. 5, al. 2nd). Il est vrai que la circonstance que la France préside actuellement le Conseil de l'Union européenne tend à renforcer la place centrale occupée par le président de la République dans le cadre de la gestion de cette crise majeure. Jouant à plein son rôle de négociateur avec les puissances étrangères et les organisations internationales, le président occupe tous les secteurs de son « *domaine réservé* » (Jacques Chaban-Delmas) que sont, en particulier, la défense nationale et les relations extérieures de la France.

C'est dans ce contexte précis que doivent se lire et se comprendre les éléments de réponse que je me suis efforcé d'apporter aux différentes questions précises dont vous m'avez saisi relativement au report de l'élection présidentielle (1), aux modalités de la communication du président avec le Parlement (2), à la décision de faire intervenir des troupes françaises en Ukraine (3) ou encore à l'hypothèse (très improbable) d'une attaque de la France par la Russie (4).

I/ Sur le report de l'élection présidentielle

Monsieur le président, cette guerre en Ukraine intervient donc dans le contexte très particulier, en France, de l'élection présidentielle à venir, qui se tiendra dans quelques semaines, en avril prochain. Or, un tel événement n'est pas sans incidence sur l'élection.

Il est vrai que, sur le strict plan de l'opportunité politique, le déclenchement d'une guerre aux portes de l'Europe est de nature à favoriser le président de la République en fonction : en temps de crise majeure, le peuple est enclin à faire bloc derrière le chef de l'État. Je crois d'ailleurs savoir que la prochaine étude d'opinion commandée par l'Élysée, dont les résultats définitifs sont attendus pour demain matin, annonce un bond de votre popularité qui gagne ainsi plus de huit points en l'espace de sept jours seulement. C'est dire qu'en termes politiques, la guerre en Ukraine n'est pas défavorable au chef de l'État sortant, loin s'en faut.

Pour autant, vos rivaux s'alarment de ce que la guerre empêcherait la campagne électorale de se dérouler normalement, relayant au second plan les sujets qui, jusqu'ici, étaient au cœur des préoccupations des Français. Ils sont ainsi un certain nombre à proposer, voire à exiger le report *sine die* de l'élection présidentielle prévue les 10 et 24 avril prochains.

Une telle suggestion apparaît, néanmoins, peu compatible avec les prévisions de la Constitution de 1958. Pour mémoire, en effet, l'alinéa 3 de l'article 7 du texte constitutionnel prévoit que « L'élection du nouveau président a lieu 20 jours au moins et 35 jours au plus avant l'expiration des pouvoirs du président en exercice ». Du reste, son avant-dernier alinéa dispose que « Le Conseil constitutionnel peut proroger les délais prévus aux troisième et cinquième alinéas sans que le scrutin puisse avoir lieu plus de 35 jours après la date de la décision du Conseil constitutionnel ».

Ainsi, la date de l'élection du président de la République est très contrainte par la Constitution. Si un report de la date initialement prévue n'est pas absolument inenvisageable, il ne saurait néanmoins avoir lieu au-delà du 20e jour précédant la date d'expiration du mandat du Président en exercice.

Certes, le Conseil constitutionnel est habilité à bouleverser, à titre exceptionnel, ce calendrier. Mais, encore une fois, la Constitution lui impose de sérieuses contraintes puisque la prorogation exceptionnellement décidée par le Conseil constitutionnel ne pourrait aboutir à ce que l'élection ait lieu plus de 35 jours après la date de sa décision. Or, appelé à intervenir, par définition, avant la date de l'élection, le Conseil constitutionnel rendrait nécessairement une décision rapidement et, à compter de cette décision, commencerait à courir un délai de 35 jours au maximum, à l'issue duquel l'élection devrait de toute façon avoir lieu. Sans même évoquer la question de savoir si le déclenchement de la guerre en Ukraine pourrait constituer, aux yeux du Conseil constitutionnel, une cause de prorogation au sens de l'avant-dernier alinéa de l'article 7 de la Constitution, ce qui apparaît en soi peu probable en l'état actuel de la situation, cette disposition semble faire obstacle à un report *sine die* de l'élection présidentielle à venir.

Loin de servir la revendication de vos adversaires, l'article 7 de la Constitution vous permet, au contraire, de défendre le maintien du calendrier électoral arrêté avant le déclenchement de la guerre en Ukraine.

II/ Sur les modalités de la communication du président avec le Parlement

Vous m'interrogez ensuite, Monsieur le président, sur la façon dont vous pourriez communiquer solennellement avec les parlementaires, en dehors des différents canaux de communication informelle par ailleurs à votre disposition. Le cadre juridique d'une telle communication me semble se trouver à l'article 18 de la Constitution.

Dans sa version initiale, cet article ne prévoyait qu'une seule façon, pour le président de la République, de communiquer avec les membres du Parlement, à savoir : « Le président de la République communique avec les deux Assemblées du Parlement par des messages qu'il fait lire et qui ne donnent lieu à aucun débat ». Cette communication indirecte résulte, vous le savez, d'une conception rigoureuse de la séparation des pouvoirs qui interdit traditionnellement au chef de l'État d'accéder aux hémicycles des assemblées, interdiction consacrée formellement dès la loi constitutionnelle du 16 juillet 1875 (art. 6). Jusqu'à présent, sauf erreur de ma part, 18 messages présidentiels ont ainsi été lus aux parlementaires, le dernier datant du 2 juillet 2002, au premier jour d'une session extraordinaire suivant la « drôle » d'élection ayant permis la reconduction de Jacques Chirac à la présidence de la République. En toute hypothèse, il serait envisageable d'actionner ce dispositif – qui est, bien sûr, encore de droit positif – en faisant lire, par les présidents des deux chambres, un message que vous auriez préalablement rédigé aux fins de communiquer avec les membres du Parlement sur la guerre en Ukraine.

Mais vous savez également que depuis la révision constitutionnelle du 23 juillet 2008, l'article 18 de la Constitution comporte un deuxième alinéa qui autorise le président de la République à « prendre la parole devant le Parlement réuni à cet effet en Congrès ». Un tel dispositif a déjà été actionné à quatre reprises. Vous pourriez vouloir préférer ce mode de communication orale à la lecture d'un message rédigé par vos soins, expression plus directe et davantage relayée par les médias. Au demeurant, si la déclaration que vous prononceriez dans ce cadre-là pourrait donner lieu, le cas échéant, à un débat, ce dernier se déroulerait hors votre présence et ne ferait l'objet d'aucun vote.

Quelle que soit la modalité retenue, la décision de communiquer avec les membres du Parlement n'aurait pas, conformément à l'article 19 de la Constitution, à être contresignée par le Premier ministre et, le cas échéant, les ministres responsables. Dans la mesure où, au moment où vous m'interrogez, la session parlementaire n'est pas achevée, il ne serait pas nécessaire, par définition, de réunir spécialement les assemblées à l'effet de vous écouter ou, du moins, d'écouter votre message.

III/ Sur la décision de faire intervenir des troupes françaises en Ukraine

Sollicité en ce sens par une partie de l'opinion publique française et les autorités ukrainiennes, vous vous interrogez, Monsieur le président, sur la possibilité de faire intervenir des forces armées françaises sur le sol ukrainien. S'il s'agit, comme je crois l'avoir compris, de prêter assistance à la population civile ukrainienne et, le moment venu, aux militaires ukrainiens afin notamment de repousser un certain nombre de soldats mercenaires étrangers, il ne saurait être question de déclarer la guerre, en tant que telle, à la Russie, déclaration de guerre qui ne pourrait intervenir que sur autorisation expresse du Parlement (Const., art. 35, al. 1er).

À la vérité, il me semble que votre interrogation est relative à l'envoi de soldats français en Ukraine dans le cadre d'une opération extérieure (« OPEX »). Selon le deuxième alinéa de l'article 35 de la Constitution, la décision de faire intervenir les forces armées nationales à l'étranger ressortit à la compétence du gouvernement qui doit en informer le Parlement au plus tard trois jours après le début de l'intervention. À la faveur de cette information – qui peut donner lieu à un débat, mais alors suivi d'aucun vote –, le gouvernement doit préciser les objectifs militaires poursuivis. Du reste, lorsque la durée de l'intervention excède quatre mois, le gouvernement doit soumettre sa prolongation à l'autorisation du Parlement. En cas d'opposition du Sénat, il peut demander à l'Assemblée nationale de décider en dernier ressort.

Pour être exhaustif, j'ajouterais que la décision du gouvernement d'entreprendre une opération extérieure sur le sol ukrainien aurait toutes les chances d'être rattachée à la catégorie des actes de gouvernement qui, au nom du principe de séparation des pouvoirs, bénéficient d'une immunité juridictionnelle en droit interne (en ce sens, v. not. CE 23 juill. 2010, *Société Touax*, au *Recueil Lebon*). L'exécutif n'aurait donc pas à craindre une action en justice exercée, en France, contre une telle décision.

IV/ Sur l'hypothèse (très improbable) d'une attaque de la France par la Russie

Enfin, vous envisagez un scénario hautement improbable dans lequel la Russie, entraînée par son président, déciderait d'attaquer notre pays, en donnant l'ordre à son armée d'envahir le territoire national.

Cette fois-ci, un tel événement pourrait justifier de mettre en œuvre le premier alinéa de l'article 35 de la Constitution et donc de déclarer la guerre à la Russie après l'autorisation donnée en ce sens par le Parlement.

Surtout, afin d'assurer la défense du pays, il vous appartiendrait, Monsieur le président, de décréter en Conseil des ministres l'état de siège. Si ce régime extraordinaire (prévu par la loi du 9 août 1849) devait s'installer dans le temps, ne serait-ce que plus de douze jours, sa prorogation devrait être autorisée par le Parlement.

Par ailleurs, une telle situation pourrait motiver le recours aux pouvoirs exceptionnels que l'article 16 de la Constitution reconnaît au président de la République « Lorsque les institutions de la République, l'indépendance de la nation, l'intégrité de son territoire ou l'exécution de ses engagements internationaux sont menacées d'une manière grave et immédiate et que le fonctionnement régulier des pouvoirs publics constitutionnels est interrompu ». Sur le fondement de cette disposition, vous pourriez prendre toutes les mesures exigées par les circonstances et inspirées par la volonté d'assurer aux pouvoirs publics constitutionnels, dans les moindres délais, les moyens d'accomplir leur mission. Il vous faudrait néanmoins respecter le cadre juridique, particulièrement contraignant, imposé par le texte constitutionnel (consultation officielle du Premier ministre, des présidents des chambres ainsi que du Conseil constitutionnel avant d'actionner l'article 16 ; information de la nation par un message ; consultation du Conseil constitutionnel avant l'édiction des mesures concrètes ; réunion de plein droit du Parlement ; interdiction de dissoudre l'Assemblée nationale pendant l'exercice des pouvoirs exceptionnels ; contrôle, par le Conseil constitutionnel, du respect des conditions posées par l'article 16, de façon facultative après 30 jours et de façon automatique après 60 jours). Là encore, je vous indique qu'en l'état de la jurisprudence du Conseil d'État, une telle décision de mettre en œuvre l'article 16 de la Constitution est rangée parmi les actes de gouvernement insusceptibles de recours juridictionnel (v. CE 2 mars 1962, *Rubin de Servens*, au *Recueil Lebon*).

Tels sont, Monsieur le Président, les éléments de réponse que je peux vous apporter dans le délai très contraint qui m'a été imparti. Je me tiens naturellement à votre disposition pour vous fournir, le cas échéant, les compléments d'information dont vous auriez besoin.

La Ve République

Thème principal

Les rapports entre le président de la République et le Conseil constitu-tionnel

Mots-clés

Conseil constitutionnel, Élection présidentielle, Contrôle de constitutionnalité, Saisine du Conseil constitutionnel

Sujet proposé et corrigé établi par

Maxime Charité, Enseignant contractuel, Université Le Havre-Normandie

Second semestre 2021-2022

› *Dissertation*

Les rapports entre le président de la République et le Conseil constitutionnel.

› *Préparation*

Analyse du sujet

Si la délimitation spatio-temporelle du sujet ne présentait pas de difficulté particulière, sa délimitation matérielle impliquait, quant à elle, un véritable effort d'identification des multiples rapports entre le président de la République et le Conseil constitutionnel organisés par la Constitution de la Ve République du 4 octobre 1958. Cet effort d'identification devait logiquement amener les étudiants à traiter non seulement des pouvoirs de contrôle du Conseil constitutionnel sur le président de la République, mais également des compétences variables du Président relatives au Conseil. C'est ainsi que le principal écueil à éviter consistait en une délimitation trop stricte du sujet se bornant à traiter, notamment, de la composition du Conseil constitutionnel. De telles copies ont été moins bien notées. La distinction « pouvoirs de contrôle du Conseil sur le Président/compétences variables du Président relatives au Conseil » pouvait être utilisée pour servir de fondement à la démonstration.

Plan du corrigé

I/ Les pouvoirs de contrôle du Conseil constitutionnel sur le président de la République

A – Des pouvoirs de contrôle du mandat présidentiel

B – Des pouvoirs de contrôle de l'activité présidentielle

II/ Les compétences variables du président de la République relatives au Conseil constitutionnel

A – Des compétences majeures relatives à l'organisation du Conseil

B – Des compétences mineures relatives au fonctionnement du Conseil

› *Corrigé*

Le premier trimestre de l'année 2022 a été dense au Conseil constitutionnel avec, notamment, l'organisation et le contrôle de l'élection présidentielle, ainsi que la nomination, en particulier, de Jacqueline Gourault. Ces actualités illustrent la multiplicité des rapports entre le président de la République et le Conseil constitutionnel.

La Constitution du 4 octobre 1958 a institué la Ve République, et avec, ses différents pouvoirs publics constitutionnels : le président de la République (titre II), le gouvernement (titre III), le Parlement (titre IV), le Conseil constitutionnel (titre VII)... L'objet premier et principal de cette Constitution est de régir les rapports entre de tels pouvoirs. Parmi les rapports entre les pouvoirs publics constitutionnels, ceux entre le Parlement et le gouvernement occupent une place particulière : ils font l'objet d'un titre spécifique de la Constitution de la Ve République, le titre V. En règle générale, de la manière dont ils sont organisés, souple ou stricte, dépend la nature du régime politique, parlementaire ou présidentiel. De ce strict point de vue, dans la mesure où l'article 49 de la Constitution prévoit plusieurs procédures d'engagement et de mise en cause de la responsabilité du gouvernement devant l'Assemblée nationale, le régime de la Ve République peut être qualifié de « parlementaire ». Mais la Constitution du 4 octobre 1958 ne se borne pas à organiser les rapports entre le Parlement et le gouvernement. Elle organise, plus largement, les rapports entre l'ensemble des pouvoirs publics constitutionnels : le président de la République et le gouvernement, le président de la République et le Parlement, le président de la République et le Conseil constitutionnel, le gouvernement et le Conseil constitutionnel, le Parlement et le Conseil constitutionnel...

L'étude des rapports entre le président de la République et le Conseil constitutionnel suppose de s'entendre à titre liminaire sur la manière dont la Constitution de la Ve République du 4 octobre 1958 régit séparément ces deux institutions.

D'une part, l'article 5 de la Constitution du 4 octobre 1958, confère au président de la République une triple fonction de gardien, de garant et d'arbitre. Depuis 1962, il est élu au suffrage universel direct. Depuis 2000, il est élu pour cinq ans, la durée de son mandat alignée sur celle du mandat des députés composant l'Assemblée nationale. Ces deux évolutions, combinées au « fait majoritaire », ont été les facteurs d'une évolution du rôle du président vers celui d'un « capitaine » déterminant et conduisant la politique de la nation en lieu et place du gouvernement et de son chef, le Premier ministre, conformément à ce qu'exige l'article 20 de la Constitution, et avec, de la nature du régime politique de la Ve République vers un régime dit « présidentialiste ».

D'autre part, le titre VII de la Constitution de la Ve République donne compétence au Conseil constitutionnel non seulement pour contrôler la régularité des scrutins nationaux (élection du président de la République, des députés et des sénateurs, opérations de référendum), mais également pour contrôler la constitutionnalité de certains actes subordonnés à la Constitution dans la hiérarchie des normes (engagements internationaux, lois organiques, règlements des assemblées parlementaires, lois ordinaires). Depuis 1958, il comprend neuf membres, dont le mandat dure neuf ans et n'est pas renouvelable, ainsi qu'il se renouvelle par tiers tous les trois ans. Initialement « organe régulateur de l'activité des pouvoirs publics » pour reprendre la formule qu'il a lui-même employé dans sa décision du 6 novembre 1962, il s'est progressivement métamorphosé en juridiction aux compétences variées.

Quelle est la teneur des rapports entre le président de la République et le Conseil constitutionnel organisés par la Constitution du 4 octobre 1958 ? Nous démontrerons, dans un premier temps, que la Constitution de la Ve République confère au Conseil constitutionnel des pouvoirs de contrôle du président de la République (I), avant de montrer, dans un second temps, qu'elle donne au Président des compétences variables relatives au Conseil (II).

I/ Les pouvoirs de contrôle du Conseil constitutionnel sur le président de la République

La Constitution du 4 octobre 1958 confère au Conseil constitutionnel des pouvoirs de contrôle du président de la République. Elle lui confère des pouvoirs de contrôle non seulement du mandat présidentiel (A), mais également de l'activité présidentielle (B).

A – Des pouvoirs de contrôle du mandat présidentiel

Les pouvoirs de contrôle du Conseil constitutionnel sur le mandat présidentiel se déclinent en deux grandes séries.

En premier lieu, le Conseil constitutionnel contrôle l'accès au mandat présidentiel : l'élection présidentielle. L'article 58 de la Constitution dispose : « Le Conseil constitutionnel veille à la régularité de l'élection du président de la République. Il examine les réclamations et proclame les résultats du scrutin ». À ce titre, quatre types d'actes, couvrant toutes les phases de l'élection, sont soumis à son contrôle. Le premier, c'est le décret de convocation des électeurs, lequel peut être déféré au Conseil constitutionnel. Le deuxième, c'est la liste des candidats, un recours contre l'établissement de cette liste étant ouvert aux personnes ayant bénéficié d'au moins un parrainage et devant parvenir au plus tard le lendemain de la publication de la liste définitive par le Conseil constitutionnel. Le troisième, ce sont les résultats du premier et du second tour et il est possible d'exercer des recours contre les opérations électorales. Le quatrième, ce sont les décisions de la Commission nationale des comptes de campagne et des financements politiques, qui peuvent être contestées, dans le délai d'un mois, par les candidats dont il est statué sur les comptes, eux seuls pouvant exercer ce recours, un candidat ne pouvant contester que la décision de la Commission portant sur son propre compte.

En second lieu, le Conseil constitutionnel contrôle les aléas relatifs à l'exercice et à l'accès au mandat présidentiel.

L'article 7 de la Constitution confère au Conseil constitutionnel des pouvoirs de contrôle, d'une part, dans le cas d'aléas relatifs à la Présidence de la République. Tout d'abord, le Conseil constitutionnel constate l'empêchement du président de la République saisi par le gouvernement et statuant à la majorité absolue de ses membres. Ensuite, le Conseil constitutionnel déclare l'empêchement définitif. Enfin, le Conseil constitutionnel constate un cas de force majeure justifiant une exception à la règle selon laquelle, en cas de vacance ou lorsque l'empêchement est déclaré définitif par le Conseil constitutionnel, le scrutin pour l'élection du nouveau président a lieu 20 jours au moins et 50 jours au plus après l'ouverture de la vacance ou la déclaration du caractère définitif de l'empêchement.

Le même article confère au Conseil constitutionnel des pouvoirs de contrôle, d'autre part, dans l'hypothèse d'aléas relatifs à l'élection présidentielle. Tout d'abord, si, dans les sept jours précédant la date limite du dépôt des présentations de candidatures, une des personnes ayant, moins de 30 jours avant cette date, annoncé publiquement sa décision d'être candidate décède ou se trouve empêchée, le Conseil constitutionnel peut décider de reporter l'élection. Ensuite, si, avant le premier tour, un des candidats décède ou se trouve empêché, le Conseil constitutionnel prononce le report de l'élection. Enfin, en cas de décès ou d'empêchement de l'un des deux candidats les plus favorisés au premier tour avant les retraits éventuels, le Conseil constitutionnel déclare qu'il doit être procédé de nouveau à l'ensemble des opérations électorales ; il en est de même en cas de décès ou d'empêchement de l'un des deux candidats restés en présence en vue du second tour.

B – Des pouvoirs de contrôle de l'activité présidentielle

Les pouvoirs de contrôle du Conseil constitutionnel sur l'activité présidentielle sont plus ou moins directs.

D'une part, le Conseil constitutionnel contrôle directement l'activité présidentielle à travers, notamment, l'exercice des pouvoirs exceptionnels. Tout d'abord, la décision mettant en application l'article 16 de la Constitution est prise après avis du Conseil constitutionnel. Ensuite, le Conseil constitutionnel est également consulté au sujet des décisions prises au titre de l'article 16 de la Constitution. Ce fut le cas en 1961 à l'occasion de la seule et unique application de cette disposition consécutivement au « putsch des généraux » du 21 avril à Alger. Enfin, depuis la révision constitutionnelle du 23 juillet 2008, après 30 jours d'exercice des pouvoirs exceptionnels, le Conseil constitutionnel peut être saisi par le président de l'Assemblée nationale, le président du Sénat, 60 députés ou 60 sénateurs, aux fins d'examiner si les conditions énoncées au premier alinéa (l'existence d'une menace grave et immédiate et l'interruption du fonctionnement régulier des pouvoirs publics) demeurent réunies. Il se prononce dans les délais les plus brefs par un avis public. Il procède de plein droit à cet examen et se prononce dans les mêmes conditions au terme de 60 jours d'exercice des pouvoirs exceptionnels et à tout moment au-delà de cette durée.

D'autre part, le Conseil constitutionnel contrôle indirectement l'activité présidentielle à travers ses attributions en matière de contrôle de constitutionnalité des lois. D'un point de vue strictement juridique, le président de la République ne peut pas être considéré comme l'auteur des lois dans la mesure où la Constitution ne l'associe pas à leur procédure d'élaboration et d'adoption, exception faite des pouvoirs dont il dispose en vertu de l'article 10. Néanmoins, la montée en puissance du président au sein des institutions de la Ve République fait qu'en période de concordance des majorités, la loi peut aujourd'hui être considérée comme le fruit de la volonté politique du président de la République. Avec et par voie

Les rapports entre le président de la République et le Conseil constitutionnel de conséquence, le contrôle de sa constitutionnalité par le Conseil constitutionnel peut s'analyser en un contrôle indirect de la volonté présidentielle. Cette analyse est sans doute plus vraie pour le contrôle *a priori*, qui s'exerce sur une loi votée et en instance de promulgation, que pour le contrôle *a posteriori*, qui, avec la procédure de question prioritaire de constitutionnalité, porte, quant à lui, sur une disposition législative en vigueur, parfois depuis plusieurs dizaines d'années.

II/ Les compétences variables du président de la République relatives au Conseil constitutionnel

La Constitution du 4 octobre 1958 donne des compétences variables au président de la République relatives au Conseil constitutionnel. Elle lui donne non seulement des compétences majeures relatives à l'organisation du Conseil (A), mais également des compétences mineures relatives au fonctionnement du Conseil (B).

A – Des compétences majeures relatives à l'organisation du Conseil

La Constitution de la Ve République donne des compétences majeures au président de la République relatives à l'organisation du Conseil constitutionnel.

Tout d'abord, en vertu de l'article 56 de la Constitution, trois des membres sont nommés par le président de la République. Depuis la révision constitutionnelle du 23 juillet 2008, la procédure prévue au dernier alinéa de l'article 13 de la Constitution est applicable à ces nominations. D'après cette procédure, le pouvoir de nomination du président de la République s'exerce après avis public de la commission permanente compétente de chaque assemblée (celle des lois de l'Assemblée nationale et celle des lois constitutionnelles, de législation, du suffrage universel, du règlement et d'administration générale du Sénat) et que le président de la République ne peut procéder à une nomination lorsque l'addition des votes négatifs dans chaque commission représente au moins trois cinquièmes des suffrages exprimés au sein des deux commissions.

Jusqu'à présent, une telle procédure n'a toutefois jamais abouti à empêcher la nomination d'un membre du Conseil constitutionnel par le président de la République.

Ensuite, en vertu du même article, font partie de droit à vie du Conseil constitutionnel les anciens présidents de la République. C'est sur ce fondement et en cette qualité que Valéry Giscard d'Estaing (entre 2004 et 2020), Jacques Chirac (entre 2007 et 2010) et Nicolas Sarkozy (entre 2012 et 2013) ont siégé au Conseil. Néanmoins, aujourd'hui, aucun ancien président n'y siège plus. En effet, les actuels anciens présidents de la République, Nicolas Sarkozy et François Hollande, ont depuis longtemps et pour des raisons différentes renoncé à siéger rue de Montpensier, de même, plus récemment, qu'Emmanuel Macron (Nicolas Sarkozy ayant, le 4 juillet 2013, après la décision du Conseil constitutionnel invalidant ses comptes de campagne, « démissionné » immédiatement « afin de retrouver sa liberté de parole »; François Hollande et Emmanuel Macron ayant, quant à eux, les 12 décembre 2014 et 21 décembre 2019, renoncé au préalable à siéger rue de Montpensier).

Enfin, le président du Conseil constitutionnel est nommé par le président de la République, le premier ayant voix prépondérante en cas de partage.

Ces compétences du président de la République relatives à l'organisation du Conseil constitutionnel sont majeures et posent la question plus générale de l'indépendance et de l'impartialité du Conseil, notamment vis-à-vis du Président.

B – Des compétences mineures relatives au fonctionnement du Conseil

La Constitution du 4 octobre 1958 donne des compétences mineures au président de la République relatives au fonctionnement du Conseil constitutionnel.

En premier lieu, le président de la République peut saisir le Conseil constitutionnel. Il le peut, d'une part, en vertu de l'article 54 de la Constitution, afin que le Conseil déclare qu'un engagement international comporte une clause contraire à la Constitution. C'est un pouvoir propre que le président a utilisé à dix reprises entre 1976 et 2017. Il le peut, d'autre part, en vertu de l'article 61 de la Constitution, pour déférer au Conseil constitutionnel les lois, avant leur promulgation, afin que le Conseil se prononce sur leur conformité à la Constitution. C'est également un pouvoir propre que le président n'a néanmoins utilisé qu'à trois reprises entre 2015 et 2020 : François Hollande le 25 juin 2015 (loi relative au renseignement), Emmanuel Macron le 13 mars 2019 (loi dite « anti-casseurs ») et le 9 mai 2020 (loi de prorogation de l'état d'urgence sanitaire). Dans ces trois cas, en vertu de la mission générale de veille au respect de la Constitution qui lui est conférée par l'article 5 de la Constitution, le président de la République ne contestait pas la constitutionnalité de la loi mais demandait seulement au Conseil d'examiner la conformité de certaines de ses dispositions à certaines exigences constitutionnelles.

En second lieu, en vertu de l'article 10, alinéa 2 de la Constitution, le président de la République peut, avant l'expiration du délai de promulgation des lois dans les 15 jours qui suivent la transmission au gouvernement de la loi définitivement adoptée, demander au Parlement une nouvelle délibération de la loi ou de certains de ses articles, laquelle ne peut être refusée. Ce pouvoir partagé du président a été utilisé à trois reprises entre 1983 et 2003 : par François Mitterrand le 13 juillet 1983 (loi sur l'exposition universelle de 1989) et le 9 août 1985 (loi sur l'évolution de la Nouvelle-Calédonie), ainsi que par Jacques Chirac le 4 avril 2003 (article 4 de la loi relative à l'élection des conseillers régionaux et des représentants au Parlement européen ainsi qu'à l'aide publique aux partis politiques à une nouvelle délibération). Dans ces deux dernières hypothèses, la demande de nouvelle délibération de la loi ou de certains de ses articles avait pour objet de tirer les conséquences d'une déclaration d'inconstitutionnalité partielle prononcée par le Conseil constitutionnel.

De telles compétences du président de la République relatives au fonctionnement du Conseil constitutionnel sont mineures et il n'est, en réalité, qu'un acteur du procès constitutionnel parmi d'autres plus actifs que lui.

La Ve République

› *Dissertation*

Le Premier ministre en France depuis 1958.

Thème principal

Le Premier ministre

Mots-clés

Assemblée nationale, Cohabitation, Premier ministre, Président de la République, Système majoritaire

Sujet proposé et corrigé établi par

Raphaël Porteilla, Maître de conférences, Université de Bourgogne

Second semestre 2021-2022

› *Préparation*

Analyse du sujet

Les conseils et le corrigé proposés ont été rédigés par M. Porteilla, maître de conférences en science politique, et relus par Laurence Baghestani, maître de conférences en droit public.

Un tel sujet, dont l'actualité politique française a fourni des illustrations récentes, invite les étudiant-es à réfléchir à un organe spécifique au sein du régime parlementaire : le Premier ministre. Un tel sujet propose d'analyser le rôle et la place de cet organe au sein du régime parlementaire rationalisé depuis 1958. Au sein de l'Exécutif bicéphale qui a été restauré en 1958, le Premier ministre a en effet acquis une dimension particulière tant dans sa relation à l'autre tête de l'Exécutif, le président de la République, que dans sa relation avec les autres membres du gouvernement, que dans celle avec le Législatif. Le risque d'un tel sujet réside cependant dans les glissements potentiels vers d'autres sujets limitrophes (par exemple, les relations au sein de l'Exécutif) entraînant alors vers un hors sujet. Une fois le cadrage effectué, il convient de mobiliser les connaissances spécifiques relatives au Premier ministre qui sont en principe ordonnées autour de deux pôles (comme pour tout organe politique) : le statut et les compétences/pouvoirs. En outre, ce sujet qui s'étend sur toute la période de la Ve République invite également les étudiant-es à prendre en compte les contextes politiques (le fait majoritaire parfait et les cohabitations) survenus lors de cette période. Enfin, et c'est une évidence à rappeler, les étudiant-es ne doivent pas omettre de s'appuyer sur le texte constitutionnel (mobiliser les articles pertinents de la Constitution) ainsi que sur la pratique qui a pu être observée, soit ici distinguer le droit et les faits pour pouvoir mener une analyse aussi précise que possible.

C'est donc un sujet qui en apparence peut être assez aisé à cerner mais qui oblige à retenir également des grilles d'analyse plus larges afin de pouvoir conduire un raisonnement complet et nuancé. De la sorte le plan général peut ne pas être trop compliqué à bâtir et dans ce sens, un plan dit classique peut convenir si besoin sous la forme d'un découpage en deux temps entre le statut du Premier ministre et ses pouvoirs, à condition toutefois de le subdiviser entre droit et faits ou texte constitutionnel et pratique institutionnelle, au risque de proposer un travail descriptif et sans relief.

Le brouillon sera donc comme toujours un passage obligé et nécessaire afin de bien ordonner toutes les idées principales pour ensuite les mettre en perspective avec les cadres d'analyses retenus. Cela exige alors de procéder à un tri ordonné des connaissances utiles et de ne pas tomber dans le travers descriptif qui peut surgir. Une dissertation est un exercice invitant à une présentation ordonnée des connaissances afin de suggérer une démonstration qui peut apparaître dès les intitulés du plan.

Trois conseils peuvent être formulés pour traiter ce sujet dans les conditions d'un examen de trois heures en première année de droit.

Le premier conseil porte sur les définitions, encore et toujours, qui servent à cadrer le sujet dans sa généralité. Ici, la notion de régime parlementaire (rationalisé) doit être définie dès l'introduction afin de poser le cadre de la discussion avec le souci de relier les éléments de définition au sujet, donc terminer par l'Exécutif bicéphale au sein duquel le Premier ministre a dorénavant une place et un rôle constitutionnalisés.

Le second conseil porte sur le plan qui doit tenter d'exprimer le souci de prendre en compte le Premier ministre et les contextes politiques qui ordonnent sa place et son rôle. Il conviendra alors de toujours commencer la réflexion en posant le cadre constitutionnel (mobiliser les différents articles de la Constitution pertinents pour ce sujet), pour ensuite aborder les contextes politiques. Sera alors privilégié un plan en deux temps signalant que le Premier ministre est en fait majoritaire parfait plutôt effacé alors qu'en période de cohabitation, il sera davantage émancipé (du président de la République). Certes, ce dernier contexte est quantitativement moins important que le premier mais il a permis de découvrir une lecture plus parlementariste de la Constitution donnant à voir un Premier ministre en capacité d'agir seul, soutenu par une majorité politique à l'Assemblée nationale qui n'est plus celle du président.

Enfin, troisième conseil, il est nécessaire d'apporter un soin particulier à l'organisation et à l'énonciation des connaissances avant de passer à la rédaction. Ce temps de réflexion (au brouillon) doit permettre de bien ordonner les idées à l'intérieur de chaque partie afin d'assurer une progression des idées et leur analyse.

Il conviendra bien entendu de ne pas négliger la relecture finale tant sur la forme que sur le fond, ultime étape que l'étudiant-e omet (encore trop) souvent.

Plan du corrigé

I/ Un Premier ministre effacé en fait majoritaire parfait
- *A – Un statut spécifique*
- *B – Des pouvoirs contraints*

II/ Un Premier ministre émancipé en période de cohabitation
- *A – La nomination du Premier ministre dépendante de l'Assemble nationale*
- *B – Les pouvoirs élargis du Premier ministre en cas de cohabitation*

› Corrigé

À la suite de la séquence politique ouverte avec l'élection du président de la République au printemps 2022, la fonction de Premier ministre est devenue le centre de toutes les attentions. Cette fonction a depuis 1958 pris de l'ampleur dans le cadre de la nouvelle Constitution française qui consacre un régime parlementaire rationalisé. Enserrant les relations Exécutif-Législatif dans des procédures constitutionnelles strictes, l'ambition était de réduire le Parlement tout en restaurant un Exécutif bicéphale fort. En son sein, si la fonction présidentielle est réhaussée, celle de Premier ministre n'a pas été en reste. Certes, le gouvernement, et donc son chef, ne sont prévus qu'au titre III de la Constitution, mais plusieurs autres dispositions constitutionnelles en font mention, le renforçant par rapport à ce qu'il a été dans les Républiques antérieures. Dans ce régime parlementaire fondé sur la responsabilité du gouvernement devant le Parlement, le chef du gouvernement est précisément celui qui entretient des relations à la fois avec le Parlement mais aussi avec le président de la République ainsi qu'avec les autres membres du gouvernement. Ces relations constitutives de son champ de compétences s'articulent avec son statut constitutionnalisé tout en se déclinant selon les contextes politiques que la Ve République française a connus. Aussi, il sera question d'analyser la place et le rôle du Premier ministre dans ces contextes afin d'en évaluer les principales caractéristiques. Pour ce faire, nous verrons dans un premier temps un Premier ministre effacé en période de fait majoritaire parfait alors qu'il semble davantage émancipé (du président de la République) en période de cohabitation.

I/ Un Premier ministre effacé en fait majoritaire parfait

Avec l'apparition du fait majoritaire correspondant à la concordance des majorités présidentielles et parlementaires, le chef du gouvernement est conduit à être l'obligé du président de la République. Dans ce cadre pour autant, le Premier ministre dispose d'un statut spécifique (A) complété par des compétences lui permettant d'être un centre d'impulsion au sein du gouvernement (B), sous l'autorité du président de la République, ce qui tend à l'effacer politiquement.

A – Un statut spécifique

En vertu de l'article 8 alinéa 1 de la Constitution, le Premier ministre procède en effet de la seule volonté du président de la République puisque cette nomination relève des pouvoirs propres du chef de l'État tel qu'énoncés à l'article 19. Cette caractéristique statutaire fait du Premier ministre un acteur dépendant du Président, leader de la majorité à l'Assemblée nationale, que ne compense pas la possibilité d'engager sa responsabilité sur le fondement de l'article 49 alinéa 1, dont la lecture a varié selon les locataires de l'hôtel Matignon sans en faire une obligation et donc sans aucun lien avec une quelconque investiture comme sous le IVe République.

Cette dépendance se retrouve également lors de la nomination des autres membres du gouvernement dans la mesure où l'article 8 al. 2 précise que le président de la République, sur proposition du Premier ministre, nomme les membres du futur gouvernement et met fin à leurs fonctions. Si la démission du Premier ministre n'est possible que sur le fondement juridique des articles 49 alinéas 1, 2 ou 3, la pratique a découvert que dans les périodes de fait majoritaire parfait, le président a acquis un pouvoir de révocation de fait du Premier ministre en en faisant le maître de la durée de vie du gouvernement. Le célèbre exemple de M. Rocard en 1991 en témoigne. Un Premier ministre peut aussi décider de démissionner de sa propre initiative dont il est aisé alors de concevoir qu'il doit recevoir l'aval préalable du président de la République. Il s'ensuit alors une hiérarchisation au sein de l'Exécutif, entre un président décideur ultime et un Premier ministre exécutant, ce qui a constitué l'essentiel de la Ve République.

B – Des pouvoirs contraints

Si l'article 21 de la Constitution de 1958 dispose que le Premier ministre « dirige l'action du gouvernement », le gouvernement pour sa part « détermine et conduit la politique de la Nation » (art. 20) sous son autorité. En tant que véritable chef du gouvernement, il est amené à coordonner les ministres, il peut ainsi donner des instructions, suivre l'élaboration de leurs projets. Pour ce faire, le Premier ministre arbitrera les différends au sein du gouvernement et veillera au maintien de la solidarité gouvernementale. Cependant, comme le Conseil des ministres est présidé par le président de la République (art. 9), qui a nommé le Premier ministre, c'est bien le président qui demeure l'initiateur et le décideur principal du rythme et du contenu du travail gouvernemental. Le Premier ministre sera alors celui qui met en œuvre la politique du Président.

En outre, si le Premier ministre est doté de pouvoirs de nomination dans divers domaines, certes partagés avec le président de la République (art. 21), il est également chargé d'assurer l'exécution de la loi, lui conférant de manière classique, le pouvoir réglementaire. Différence majeure avec les Républiques précédentes, ce pouvoir ne se limite pas à l'autorisation de prendre de simples règlements d'application. Le chef du gouvernement peut user de son pouvoir réglementaire dans les matières autres que celles qui relèvent du domaine de la loi en vertu de l'article 37 qui a cependant été réduit sous l'effet de la jurisprudence du Conseil constitutionnel.

Le Premier ministre peut également intervenir dans la procédure législative, aussi bien au début (l'article 39 lui reconnaît l'initiative des lois concurremment aux membres du Parlement), qu'à la fin dans la mesure où, avec d'autres, il peut saisir le Conseil constitutionnel (art. 61, al. 1) pour lui demander de vérifier la conformité de la loi à la Constitution. Enfin, il lui est reconnu la possibilité d'engager la responsabilité de son gouvernement devant l'Assemble nationale, après en avoir délibéré en Conseil des ministres, dans des conditions précises de l'article 49, alinéa 1, ou 49, alinéa 3, tel que modifié en juillet 2008. Là aussi, dans toute l'étendue de ses compétences, le Premier ministre en fait majoritaire parfait n'agit politiquement que sous la tutelle présidentielle, souvent présenté comme un fusible du Président.

Si le texte constitutionnel de 1958 a souvent été lu et mis en œuvre sous l'empire du fait majoritaire parfait, faisant apparaître le Premier ministre comme l'obligé du président, de courtes périodes ont aussi permis de retrouver un Premier ministre libéré de cette tutelle.

II/ Un Premier ministre émancipé en période de cohabitation

Le Premier ministre en cas de cohabitation, c'est-à-dire dans un contexte où le Premier ministre dispose d'une majorité à l'Assemblée nationale qui n'est pas celle du président de la République, est alors davantage émancipé du président, ses prérogatives étant valorisées. Trois périodes, certes assez courtes, ont permis de lire la Constitution dans un sens affirmé du parlementarisme, valorisant le rôle politique du Premier ministre, tant à travers son statut que ses compétences.

A – La nomination du Premier ministre dépendante de l'Assemble nationale

L'article 8 alinéa 1 s'interprète différemment en cas de cohabitation. En effet, la nomination du Premier ministre dépend principalement de la majorité à l'Assemblée nationale, différente de celle du président de la République. Sauf à ce que le président démissionne, ce qui n'est jamais arrivé, il sera contraint de nommer le leader de la majorité de la Chambre basse. Il en a été ainsi pour les nominations de J. Chirac et E. Balladur par F. Mitterrand (respectivement en 1986 et 1993), puis celle de L. Jospin par J. Chirac (en 1997). Au surplus, le Premier ministre pourra, de manière opportune, engager sa responsabilité devant l'Assemblée nationale, sur le fondement de l'article 49-1, de sorte à se démarquer de la nomination présidentielle et ainsi s'assurer une légitimité renforcée.

Il en va de même lors de la nomination des autres membres du gouvernement. L'article 8 alinéa 2 se lit dès lors comme la prépondérance de la proposition du Premier ministre, liant le président de la République. Bien sûr ce dernier, comme F. Mitterrand l'a montré en 1986, peut refuser de signer le décret de nomination de certains ministres, obligeant le Premier ministre à revoir la composition de son équipe. Par la suite, dans les autres cas de cohabitations, les discussions préalables ont conduit à un accord permettant au Premier ministre de s'imposer en choisissant seul son équipe gouvernementale.

Enfin, s'agissant de la démission du Premier ministre, celle-ci ne peut être possible que dans le seul cadre constitutionnel (art. 49), en aucun cas le président de la République ne pourra tenter d'influer sur cette démission, excepté un choix personnel du chef du gouvernement, qui ne s'est jamais matérialisé.

Un tel statut marque bien l'émancipation du Premier ministre à l'égard du président de la République, majorée par ses compétences.

B – Les pouvoirs élargis du Premier ministre en cas de cohabitation

En période de cohabitation, l'article 21 de la Constitution prend sa pleine signification. Le Premier ministre dirige (seul) l'action du gouvernement dont ce dernier assure la conduite et la détermination de la politique de la nation (art. 20). Cette perspective donne à voir un Premier ministre, chef de gouvernement au sens plein du terme, en capacité d'agir dans son champ de compétences, sans restriction, afin de mener à bien son programme politique et non celui du président. Si le refus de signer des décrets (art. 13), des ordonnances (art. 38) ou de mettre en œuvre l'article 30 (ouverture d'une session extraordinaire du Parlement) par le Président est juridiquement possible, comme F. Mitterrand l'a illustré en 1986, il n'en reste pas moins que le Premier ministre dispose d'une large latitude pour mener à bien sa politique, sans entrave significative. Il peut user de toutes ses prérogatives envers le gouvernement dont il est le chef mais aussi envers le Parlement dont il est le leader de la majorité, notamment lors de la procédure législative dont il peut rythmer le déroulé, sans que le président puisse vraiment y faire obstacle, au-delà d'une prise de parole publique.

Toutefois, en ce qui concerne les questions internationales et celles de la défense, la Constitution et les pratiques ont conduit à conférer au Chef de l'État un « domaine réservé », qui demeure toutefois soumis à contreseing. Il s'agira alors d'un ensemble de compétences qui fera l'objet de subtiles discussions comme lors de la troisième cohabitation entre J. Chirac et L. Jospin l'a révélée. La cohabitation redonnant un espace d'expression et d'action au Premier ministre réorganise l'Exécutif sous une forme dyarchique plus affirmée, reflet d'une lecture plus parlementariste.

La fonction de Premier ministre a toujours été considérée comme riche mais épuisante que ce soit en soutien du Chef de l'État ou en opposition à lui. Cette configuration pour l'instant assez rare pourrait redevenir d'actualité en 2022, tant le paysage politique français a été fortement chamboulé depuis plusieurs années.

La Ve République

› *Dissertation*

Thème principal

Le Premier ministre

Mots-clés

Administration, Cohabitation, Gouvernement, Premier ministre, Présidentialisme

Que pensez-vous de cette phrase du professeur Pierre Avril évoquant le rôle du Premier ministre sous la Ve République : « s'il existe, il inquiète, s'il n'existe pas, il manque » ?

Sujet proposé et corrigé établi par

Jean-Jacques Urvoas, Maître de conférences HDR, Université de Bretagne occidentale

Second semestre 2021-2022

› Préparation

Analyse du sujet

Sur la forme : si le sujet traite du Premier ministre, il ne fallait pas se limiter à décrire les compétences que lui attribue la Constitution. En effet, le professeur Avril installe une problématique explicite reposant sur deux fonctions opposées indifféremment occupées par les chefs de gouvernement successifs depuis 1958.

Il était donc réducteur de résumer la phrase à une juxtaposition de la situation du Premier ministre en cas de concordance majoritaire (« il n'existe pas, il manque ») et de cohabitation (« il existe, il inquiète »). Georges Pompidou ou Édouard Philippe furent des Premiers ministres en harmonie politique avec les présidents qu'ils servaient (Charles de Gaulle et Emmanuel Macron) et pourtant leurs personnalités firent suffisamment ombrage aux chefs de l'État respectifs pour qu'ils s'en méfient. De même, Édouard Balladur entre 1993 et 1995, bien que cohabitant avec François Mitterrand ne fut jamais perçu par ce dernier comme une menace, tout simplement parce que le président socialiste n'envisageait pas de se représenter à l'issue de son second septennat.

La quasi-totalité des copies a retenu pourtant cette approche :
1 – La concordance fait du Premier ministre un chef de gouvernement effacé ;
2 – La cohabitation transforme le chef du gouvernement en menace pour un président affaibli. Si une telle construction n'était pas totalement erronée, elle ne traitait qu'imparfaitement le sujet tel qu'il était posé.

Sur le fond : l'intérêt du sujet était de dresser un portrait argumenté reposant tout à la fois sur les prérogatives constitutionnelles et sur les pratiques institutionnelles soulignant la diversité des positions politiques occupées par les titulaires de la fonction.

Il ne pouvait donc seulement s'agir d'énumérer les pouvoirs ou les compétences du Premier ministre mais de réfléchir sur l'usage qu'il peut en faire en fonction des paramètres politiques ou institutionnels.

Plan du corrigé

I/ Les moyens de s'opposer
A – Chef du gouvernement
B – Directeur de l'Administration

II/ Les raisons de s'aligner
A – Une interprétation présidentialiste
B – La servitude volontaire du Premier ministre

› Corrigé

Le Premier ministre joue un rôle capital dans le fonctionnement de la Ve République. D'une part, l'article 21 de la Constitution le charge de diriger l'action du gouvernement lequel, aux termes de l'article 20, détermine et conduit la politique de la nation. D'autre part, il est l'intermédiaire nécessaire entre les deux organes issus du suffrage universel direct que sont le président de la République et l'Assemblée nationale, qu'il relie l'un à l'autre. Cette conjoncture fait qu'en se rattachant à ces organes, ou éventuellement à l'un d'entre eux, le Premier ministre peut prétendre représenter la volonté populaire. Il leur emprunte alors leur légitimité pour la faire sienne. C'est cette perspective qu'exploita Jean-Luc Mélenchon, le 25 avril 2022 en proclamant à destination des électeurs « Élisez-moi Premier ministre ! ».

Normalement, le Premier ministre se rattache à la fois au Président et à la majorité parlementaire dès lors qu'ils partagent une même orientation politique. Lorsqu'il en est ainsi, le poids symbolique du chef de l'État élu s'impose et le Premier ministre nommé apparaît comme l'homme du Président. Mais, il n'en est pas moins aussi l'homme de la majorité puisque, en vertu de l'article 49, il est politiquement responsable devant elle. On sait qu'il en a été ainsi de 1958 à 1986. Mais pour autant, cette configuration ne le contraint pas systématiquement à s'effacer. Plusieurs titulaires de la fonction (Georges Pompidou, Laurent Fabius, Dominique de Villepin, Manuel Valls ou Édouard Philippe) surent – tout en veillant à leur loyauté vis-à-vis du chef de l'État – imprimer leur marque dans le fonctionnement de l'État, au point parfois d'inquiéter le président. Par prudence, il est courant que les locataires de l'Élysée voient souvent ceux de l'hôtel Matignon comme de potentiels concurrents politiques…

Mais paradoxalement, quand la distorsion d'orientations politiques apparaît entre le Président et l'Assemblée, le Premier ministre cesse d'être l'homme du premier mais demeure – et plus que jamais – l'homme de la seconde. Son pouvoir est alors nettement plus étendu. Tel a été le cas en 1986, en 1993 et enfin entre 1997 et 2002. Mais curieusement, Édouard Balladur, pourtant soutenu par une majorité hostile au Chef de l'État, ne fut jamais perçu par celui-ci comme un adversaire ni même comme un challenger.

La fonction de chef de gouvernement ministre est donc bien inconfortable. « Un Premier ministre ne doit pas avoir d'ambition. Il ne doit que peiner et souffrir, jour et nuit » constatait Edith Cresson sur ce qu'elle endurait à Matignon, soulignant ainsi ce qui différencie fondamentalement les deux fonctions : la première requiert du courage et de l'endurance, la seconde, du recul et une vision. La première est de type sacrificiel, la seconde d'essence monarchique.

C'est ce que décrit, en parfait connaisseur de la Ve République, le professeur Pierre Avril en forgeant sa formule « s'il existe, il inquiète, s'il n'existe pas, il manque ». Le contexte et les personnalités sont donc des paramètres qui pèsent dans l'exercice de la fonction de chef du gouvernement, au moins autant que les prérogatives prévues par la Constitution. En vérité, le passage à Matignon dépend tout simplement du choix de l'impétrant. En droit constitutionnel, les textes ne sont que le cadre du jeu politique, pas ses règles. Rien n'est jamais définitif. Soit il s'appuie sur les moyens mis à sa disposition pour exercer sa fonction et celui peut lui permettre de s'opposer au chef de l'État (I), soit il privilégie l'esprit de la Ve République tel que le général de Gaulle eut maintes fois l'occasion de l'expliquer et il y trouvera toutes les raisons de s'aligner sur le président de la République (II)

I/ Les moyens de s'opposer

Dans la Constitution, le Premier ministre « dirige l'action du gouvernement » ce qui lui permet de « détermine[r] et [de] conduir[e] la politique de la nation ». Son rôle est donc au moins comparable en importance à celui confié au président. Et de fait, aucune hiérarchie fonctionnelle n'est instituée par la Loi Fondamentale.

S'il le souhaite ou si le contexte l'y incite (cohabitation), il peut donc contester la primauté politique au président en s'appuyant sur différentes prérogatives.

A – Chef du gouvernement

Bien qu'aucun titre de la Constitution ne lui soit consacré, le Premier ministre est le véritable chef du gouvernement. Deux paramètres l'y autorisent : il dispose d'une prééminence sur les autres ministres et il exerce une autorité sur les administrations de l'État.

1 • Une prééminence acceptée

S'il n'est pas le supérieur hiérarchique des ministres (ce que confirma le Conseil d'État : 13 juin 1961, *Premier ministre c/ Bestaux*), il bénéficie d'une autorité politique qui se constate à chacune des étapes de l'existence du gouvernement. Ainsi au moment de sa composition, le second alinéa de l'article 8 prévoit que « sur proposition du Premier ministre, [le Président] nomme les autres membres du gouvernement et met fin à leurs fonctions ». Dès lors, *de facto*, son action est juridiquement déterminante même si dans la pratique, il est reconnu que la réalité de cette capacité de proposition est politiquement plus relative. De plus, le Premier ministre peut aussi exercer un véritable pouvoir disciplinaire en demandant au chef de l'État de révoquer un ministre. L'histoire de la Vᵉ République regorge ainsi d'exemples attestant de l'exercice de cette prérogative. Dans le quinquennat qui vient se terminer les départs de la ministre des sports Laura Flessel en septembre 2018 ou de celui de la transition écologique François de Rugy en juillet 2019 en sont des illustrations notables. Tous les deux étaient au cœur de polémiques médiatiques qui altéraient la sérénité gouvernementale. Formellement, c'est un décret du Président contresigné par le Premier ministre qui matérialise le départ du gouvernement.

L'autorité du chef de gouvernement se manifeste aussi à l'occasion de son départ de Matignon. En effet, conformément à l'article 8 dont la sobriété résonne, sa démission entraîne celle de son équipe ministérielle.

Enfin, l'article 21 lui confiant la « direction » de l'action du gouvernement, son activité témoigne de sa capacité à le démontrer en permanence. Michel Rocard dans ses mémoires publiées en 2010 revendiquait d'ailleurs trouver dans les arbitrages qu'il prenait la source principale de sa puissance. « Je serai amené non pas, comme le donne à penser une expression usitée mais impropre à "rendre des arbitrages", mais bien à prendre des décisions » écrivait-il ainsi. Et s'il fallait encore une illustration, la préparation annuelle du budget la fournirait. En effet l'article 38 de la loi organique du 1ᵉʳ août 2001 relative aux lois de finances prescrit que « sous l'autorité du Premier ministre, le ministre chargé des finances prépare les projets de loi de finances, qui sont délibérés en conseil des ministres ». *In concreto* cela se manifeste par la publication des « lettres-plafonds » signées par le chef du gouvernement et adressées aux départements ministériels dans la seconde quinzaine de juillet dont le contenu contraignant est sans appel.

2 • Une capacité d'impulsion reconnue

La décision politique a gagné en complexité, elle ne peut plus être le fait d'un homme seul mais elle résulte d'un ordre négocié. La cohérence de l'action gouvernementale est donc une condition de l'efficacité. Rares sont les politiques publiques qui ne sont pas transversales. Aussi puisque l'histoire a bâti l'administration française sur un mode vertical, il est indispensable de veiller à l'harmonisation de son action dans la résolution de problèmes se posant de manière horizontale. Partant, cette contrainte a logiquement renforcé la fonction d'impulsion et de commandement du Premier ministre. Ainsi par exemple, s'est lentement installée une coutume qui conduit les chefs de gouvernement à adresser dès leur nomination, une circulaire de méthode à tous leurs ministres.

Vis-à-vis du président, le Premier ministre dispose aussi d'une capacité de proposition. Ainsi, l'organisation d'un référendum suppose une démarche préalable du gouvernement, et donc dans les faits, de sa part (article 11). Il en est de même pour toute initiative de révision qui ne peut intervenir que sur sa proposition (article 89). Il faut encore ajouter le fait que si les sessions extraordinaires du Parlement sont ouvertes et closes par un décret du Président, leur convocation répond à une demande du Premier ministre (ou de la majorité des membres composant l'Assemblée nationale – article 29). Sans oublier naturellement, le fait qu'il est l'autorité désignée par la Constitution pour déposer devant le Parlement, des projets de loi ordinaires. Ni le président, ni les ministres n'ont ce pouvoir.

B – Directeur de l'Administration

L'hôtel Matignon est le « siège du pouvoir immédiat » selon les mots d'un ancien secrétaire général de la présidence de la République. Aussi le Premier ministre décide davantage que quiconque dans l'État. « Que fait Matignon ? Tout. Et ce qui ne se fait pas à Matignon, au minimum, y passe » écrivait Guy Carcassonne. La comparaison avec le Président tourne ici à l'avantage du Premier ministre car le chef de l'État ne dispose pas d'administrations permanentes.

Naturellement, l'exercice du pouvoir réglementaire confié par l'article 21 y contribue. Le Président n'est en effet que le titulaire d'exception de ce pouvoir par le biais des décrets en conseil des ministres (article 13). Les ministres en sont tout autant dépourvus (CE, sect., 23 mai 1969, *Société Distilleries Brabant et Cie*), bénéficiant seulement de la capacité d'organiser leurs services (CE, sect., 7 févr. 1936, *Jamart*). Le Premier ministre est donc sans conteste le premier producteur de normes juridiques dans le pays.

L'article 21 lui confère ensuite la responsabilité de l'exécution des lois, ce qui n'était pas le cas sous les IIIe et IVe Républiques où ce pouvoir appartenait au président de la République. La production des décrets d'application relève dès lors de son autorité. Son instrument principal est alors le Secrétariat Général du Gouvernement dont la discrétion a longtemps dissimulé la fonction rôle stratégique. Installé dans les locaux de Matignon, le SGG est un point de passage obligé de la décision gouvernementale, tout à la fois garant de leur sécurité juridique et de leur ordonnancement normatif.

En sus du SGG, le Premier ministre dispose dans bien des domaines, de structures dédiées à la coordination : Secrétariat Général aux Affaires Européennes, Secrétariat Général à la Modernisation de l'Action Publique, Secrétariat Général à la Défense et à la Sécurité Nationale.

Ainsi même s'il devait simplement être relégué à l'art de l'exécution, le Premier ministre resterait une pièce maîtresse du dispositif institutionnel. Le professeur Avril parle donc d'or quand il affirme que « s'il n'existe pas, il manque ».

II/ Les raisons de s'aligner

Si le Premier ministre assure une fonction clé de la Ve République en raison de ses nombreux pouvoirs, les différents titulaires n'eurent que rarement les moyens de les employer pleinement. En effet, l'environnement politique comme les configurations institutionnelles sont des contraintes indépassables. En dépit de ce « dualisme démocratique » selon la formule de Carré de Malberg, organisée par la Constitution, « s'il existe, il inquiète » pour reprendre les mots de Pierre Avril.

A – Une interprétation présidentialiste

Ce sont évidemment au premier chef, les différents présidents qui ont veillé à encadrer l'autonomie théorique des Premiers ministres. Ainsi dans une récente émission de France 2, Nicolas Sarkozy a clairement synthétisé la situation : « celui qui décide c'est celui qui est élu pas celui qui est nommé » (3 mai 2022). Le constat est d'autant plus imparable que l'origine de cette interprétation audacieuse de la Constitution est bien antérieure au quinquennat.

1 • Le postulat de la domination

Elle remonte aux premières années du régime où le général de Gaulle qui avait une conception très hiérarchique du dualisme institutionnel, eut très tôt le souci de déplacer le centre de gravité du pouvoir vers le chef de l'État. S'il avait accepté le bicéphalisme de l'exécutif en 1958 comme un compromis passé avec ses alliés attachés à la nature du régime parlementaire, dès son installation à l'Élysée, il s'employa à le vider concrètement de sa réalité. Ni Michel Debré qui fit constamment primer sa fidélité gaulliste sur ses propres convictions parlementaristes, ni son immédiat successeur Georges Pompidou n'eurent les moyens, si tant est qu'ils en aient eu le désir, de s'y opposer, ouvrant ainsi la voie à un détournement durable de la lettre constitutionnelle.

À ce titre, c'est donc Georges Pompidou qui est le véritable père de la présidentialisation du régime puisque, pourtant dépourvu de la légitimité historique du général, il n'hésita pas à endosser sa lecture offensive des prérogatives du chef de l'État. C'est donc lui qui installa une tradition de laquelle les autres présidents de la République ne se sont pas éloignés, pas même François Mitterrand pourtant premier et éloquent contempteur des institutions gaullistes.

Cette leçon constitutionnelle de l'évolution de la Vᵉ République ne devait jamais être démentie : les changements constitutionnels ne créent jamais qu'une nouvelle donne, dans la pratique, c'est l'exercice des droits qui bouleverse le réel.

2 • L'évidence de la pratique

Forts de la légitimité conférée par le suffrage universel, tous les présidents ne se sont pas contentés des pouvoirs propres dont la Constitution les dotait.

Ces derniers sont pourtant nombreux afin de leur permettre de peser sur le fonctionnement du régime. Outre ceux qui ont déjà été évoqués, il faut notamment rajouter la présidence du Conseil des ministres (article 9), le droit de dissolution (article 12), la prise en charge de tous les pouvoirs en cas de nécessité (article 16), le message à la nation et discours au Congrès (article 18 alinéas 1 et 2), une capacité diplomatique décisive (article 52) et quelques prérogatives à l'égard du Conseil constitutionnel (articles 54/56/61).

Il convient cependant de les ramener à leur juste proportion. En eux-mêmes, ces pouvoirs ne sont pas tous de nature à accorder aux présidents une position éminente. En réalité, seuls deux constituent de véritables armes entre leurs mains : la dissolution et les pleins pouvoirs de l'article 16. Aussi pour pouvoir devenir la figure centrale du régime, il fallait une interprétation extensive de la sphère présidentielle. De Gaulle l'assuma comme en témoigne sa déclaration du 31 janvier 1964 : « Il doit être évidemment entendu que l'autorité indivisible de l'État est confiée tout entière au Président par le peuple qui l'a élu, qu'il n'en existe aucune autre, ni ministérielle, ni civile, ni militaire, ni judiciaire, qui ne soit conférée et maintenue par lui ». Avec un tel postulat, le Premier ministre était condamné à n'être que le second du régime. Pour l'avoir oublié, Georges Pompidou qui était sorti triomphant de la gestion des événements de mai 1968, fut remplacé le 10 juillet de la même année par Maurice Couve de Murville dont la loyauté au général de Gaulle était un gage de tranquillité.

Cet acte fondateur démontrait la hiérarchie réelle. Un Premier ministre n'est pas l'émanation de la majorité parlementaire, mais l'exécutant dévoué de la volonté présidentielle. Une coutume naissait qui aurait pu disparaître avec le départ du fondateur de la Ve République, elle s'est pourtant poursuivie par choix des locataires de l'hôtel Matignon.

B – La servitude volontaire du Premier ministre

Une responsabilité politique n'est jamais totalement subie. Les conditions de son exercice dépendent pour une part non négligeable de l'acceptation du titulaire de la fonction. Dans le cas d'espèce, le cadre constitutionnel a favorisé cette soumission obligée.

1 • Nommé discrétionnairement

L'article 8 ne pose aucune contrainte au président de la République dans le choix de son Premier ministre. Ainsi il n'existe plus, comme sous la IVe République, de vote d'investiture ou comme au Royaume Uni d'obligation de nommer le chef du parti vainqueur des élections législatives.

Cette prérogative qui appartient à la catégorie des « pouvoirs propres » du chef de l'État, c'est-à-dire qu'il exerce sans besoin de contreseing a eu pour conséquence de transformer les rapports entre ces deux fonctions. Dans les républiques précédentes, l'autonomie du chef du gouvernement vis-à-vis du président provenait de son investiture par le Parlement. La Ve République a inversé la situation : le Premier ministre doit principalement avoir la confiance du Président. Il s'en déduit une convention d'une responsabilité non écrite du Premier ministre devant le président…

Certes, en période de cohabitation, le président perd cette liberté de choix. Il est contraint de suivre la volonté du peuple, exprimée lors des élections législatives, et doit nommer le chef de la formation dominante de la nouvelle majorité au poste de Premier ministre. Mais l'adoption du quinquennat ainsi de la loi organique du 15 mai 2001 plaçant le renouvellement législatif quelques semaines après le choix du chef de l'État a rendu improbable le retour d'une telle configuration politique. De ce point de vue, ces modifications sonnèrent comme un enracinement supplémentaire pour la présidentialisation du régime, contribuant à l'effacement politique du Premier ministre et à sa rétractation à une simple fonction de coordination.

2 • Révoqué arbitrairement

L'article 8 de la Constitution, et de Gaulle l'avait d'ailleurs confirmé en 1958, n'autorise pas le président à renvoyer le Premier ministre. Seule l'Assemblée peut renverser l'ensemble du gouvernement en lui retirant sa confiance (selon les modalités fixées par l'article 49-2), la censure entraînant automatiquement la démission du Premier ministre comme le prévoit l'article 50.

Cependant, une pratique s'est instituée reconnaissant au Président une maîtrise de la durée de vie du gouvernement. Ainsi il y eut des démissions de courtoisie donnée par le Premier ministre après une élection présidentielle ou législative (François Fillon en 2012, Bernard Cazeneuve en 2017, Jean Castex en 2022), des démissions imposées par un chef de l'État qui souhaitait changer de Premier ministre (Michel Rocard en 1991) ou encore des démissions concertées dans le but de permettre au Président de reprendre la main (Jean-Marc Ayrault en 2014, Édouard Philippe en 2020). Mais c'est naturellement la démission volontaire qui correspond le mieux à l'esprit de la Constitution. Ce ne fut pourtant le cas qu'en 1976 avec Jacques Chirac qui constatait ainsi un désaccord avec le président de la République Valéry Giscard d'Estaing.

Entre la théorie et la pratique, il y a ici un abîme puisque le président a conquis un pouvoir de révocation que la Constitution ne lui confiait pas. Naturellement, dans les périodes d'exception que furent celles de la cohabitation, les choses étaient différentes. Aucun président ne se risqua d'ailleurs à demander de démission, assuré que le Premier ministre soutenu par sa majorité parlementaire lui opposerait un refus outragé.

Il reste que cette servitude choisie présente au moins un avantage, si le Premier ministre n'assume pas ses compétences pourtant réduites aux acquêts, il manquera au président, juridiquement incapable d'agir.

La Ve République

Thème principal

Le Premier ministre

Mots-clés

Désignation

› *Commentaire de texte : entretien de Jean-Luc Mélenchon avec le journaliste Bruce Toussaint sur BFM TV, 19 avril 2022 (extraits)*

« Je suis venu ce soir vous dire une chose. Je demande aux Français de m'élire Premier ministre. Je leur demande, pour m'élire Premier ministre, d'élire une majorité de députés Insoumis. Insoumis et Union populaire. Et j'appelle tous ceux qui veulent rejoindre l'Union populaire, c'est-à-dire l'essentiel de son programme, à se joindre à nous pour cette belle bataille. Il y a donc un troisième tour. Il n'y a pas seulement un deuxième tour. Il y a un troisième tour. […] Moi je ne veux pas que Mme Le Pen prenne le pays et je ne veux pas que M. Macron garde le pouvoir. […] Je serai donc le Premier ministre, pas par la faveur ou la grâce […] de M. Macron ou de Mme Le Pen, mais parce que les Français l'auront voulu. […] Ce sont les Français qui décident de qui va être le chef du gouvernement. »

Sujet proposé et corrigé établi par

Mathilde Heitzmann-Patin, Professeur, Université du Mans

Second semestre 2021-2022

› *Préparation*

Analyse du sujet

Ce sujet est un sujet d'actualité relatif aux relations entre les pouvoirs, plus spécifiquement aux modalités de désignation du Premier ministre. Un tel sujet doit être traité en le contextualisant. Il montre l'importance, pour les étudiants, de travailler non seulement le cours et les travaux dirigés mais de suivre également l'actualité constitutionnelle et politique. Comme pour tout commentaire de texte, il faudra prendre garde à sa bonne compréhension pour éviter les contresens. Par ailleurs, la méthode du commentaire devra être scrupuleusement respectée, notamment en débutant chaque sous-partie par une référence, directe ou indirecte, au texte soumis à commentaire. Comme pour tout sujet, il n'existe pas un seul plan possible. Le corrigé ici proposé n'est donc pas le seul acceptable et il s'agit d'un exemple de ce qui pouvait être fait. Ce n'est donc pas « le » corrigé mais « un » corrigé.

Plan du corrigé

I/ Une conception inexacte du rôle de l'élection législative dans la nomination du Premier ministre
- *A – L'absence d'élection du Premier ministre par le corps électoral*
- *B – L'influence déterminante de la majorité élue à l'Assemblée nationale*

II/ Une volonté de modifier les rapports de pouvoir
- *A – La volonté de faire obstacle à l'élection d'une majorité présidentielle*
- *B – Le souhait du retour à la cohabitation*

› *Corrigé*

Depuis la révision constitutionnelle de 1962, l'élection présidentielle s'est imposée en France comme un moment clef de la vie politique de la Ve République. En effet, contrairement à ce que prévoyait la Constitution de 1958 lors de son adoption, le président de la République est désormais élu au suffrage universel direct, et non plus par un collège électoral élargi. Fort de cette légitimité renforcée, le président s'est imposé comme tête de l'exécutif qui détermine et conduit la politique de la nation, à rebours de l'article 20 de la Constitution confiant cette mission au gouvernement, sous la direction du Premier ministre. C'est cette prédominance présidentielle qu'entend contester, dans le texte soumis à commentaire,

Jean-Luc Mélenchon, candidat déçu de l'élection présidentielle d'avril 2022. Avec presque 22 % des suffrages, le président du parti La France Insoumise est arrivé troisième, aux portes du second tour qui a opposé Marine Le Pen à Emmanuel Macron. C'est le 19 avril 2022, entre les deux tours de l'élection présidentielle, que Jean-Luc Mélenchon a accordé un entretien télévisé au journaliste Bruce Toussaint. Ne souhaitant soutenir aucun des deux candidats restants, l'homme politique présente une supposée troisième voie dans laquelle il deviendrait Premier ministre, à la suite des élections législatives devant se tenir en juin 2022. Il serait donc le Premier ministre d'un président opposé à ses idées politiques. Le texte présenté illustre alors une double actualité dans la mesure où les propos ont été tenus pendant l'entre-deux tours mais aussi parce qu'ils s'inscrivent dans un débat relatif au retour au septennat. En effet, les deux candidats en tête de l'élection présidentielle ont proposé de modifier la durée du mandat du Président qui durerait de nouveau sept ans, remettant en cause la révision constitutionnelle de 2000. Or, le souhait de Jean-Luc Mélenchon d'un régime « discordant » aurait été plus aisément réalisable dans une configuration dans laquelle les élections législatives ne suivaient pas les élections présidentielles de quelques semaines.

L'on peut donc se demander en quoi l'entretien de Jean-Luc Mélenchon illustre une remise en cause de la structuration du régime parlementaire français.

Si l'analyse juridique des propos de Jean-Luc Mélenchon sur l'élection du Premier ministre peut être remise en cause (I), la volonté de ce dernier est en réalité de rompre avec la répartition des pouvoirs au sein du régime parlementaire français (II).

I/ Une conception inexacte du rôle de l'élection législative dans la nomination du Premier ministre

Si Jean-Luc Mélenchon affirme que le Premier ministre sera choisi par le corps électoral, en l'absence de tout fondement constitutionnel (A), il n'en demeure pas moins que l'élection des députés à l'Assemblée nationale ne peut être dissociée du processus de désignation de cette autorité (B).

A – L'absence d'élection du Premier ministre par les Français

Jean-Luc Mélenchon présente, lors de son entretien, une demande : « Je demande aux Français de m'élire Premier ministre. » Cette requête est pour le moins surprenante dans la mesure où la Constitution du 4 octobre 1958 ne prévoit pas une telle élection. Le régime de la Ve République est un régime parlementaire, comprenant un pouvoir exécutif bicéphale composé du président de la République et du Premier ministre. L'article 8, alinéa 1er de la Constitution dispose que « Le président de la République nomme le Premier ministre. » Cette compétence n'implique d'abord aucune élection puisqu'il s'agit d'une nomination. La désignation du Premier ministre ne fait l'objet d'aucune opération électorale. Aucune condition n'est posée ensuite pour le choix du Premier ministre. Enfin, la nomination du Premier ministre constitue un pouvoir propre du président, c'est-à-dire un pouvoir qu'il exerce seul, sans contreseing. Dans la logique originelle du régime parlementaire, le Premier ministre et son gouvernement permettaient de protéger le souverain qui n'était pas responsable. Aujourd'hui, le président de la République en France est irresponsable et son Premier ministre est présenté comme un « fusible ». Pour autant, si le Premier ministre ne peut en aucun cas être élu par les Français, il est vrai que l'élection des députés à l'Assemblée nationale joue un rôle clef dans le choix de ce dernier.

B – L'influence déterminante de la majorité élue à l'Assemblée nationale

Dans la suite de son propos, Jean-Luc Mélenchon précise sa démarche : « Je leur demande, pour m'élire Premier ministre, d'élire une majorité de députés Insoumis. » Il explique ici que l'élection du Premier ministre et, plus précisément, son élection comme Premier ministre, passe par celle d'une majorité de députés de son parti politique ou alliés à lui. Si parler d'élection du Premier ministre est juridiquement incorrect, le fonctionnement d'un régime parlementaire impose en effet que le gouvernement soit issu de la majorité élue au sein de la chambre basse. L'histoire constitutionnelle française a montré l'importance de ce fonctionnement comme sous la IIIe République. Dès lors, pour éviter un renversement du gouvernement par l'Assemblée nationale sur le fondement de l'article 49 alinéa 2 de la Constitution, le président de la République se doit de nommer un Premier ministre soutenue par cette dernière. Ainsi, l'accession au poste de Premier ministre de Jean-Luc Mélenchon passerait, en premier lieu, par l'acquisition d'une majorité à l'Assemblée nationale de son parti politique. Pour autant, le Président reste libre du choix de la personne, même s'il est encadré par la tendance politique qui se dégage de la chambre basse du Parlement. Contrairement au cas de la Grande-Bretagne où le souverain, suivant la coutume constitutionnelle, doit nommer Premier ministre le chef du parti politique arrivé en tête aux élections à la Chambre des communes, une relative souplesse existe en France.

Les propos de Jean-Luc Mélenchon sont donc volontairement erronés d'un point de vue juridique *stricto sensu*. Si l'élection de juin 2022 aura bien une influence sur le choix du Premier ministre, la Constitution de 1958 ne prévoit pas d'opération électorale pour ce faire. Le Premier ministre est nommé par le président de la République. Toutefois, l'entretien soumis à commentaire n'a pas pour objet de faire un tour d'horizon des règles constitutionnelles françaises. Plutôt, Jean-Luc Mélenchon met en avant son objectif de rebattre les cartes du jeu politique et de changer la répartition des pouvoirs au sein de l'exécutif bicéphale.

II/ Une volonté de modifier les rapports de pouvoir

En mettant en avant le souhait de remettre en cause la prédominance présidentielle au sein du régime parlementaire français (A), Jean-Luc Mélenchon fait le vœu silencieux de la cohabitation (B).

A – La volonté de faire obstacle à l'élection d'une majorité présidentielle

« Il y a donc un troisième tour. Il n'y a pas seulement un deuxième tour. Il y a un troisième tour. » C'est ainsi que Jean-Luc Mélenchon explique que le second tour de l'élection présidentielle n'est pas, pour lui, une fatalité. Au moment où il prononce ces mots, la campagne pour l'élection oppose Marine Le Pen à Emmanuel Macron.

L'on sait donc que le futur président sera l'un ou l'autre de ces deux candidats. Depuis la réforme du quinquennat et le rétablissement du calendrier électoral, le président est élu deux mois avant le renouvellement de l'Assemblée nationale. Les présidents nouvellement élus cherchent donc à faire élire une majorité qui leur est favorable de manière à mettre en place ce que l'on appelle une concordance des majorités. Dans cette configuration politique, le gouvernement, issu de la majorité à l'Assemblée, et le président de la République, sont de la même couleur politique. Le Premier ministre est alors, le plus souvent, lié par les volontés du président et a pu être vu comme un « collaborateur » selon les mots du Président Sarkozy, ou encore comme « un coéquipier aidant le capitaine » selon les mots de Jacques Chaban-Delmas. Par l'expression « troisième tour », Jean-Luc Mélenchon affirme qu'il n'y a aucune obligation d'élire une majorité au président pour qu'il mette en œuvre son programme. Il désire, sans la nommer, un retour à la cohabitation.

B – Le souhait du retour à la cohabitation

En affirmant « Je serai le Premier ministre », Jean-Luc Mélenchon affirme qu'il sera soit le Premier ministre de Marine Le Pen, soit le Premier ministre d'Emmanuel Macron, deux candidats auxquels il s'est fermement opposé et auxquels il s'oppose toujours. Il souhaite donc devenir le Premier ministre d'un président dont il ne partage pas les idées politiques : c'est l'hypothèse de la cohabitation. Dans ce cadre, le président de la République et le gouvernement ne sont pas de la même couleur politique. L'on revient, en quelque sorte, à la lettre de la Constitution dans la mesure où c'est le gouvernement, soutenu par sa majorité à l'Assemblée nationale, qui détermine et conduit la politique de la nation. Ainsi, si Jean-Luc Mélenchon ne veut pas que Mme Le Pen « prenne le pouvoir » ou que M. Macron le « garde », en tant que président sortant, alors que l'un ou l'autre est sur le point d'accéder à la tête de l'État, c'est qu'il considère qu'en cohabitation, le pouvoir appartient au gouvernement et qu'il pourra appliquer « l'essentiel du programme » de l'Union populaire. Pour autant, Jean-Luc Mélenchon se garde d'évoquer d'abord les pouvoirs propres qui resteront dans les mains seuls du président de la République (comme le droit de dissolution de l'Assemblée nationale) mais aussi, ensuite, les difficultés résultant d'une telle situation de cohabitation. Ainsi, des blocages peuvent survenir en cas de désaccord entre président et Premier ministre. La cohabitation entre François Mitterrand et Jacques Chirac en est un exemple topique, M. Mitterrand ayant refusé de signer des ordonnances soumises par Jacques Chirac en 1986. Ce dernier dut alors utiliser la procédure législative pour faire adopter ces textes. Enfin, il est cocasse de remarquer que Jean-Luc Mélenchon souhaite être « élu » Premier ministre alors qu'il n'est pas candidat aux élections législatives. S'il n'a aucune certitude d'être nommé, même en cas de victoire de son parti aux élections législatives, il n'en a d'autant moins qu'il a fait le choix de ne pas être candidat à la députation.

La Vᵉ République

› *Dissertation*

Le Parlement possède-t-il le monopole pour élaborer la loi ?

Thème principal

Le Parlement

Mots-clés

Élaboration de la loi

Sujet proposé et corrigé établi par

Bertrand Faure, Professeur à Nantes Université

Second semestre 2021-2022

› Préparation

Analyse du sujet

Le sujet est axé sur des connaissances de base acquises par le cours et les séances de travaux dirigés. Ces connaissances requises sont au cœur de la compréhension du régime de la Ve République qui est un régime qui pratique, pour la première fois en France de manière systématiquement organisée, le parlementarisme rationalisé. On pourra plus ou moins précisément comprendre que la rationalisation du parlementarisme consiste dans l'adoption d'un ensemble de techniques juridiques, reposant essentiellement sur des règles de procédure et de compétence, visant à limiter les pouvoirs du Parlement au profit de l'exécutif. Ces techniques foisonnent dans le texte de la Constitution de 1958. Bien sûr, le Parlement de la Ve République garde la vocation qui est la sienne pour tout régime parlementaire : élaborer la loi et contrôler le gouvernement. Cependant l'élaboration de la loi n'est plus son domaine réservé sur lequel elle agirait en monopole. De différentes manières, l'exécutif ou le peuple collaborent à sa tâche. Il va s'agir de les recenser et de les présenter de manière organisée. Une distinction sautera aux yeux des étudiants – à tout le moins peut-on l'espérer – quant à l'atteinte portée au monopole du Parlement : il s'agit de distinguer les cas où la loi est décidée en dehors du Parlement, soit par le peuple (référendum), soit par le gouvernement (ordonnance), des cas où la loi, bien que votée par le Parlement, est coconstruite par le gouvernement intervenant au moyen des procédures de rationalisation du parlementarisme que le constituant de 1958 a dessiné à son profit.

Le sujet a donc pour intérêt de réfléchir au problème de l'équilibre des pouvoirs sous la Ve République, équilibre redéfini, à l'encontre des pratiques des républiques précédentes, dans un sens plus favorable à l'exécutif.

La Ve République est également césariste : elle permet au président de la République de s'adresser quasi-directement au peuple, par-dessus la tête des députés et des partis politiques, pour obtenir des lois populaires.

Les étudiants doivent posséder les connaissances requises. Or, elles sont nombreuses et s'accumulent même en traversant l'ensemble du cours de droit constitutionnel du second semestre. Mais la véritable difficulté de l'épreuve, consiste, de manière plus considérable encore, à les ordonner dans le cadre d'un plan logique permettant de faire le tour du sujet.

Cette précision mérite d'être apportée. À propos de la « loi » telle qu'énoncée dans le sujet, l'étudiant pourra se tenir à la loi ordinaire et laisser de côté le problème des lois organiques, des lois constitutionnelles et de la révision de la Constitution, même s'il y a lieu néanmoins d'évoquer l'article 11 ici.

Plan du corrigé

I/ Le Parlement est dépossédé de l'élaboration de la loi
A – La loi peut être adoptée par le peuple sur invitation du président de la République
B – La loi peut être adoptée par le gouvernement sur invitation du Parlement
II/ Le Parlement partage l'élaboration de la loi
A – L'initiative partagée de la loi
B – Le contrôle de la procédure parlementaire
C – Le contrôle du contenu de la loi

› *Corrigé*

I/ Le Parlement est dépossédé de l'élaboration de la loi

A – La loi peut être adoptée par le peuple sur invitation du président de la République

Il s'agira ici d'évoquer le référendum de l'article 11 de la Constitution, même si l'étude qui en est faite le plus souvent dans les cours de droit constitutionnel le rattache au thème de la révision de la Constitution. On sait que ce rattachement à la révision de la Constitution est accidentel avec l'épisode de 1962 (référendum 28 octobre 1962), le président de Gaulle, faisant adopter, par cette voie, l'élection du président de la République au suffrage universel direct. Cet article était imaginé au départ pour produire des lois ordinaires et reste disponible à cet effet. Notons tout de même que la loi adoptée sur le fondement de l'article 11, qu'elle soit dans le domaine de la loi ou celui de la Constitution, est soustraite à tout contrôle du Conseil constitutionnel (Cons. const. n° 62-20 DC du 6 nov. 1962).

Les étudiants pourront exposer certains éléments du régime de l'article 11 notamment pour faire apparaître que cet article, en période de fait majoritaire, est dans les mains du président de la République qui a les moyens d'en faire usage sans que le Parlement ne puisse s'y opposer autrement que par le renversement du gouvernement. En effet, si le Parlement n'est pas à l'origine de la loi lorsque le président s'appuie sur la proposition du gouvernement pour décider d'un référendum, celui-ci doit néanmoins se trouver « en session » et donc, en position de voter une motion de censure à l'égard de ce gouvernement.

Le référendum d'initiative partagé introduit dans nos institutions après la révision constitutionnelle du 23 juillet 2008 ne me semble pas nécessiter une mention utile à la discussion juridique ici proposée.

B – La loi peut être adoptée par le gouvernement sur invitation du Parlement

Les étudiants pourront exposer la procédure d'adoption des ordonnances et s'interroger sur le fait de savoir s'il s'agit de texte possédant valeur législative. Eu égard au problème posé par le sujet, les étudiants devront préciser que c'est sur l'invitation du Parlement que le gouvernement peut agir par ce procédé des ordonnances (loi d'autorisation) et que ces ordonnances ne prendront valeur légale qu'après leur ratification par le Parlement (loi de ratification) ; encore que le juge constitutionnel ait accepté de connaître, par la voie d'une question prioritaire de constitutionnalité, de la constitutionnalité des ordonnances demeurées non ratifiées après l'expiration du délai pour ce faire (Cons. const. n° 2020-843 QPC du 28 mai 2020 et n° 2020-851/852 du 3 juill. 2020).

Les étudiants pourront également signaler que l'ordonnance est la version actualisée du décret-loi des républiques antérieures, mais qui bénéficie pour lui d'un cadre constitutionnel pour exister en toute régularité, cadre constitutionnel qui faisait précisément défaut aux décrets-lois.

II/ Le Parlement partage l'élaboration de la loi

A – L'initiative partagée de la loi

Il conviendra de se référer à l'article 48 de la Constitution. Il y est question de la détermination de l'ordre du jour, c'est-à-dire du programme des travaux, pour les deux assemblées parlementaires. En régime parlementaire rationalisé, la maîtrise de cet ordre du jour est traditionnellement laissée au gouvernement. À cet égard, il convient de préciser, qu'après la révision de cet article par la loi constitutionnelle du 23 juillet 2008 un rééquilibrage est opéré entre les projets et les propositions de loi. Mais il ne s'agit que d'un rééquilibrage limité dans la mesure où le gouvernement garde la maîtrise de l'ordre du jour les deux premières semaines de chaque mois.

L'article 40 mérite également une mention interdisant aux parlementaires de faire toute proposition aggravant les charges de l'État. Cette interdiction se retrouve dans d'autres régimes parlementaires (Grande-Bretagne notamment) et consiste à empêcher les dérives démagogiques des parlementaires qui chercheraient à accroître les aides à la population, à charge pour le gouvernement d'en trouver les financements correspondants.

B – Le contrôle de la procédure parlementaire

Plusieurs éléments du droit constitutionnel donnent un pouvoir de contrôle au gouvernement pour faire aboutir le vote de la loi ou, au contraire, tenter de l'empêcher. Il est ainsi possible de faire état de l'interruption des navettes et la convocation de la Commission mixte paritaire. Le gouvernement peut donner suite ou pas au texte de cette commission.

L'adoption de la loi peut ainsi être raccourcie par l'interruption des navettes et la convocation de la Commission mixte paritaire qui sera plus encline à dégager un consensus final entre les deux chambres. Mais le gouvernement garde la possibilité de ne pas soumettre au Parlement, pour une nouvelle navette, le texte de cette Commission. Il peut aussi, en cas de désaccord au sein de la Commission, donner le dernier mot à l'Assemblée nationale statuant définitivement sur le sort du texte. Celle-ci sera alors l'auteur véritable de la loi (art. 45). Le gouvernement peut également accélérer l'adoption de la loi au moyen de la procédure d'urgence réduisant à une seule le nombre des navettes (art. 45).

Il est utile d'apporter cette précision selon laquelle le droit d'amendement appartient concurremment aux membres du Parlement et au gouvernement (art. 44).

C – Le contrôle du contenu de la loi

Le gouvernement peut souhaiter que le projet de loi qu'il a déposé au Parlement ne soit pas transformé ou dénaturé par les parlementaires à l'occasion de leurs délibérations et des amendements déposés. S'il tient à son texte, la Constitution lui donnera les moyens d'en préserver l'économie générale. Celle-ci a, dans ce but, institué la procédure du vote bloqué (art. 44, al. 3), donné le droit au gouvernement de s'opposer à un amendement qui n'aurait pas été discuté en commission (art. 44 al. 2), de faire adopter une loi sans vote (art. 49 al. 3).

En revanche, le gouvernement a perdu le droit que lui reconnaissait le constituant de 1958 de voir la discussion parlementaire débuter sur son projet dans la forme qu'il lui avait lui-même donnée et non celle établie par la commission parlementaire compétente (art. 42). La révision constitutionnelle de 2008 est ici revenue aux pratiques de la IVe République. Il appartiendra pour le gouvernement tenant à son texte d'y revenir par voie d'amendement ou par la procédure du vote bloqué.

Quelques mots de conclusion peuvent être bienvenus pour rappeler que dans les démocraties modernes, en régime parlementaire ou présidentiel, l'exécutif est le véritable moteur de la législation. Cette orientation donne même cohérence aux institutions de la Ve République : le président élu par tous les français sur un programme pourra ainsi mieux prendre appui sur sa majorité parlementaire, via l'action directive du gouvernement, pour traduire en lois ce programme. Les procédures offertes au gouvernement dans ce but laissent une impression d'accumulation. Elles sont empruntées aussi bien au système du régime parlementaire qu'à celui du régime présidentiel d'ailleurs.

La Ve République

› *Cas pratique*

Thème principal

Le Conseil constitutionnel

Mots-clés

Nomination au Conseil constitutionnel

Mardi 15 février 2022, en application de l'article 56 de la Constitution, le président de la République, Emmanuel Macron, a proposé de nommer comme membre du Conseil constitutionnel Madame Jacqueline Gourault (71 ans) ministre, jusqu'à sa désignation, de la cohésion des territoires et des relations avec les collectivités territoriales, ancienne sénatrice et professeur d'Histoire et de géographie ; le président de l'Assemblée nationale, Richard Ferrand, a proposé de nommer Madame Véronique Malbec (63 ans), actuelle directrice du cabinet du ministre de la Justice et magistrate judiciaire ; le président du Sénat, Gérard Larcher, a proposé de nommer Monsieur François Séners (64 ans), conseiller d'État et ancien directeur de cabinet du ministre de la Justice et du président du Sénat.

Après leur audition par les commissions parlementaires compétentes des deux assemblées, ces personnalités sont appelées à remplacer Mesdames Claire Bazy-Malaurie (73 ans), ancienne magistrate à la Cour des comptes, Nicole Maestracci (71 ans), ancienne magistrate judiciaire, et Dominique Lottin (58 ans), ancienne magistrate judiciaire.

En tenant compte de la pratique des nominations auxquelles il a été procédé en 2022, quel regard *juridique* portez-vous sur le système de nominations en vigueur des membres du Conseil constitutionnel ?

Sujet proposé et corrigé établi par

Pierre Esplugas-Labatut, Professeur, Université Toulouse 1 Capitole

Second semestre 2021-2022

› Préparation

Analyse du sujet

Le statut des membres du Conseil constitutionnel français a souvent suscité la critique, notamment en ce qui concerne l'absence des conditions de nomination.
Le sujet impose de répondre sur le terrain juridique en ne se limitant pas à une analyse journalistique.

Plan du corrigé

I/ Des désignations dans la continuité de celles intervenues depuis 1958
A – Des désignations par des personnalités proches politiquement des autorités de nomination
B – Des désignations équilibrées
II/ Des désignations toujours contestées
A – L'impartialité des personnes nommées en cause
B – Le niveau juridique des personnes nommées en cause

› Corrigé

Le renouvellement du tiers des membres du Conseil constitutionnel en février 2022 n'a pas échappé aux controverses habituelles. En l'occurrence, le président de la République, Emmanuel Macron, a nommé Madame Jacqueline Gourault, ministre, avant sa désignation, de la Cohésion des territoires et des Relations avec les collectivités territoriales, le président de l'Assemblée nationale, Richard Ferrand, Madame Véronique Malbec, magistrate judiciaire et le président du Sénat, Gérard Larcher, Monsieur François Séners, conseiller d'État.

Il convient de rappeler les règles simples de désignation des membres du Conseil constitutionnel. Ceux-ci sont nommés, pour neuf ans non renouvelables, par tiers tous les trois ans par trois autorités politiques, le président de la République et les présidents de l'Assemblée nationale et du Sénat. Afin de rendre plus transparentes et exigeantes les nominations, la révision constitutionnelle du 23 juillet 2008 a complété le mode de désignation jusque-là en vigueur, les désignations peuvent faire l'objet d'un *veto* par les commissions permanentes compétentes de chaque assemblée (en pratique, la commission des lois) pour les désignations effectuées par le président de la République, celles-ci ne sont pas possibles si l'addition des votes négatifs dans chaque commission représente au moins 3/5e des suffrages exprimés au sein des deux commissions ; pour les désignations effectuées par les présidents de l'Assemblée nationale et du Sénat, celles-ci ne sont pas possibles si la commission de l'assemblée concernée s'y oppose à une majorité des 3/5e des suffrages exprimés.

On laissera de côté la question de la présence des membres de droit du Conseil constitutionnel que sont les anciens présidents de la République. Ce système peut sans doute être contesté car perçu comme anachronique (il s'agissait avant tout au début de la Ve République de trouver une place aux anciens présidents de la IVe République, Vincent Auriol et René Coty). Il pose en outre aujourd'hui une difficulté au regard du principe d'impartialité (les présidents de la Ve République sont des acteurs politiques ayant participé objectivement et subjectivement au processus d'élaboration des textes législatifs). La présence des membres de droit étant prévue par la Constitution, la controverse ne pourra s'éteindre qu'à la suite d'une révision de ce texte et non par suite d'une modification des pratiques en vigueur.

En revanche, pour la présence des membres nommés, la qualité de la composition du Conseil constitutionnel peut s'améliorer si l'on est attentif aux désignations en pratique effectuées. On peut avoir ainsi un jugement mitigé sur les nominations intervenues en février 2022 : elles s'inscrivent certes dans la continuité de celles intervenues depuis 1958 (I) mais ne répondent pas à toutes les critiques habituellement formulées (II).

I/ Des désignations dans la continuité de celles intervenues depuis 1958

Les autorités politiques ont pris l'habitude de désigner en pratique des personnalités supposées proches d'elles politiquement (A). Pour autant, les nominations intervenues depuis l'origine restent équilibrées permettant au Conseil constitutionnel d'exercer convenablement sa mission de Cour constitutionnelle (B).

A – Des désignations par des personnalités proches politiquement des autorités de nomination

Il est exact que les autorités de nomination ont eu tendance en pratique à désigner des personnes proches de leur propre sensibilité. Dans l'histoire, pour ne prendre que l'exemple des présidents du Conseil constitutionnel effectivement nommés, le président Mitterrand a nommé son ancien garde des Sceaux, Robert Badinter, et son ancien ministre des Affaires étrangères, Roland Dumas ; le président Chirac a désigné comme président des anciens parlementaires RPR ou UMP, Yves Guéna, Pierre Mazeaud et Jean-Louis Debré ; le président Hollande a désigné son ancien ministre des affaires étrangères, Laurent Fabius. En l'occurrence, pour le renouvellement de 2022, cette proximité se vérifie pour la nomination de Jacqueline Gourault, ministre, affiliée au parti politique le MODEM, d'un gouvernement sous le mandat du président Emmanuel Macron.

Plus généralement, la difficulté viendrait du fait que les autorités de nomination sont des personnes politiques qui, compte tenu de cette qualité, seraient enclines à nommer des membres proches d'elles politiquement. En fait, ce système se justifie par des raisons théoriques liées à la nature politique du litige, il ne s'agit pas effectivement dans le contentieux de constitutionnalité de juger une personne mais de trancher un litige à propos d'un acte éminemment politique, la loi. Le fait que soit en cause devant une juridiction constitutionnelle un acte politique explique d'ailleurs qu'à l'étranger les membres des cours constitutionnelles sont également nommés, au moins en partie, par des autorités politiques. Ainsi, aux États-Unis, les juges à la Cour suprême sont nommés par le président avec l'accord du Sénat ; en Europe, les assemblées parlementaires interviennent, parfois à côté des juridictions suprêmes, pour désigner les juges constitutionnels. Au demeurant, dans les deux cas, le système de nomination laisse la place à des tractations entre autorités ou partis politiques qui ne sont pas toujours satisfaisantes.

De plus, est généralement surestimé le risque d'allégeance des membres du Conseil par rapport aux autorités de nomination. En effet, les juges constitutionnels ont en pratique honoré leur fonction et ne se sont pas comportés comme des personnes téléguidées par ceux qui les ont nommés. Les membres du Conseil ont, selon la belle formule du président Badinter, « un devoir d'ingratitude envers ceux qui les ont nommés ». À ce titre, toutes les formations du Conseil constitutionnel ont censuré avec une constance remarquable des majorités au pouvoir qui étaient supposées proches de la formation du moment.

Il reste à savoir si le *veto* possible, introduit par la révision constitutionnelle de 2008 de la commission des lois, modifiera sensiblement la pratique des désignations. Cette réforme a pour but de conduire à un choix par consensus, et donc non partisan. La pratique de la confirmation par les commissions des lois n'a pas modifié, pour l'instant, fondamentalement la donne ; les auditions sont apparues, jusqu'à ce jour, comme très formelles même s'il se peut qu'à l'avenir les auditions se « durcissent pour probablement aboutir un jour à un veto ».

B – Des désignations équilibrées

Le Conseil constitutionnel est un organe de contrôle dont la raison d'être est de dire le droit. À cet égard, il serait *a priori* logique que soient nommés des juristes. C'est effectivement le cas avec la désignation d'une magistrate judiciaire, Véronique Malbec, ou d'un conseiller d'État, François Séners. Jacqueline Gourault présente en revanche comme ancienne parlementaire et ministre un profil plus politique. Elle s'apparente de ce point de vue au profil par exemple de deux anciens premiers ministres, Laurent Fabius et Alain Juppé, qui ont intégré le Conseil constitutionnel. Cela n'est pas forcément choquant dès l'instant où il peut apparaître opportun que le Conseil intègre, à côté des juristes, des personnes connaissant les rouages de la vie politique. De la même manière, la nomination de François Séners répond au souci de désigner une personne qui connaît bien le fonctionnement des chambres parlementaires en sa qualité d'ancien directeur de cabinet du président du Sénat.

Dans le « cru 2022 », figurent deux femmes, Jacqueline Gourault et Véronique Malbec Il est vrai que pendant longtemps, le Conseil constitutionnel fut un « cénacle masculin ». Il a fallu attendre 1992 pour que cela cesse avec la nomination de Noëlle Lenoir. Depuis, sans qu'elle ne soit juridiquement une obligation et qu'elle n'ait d'ailleurs toujours été respectée, il y aurait une sorte de « convention » pour organiser, par un échange de points de vue entre autorités de nomination, un « quota de femmes » qui se trouverait vérifié dans les désignations effectivement opérées en 2022. Toutefois, il convient de noter que la nomination de deux femmes ne compense pas exactement numériquement le départ du Conseil constitutionnel de trois femmes.

Il peut se poser aussi la question de l'âge des personnes nommées. En l'occurrence, Jacqueline Gourault, Véronique Malbec et François Séners ont respectivement 71, 63 et 64 ans. Dans un contexte de recul de la vieillesse et d'allongement de la durée de vie, cet âge des nominations peut être jugé raisonnable. On peut faire valoir à ce titre que la nomination de personnes ayant une grande expérience et débarrassées de tout souci de carrière est un avantage.

II/ Des désignations toujours contestées

Les désignations intervenues en 2022 restent contestées car elles posent, pour une part, des questions d'impartialité des membres nommés (A) et, pour une autre part, des questions sur leur compétence quant à leur niveau juridique (B).

A – L'impartialité des personnes nommées en cause

L'impartialité des personnes nommées en 2022 peut être discutée. Jacqueline Gourault est une proche du président Macron. Véronique Malbec avant sa nomination exerçait une fonction éminemment politique comme directrice de cabinet du garde des Sceaux. On doit noter aussi qu'elle a été comme magistrate la supérieure hiérarchique de magistrats ayant eu à traiter une affaire mettant en cause pénalement le président de l'Assemblée nationale Richard Ferrand. François Séners a exercé aussi une fonction politique comme directeur de cabinet à la fois du garde des Sceaux et du président du Sénat, Gérard Larcher. Il existe donc clairement un lien entre les personnes nommées et les autorités de nomination. Celui-ci peut être jugé problématique s'agissant d'un principe, l'impartialité, pour lequel la Cour européenne des droits de l'homme estime que « même les apparences ont de l'importance ».

Plus généralement, il est vrai qu'il ne faut pas surévaluer la « fable de l'ingratitude » des membres vis-à-vis de leurs engagements passés. Des témoignages d'anciens membres du Conseil comme Dominique Schnapper, Pierre Joxe ou Jean-Louis Debré, ont montré ainsi que la séparation entre l'engagement politique de certains des membres et l'exercice de leur fonction n'était pas si tranché que l'on avait bien voulu un temps l'expliquer.

B – Le niveau juridique des personnes nommées en cause

Il n'existe en l'état du droit aucune exigence de qualification juridique pour être membre du Conseil constitutionnel. C'est ainsi que par le passé ont pu être nommées des personnalités au profil professionnel atypique comme un pharmacien (Robert Fabre qui certes avait été auparavant parlementaire et médiateur de la République) ou un sociologue (Dominique Schapper). Dans ces deux cas, les retours sur leur travail au Conseil constitutionnel ont montré qu'ils ont apporté un éclairage utile dans la rédaction des décisions du Conseil constitutionnel. Cela est d'autant moins gênant que si l'on observe la formation et le parcours des membres nommés depuis 1958, la plupart peuvent se prévaloir d'une formation de juriste (avec toutefois une propension à avoir été élève de l'ENA ou de Science-po Paris, ce qui nourrit d'ailleurs la critique de « l'entre soi »).

La question se pose aujourd'hui pour Jacqueline Gourault dont la profession à l'origine est d'être professeur d'histoire et de géographie. Certains se sont ainsi interrogés sur la pertinence de nommer une personne dont la profession est sans rapport avec le fait de dire le droit. On peut faire valoir en retour que Madame Gourault dispose d'une solide expérience d'ancienne parlementaire et de membre du gouvernement. Cela n'a toutefois pas suffi à faire taire toutes les critiques dont certaines ont pu être exprimées lors de son audition devant la Commissions des lois du Sénat.

La question se pose donc de savoir s'il faut « durcir » les exigences de qualification juridique spécialement au regard de la montée en puissance du Conseil constitutionnel. Pour autant, à rebours peut-être d'une opinion dominante, nous pensons préférable qu'un choix en conscience sans contrainte par les autorités de nomination reste préférable à un choix encadré qui pourrait paraître formaté.

La Ve République

Thème principal

Le régime et les pouvoirs

Mots-clés

Session extraordinaire du Parlement, Nomination au Conseil constitutionnel, Destitution du président de la République, Procédure législative, Pouvoirs exceptionnels

Sujet proposé et corrigé établi par

Gilles Toulemonde, Maître de conférences, Université de Lille

Second semestre 2021-2022

› *Cas pratique*

Mai 2027 – Adèle Blanc-sec a été élue à la présidence de la République au second tour de l'élection présidentielle par 62,3 % des suffrages exprimés. Elle a immédiatement nommé Francis Mortimer Premier ministre.

Juin 2027 – Les élections législatives ont été remportées par le PAB (Parti d'Adèle Blanc-sec) qui dispose de 327 sièges à l'Assemblée nationale. Le président du groupe PAB à l'Assemblée, Gil Saint-André, s'est réjoui de ce résultat, tandis que Cornelius Chesterfield, président du groupe d'opposition à la politique d'Adèle Blanc-sec, ne rassemble dans son groupe que 250 députés.

Élu en 2026, le Sénat est plus partagé car le PAB n'y dispose que de 172 sièges ; les oppositions s'y sont coalisées et Louise Petitbouchon a été élue de justesse à la présidence du Sénat alors qu'elle soutenait la candidature à l'élection présidentielle de Didier Mosèle qu'Adèle Blanc-sec a battu au second tour de la présidentielle.

2 septembre 2027 – Dans la presse, Louise Petitbouchon annonce que 176 sénateurs réclament à la présidente de la République l'ouverture d'une session extraordinaire du Parlement. Les députés du groupe de Cornelius Chesterfield s'associent à cette demande. Ils souhaitent en effet poser au Premier ministre, lors d'une séance de questions au gouvernement, une question sur la proposition d'Adèle Blanc-sec de nommer Harold Wilberforce Clifton au Conseil constitutionnel en remplacement de Gil Jourdan qui vient de démissionner dénonçant les pressions effectuées par le gouvernement sur le Conseil constitutionnel. L'émoi provoqué par la proposition de nommer Harold Wilberforce Clifton au Conseil constitutionnel est dû au fait qu'il était le directeur de campagne d'Adèle Blanc-sec pendant la campagne présidentielle. Cornelius Chesterfield envisage même de lancer une procédure de destitution de la présidente de la République, tandis que Didier Mosèle déclare qu'il déposera plainte pénalement.

Vous êtes consulté par le Secrétaire général de l'Élysée qui a eu vent de vos connaissances en droit constitutionnel et qui vous demande :

1°) Les parlementaires sont-ils suffisamment nombreux pour demander l'ouverture d'une session extraordinaire du Parlement ?

2°) La présidente de la République pourrait-elle empêcher qu'une question au gouvernement soit posée sur ce sujet à son Premier ministre durant cette session extraordinaire ?

3°) Les parlementaires de l'opposition, à l'Assemblée et au Sénat, pourraient-ils empêcher la nomination d'Harold Wilberforce Clifton au Conseil constitutionnel ?

4°) Une procédure de destitution pourrait-elle être lancée contre la présidente de la République ? Et que pensez-vous de la plainte pénale ?

8 mai 2028 – Le Premier ministre, Francis Mortimer, aimerait faire adopter un projet de loi qui lui tient à cœur portant sur la réinstauration d'un service militaire obligatoire de six mois pour tous les jeunes de 18 ans. Il faut dire que les menaces à nos frontières sont de plus en plus importantes et que notre armée de métier semble trop peu importante numériquement s'il fallait faire face à un conflit de grande ampleur. Ce projet de loi suscite une certaine obstruction des députés du groupe d'opposition, lesquels ont déposé par moins de 7 600 amendements.

Le Secrétaire général de l'Élysée, qui a conservé vos coordonnées étant très satisfait de la qualité de vos réponses lors d'une précédente consultation, vous demande :

5°) Quelles procédures le gouvernement de Francis Mortimer pourrait-il mettre en œuvre pour accélérer le vote de cette loi ?

6°) Le Premier ministre pourrait-il s'appuyer sur le président du groupe PAB à l'Assemblée, Gil Saint-André, pour que soit mis en œuvre le temps législatif programmé ?

9 août 2028 – Les tensions à nos frontières sont plus vives qu'elles n'ont jamais été, la Syldavie, après avoir envahi la Pologne et l'Allemagne, a massé des milliers de chars de l'autre côté du Rhin lesquels s'apprêtent, selon nos services de renseignement, à déferler sur le territoire national. C'est alors que la présidente de la République est victime d'une attaque cardiaque et décède. Le président syldave l'aurait empoisonnée en lui serrant la main la veille, lors d'une rencontre au sommet pour tenter d'éviter l'invasion de notre territoire. La présidente du Sénat, Louise Petitbouchon, assure immédiatement l'intérim de la présidence de la République.

7°) Elle vous demande si elle peut mettre en œuvre l'article 16 de la Constitution et quelle serait alors la procédure à suivre pour le mettre en œuvre ?

› *Préparation*

Analyse du sujet

Le cas pratique proposé se déroule à trois moments différents. Il faut donc veiller à opérer trois réponses distinctes, d'autant que l'auteur des questions n'est pas la même autorité à chaque fois : les quatre premières questions sont posées en septembre 2027 par le Secrétaire général de l'Élysée ; les questions 5 et 6 sont posées par la même personne mais en mai 2028 ; quant à la dernière question elle est posée par la présidente de la République par intérim en août 2028.

Ces trois moments distincts se déroulent néanmoins dans un contexte électoral identique. Il est recommandé aux étudiants de bien tenir compte de l'équilibre des forces politiques afin d'identifier correctement le contexte politique des faits imaginés pour pouvoir formuler ensuite des réponses adaptées à ce contexte.

En l'occurrence, le parti présidentiel dispose d'une majorité absolue de députés à l'Assemblée nationale et il n'y a que deux groupes politiques représentés à l'Assemblée. Il s'agit donc d'une période de concordance des majorités. En revanche, le parti présidentiel ne dispose pas d'une majorité absolue au Sénat. Dans la dernière séquence du cas pratique, la présidente du Sénat assumant l'intérim de la présidence de la République se trouve quant à elle face à une Assemblée nationale qui lui est hostile.

Une fois dressé ce panorama, la difficulté consiste à envisager chacune des questions du sujet. Toute l'attention des étudiants doit alors se concentrer sur cet aspect. Il faudra mobiliser ses connaissances issues, soit du texte constitutionnel, soit de la législation, soit de la pratique politique, soit de la jurisprudence pour forger les réponses les plus adaptées aux circonstances. Il convient d'exprimer les règles de droit avec la plus grande rigueur. Mais il ne faut pas s'arrêter là, il est également nécessaire de mettre en application la règle de droit au cas précis imaginé par le sujet afin d'apporter une réponse à l'autorité qui a posé la question.

Chaque fois qu'un cas pratique est situé à une date ultérieure au moment de l'examen, comme c'est le cas ici, il faut considérer que les textes, la jurisprudence et l'état de la pratique politique sont identiques à ceux connus à la date de l'examen.

› Corrigé

1°) Monsieur le Secrétaire général,

Vous souhaitez savoir si les parlementaires de l'opposition sont suffisamment nombreux pour réclamer une session extraordinaire du Parlement à Mme la présidente de la République.

Une session extraordinaire du Parlement peut être ouverte par la présidente de la République à la demande soit du Premier ministre, soit de la majorité absolue des membres composant l'Assemblée nationale. En l'occurrence, si les sénateurs de l'opposition à Adèle Blanc-sec disposent bien d'une majorité absolue au Sénat, les sénateurs n'ont pas le droit de réclamer une session extraordinaire, seuls les députés peuvent le faire. Or, les députés de l'opposition ne sont pas suffisamment nombreux puisqu'ils ne disposent pas d'une majorité absolue de membres composant l'Assemblée nationale.

2°) Vous me demandez également si la présidente de la République peut s'opposer à ce qu'une question au gouvernement soit posée à Francis Mortimer, le Premier ministre, au cours de cette session extraordinaire.

Depuis la révision constitutionnelle du 23 juillet 2008, lors des sessions extraordinaires, une séance au moins de questions doit être organisée. Cela est explicitement prévu par le dernier alinéa de l'article 48 de la Constitution.

Si une session extraordinaire était ouverte sur un autre ordre du jour, par exemple à la demande du Premier ministre, alors la présidente de la République ne pourrait pas s'opposer à ce qu'une telle question soit posée.

En revanche, sachez que selon une interprétation critiquée des dispositions combinées des articles 29 et 30 de la Constitution réalisée à la fois par le Général de Gaulle en 1960 et par François Mitterrand en 1987, la présidente de la République peut refuser l'ouverture d'une session extraordinaire du Parlement qui lui est pourtant demandée conformément aux exigences constitutionnelles. Cela permettrait à coup sûr d'éviter qu'une question au gouvernement ne soit posée à Francis Mortimer.

3°) Votre question concernant la possibilité pour les parlementaires de s'opposer à la nomination d'Harold Wiberforce Clifton au Conseil constitutionnel est plus délicate.

En vertu de l'article 56 de la Constitution, la présidente de la République peut bien nommer trois membres du Conseil constitutionnel. Pour pouvoir y nommer Harold Wiberforce Clifton encore faut-il que Gil Jourdan qui vient d'en démissionner ait été nommé par le prédécesseur de Mme la Présidente de la République car à défaut ce serait soit le président du Sénat, soit le président de l'Assemblée nationale qui pourrait nommer son « remplaçant ».

En outre, les nominations au Conseil constitutionnel réalisées par la présidente de la République sont soumises à la procédure de l'article 13 al. 5, ce qui signifie que la personne présentée par la présidente de la République, donc Harold Wiberforce Clifton, sera auditionnée par les commissions des Lois des deux assemblées. Et celles-ci peuvent s'opposer à la nomination envisagée par un vote à la majorité des 3/5e des suffrages exprimés en additionnant les votes exprimés au sein des deux commissions.

En l'espèce, si les parlementaires de la majorité sont bien présents lors du vote en commission, il n'y a aucun risque que ce veto soit exprimé puisque les députés du groupe PAB sont largement majoritaires au sein de la commission des Lois de l'Assemblée nationale et qu'ils sont relativement nombreux au sein de la commission des Lois du Sénat, laquelle votera peut-être à la majorité des suffrages contre la nomination, mais ce ne sera pas suffisant. En revanche, si les parlementaires du PAB n'étaient pas présents en nombre, par exemple parce qu'ils ne cautionnent pas cette nomination, le risque est réel d'un refus de nomination.

4°) Enfin, vous souhaitez savoir si une procédure de destitution peut être lancée à l'encontre de Mme la présidente de la République et ce que je pense de la plainte pénale déposée par Didier Mosèle.

Ce qui est ici reproché à la présidente est la nomination d'Harold Wilberforce Clifton au Conseil constitutionnel. Il s'agit donc naturellement d'un acte accompli dans l'exercice des fonctions de la présidente de la République. Dans ces conditions, la plainte pénale n'a aucune chance de prospérer puisque le président de la République, en vertu de l'article 67 de la Constitution, est irresponsable des actes accomplis en cette qualité (Const., art. 67). Même à l'issue du mandat de Mme Blanc-sec, elle n'a rien à craindre des juridictions répressives.

En revanche, il y a une exception à cette irresponsabilité dans l'hypothèse où la présidente de la République commet un « manquement à ses devoirs manifestement incompatible avec l'exercice de son mandat » (Const., art. 68). L'appréciation est ici politique et elle relève des parlementaires qui pourraient destituer la présidente.

Pour lancer la procédure de destitution par la Haute Cour, il faut dans un premier temps une proposition de résolution présentée par 1/10e des députés ou 1/10e des sénateurs ; les parlementaires de l'opposition sont suffisamment nombreux et des députés ou des sénateurs de l'opposition n'auraient donc aucun mal à lancer la procédure. La recevabilité de la proposition fait alors l'objet d'un examen par le bureau de l'assemblée en question. Si les députés de l'opposition ont lancé la procédure, le bureau de l'Assemblée nationale pourrait, comme il l'a fait concernant une telle proposition de résolution visant François Hollande par le passé, juger qu'elle est irrecevable dans la mesure où la présidente n'a fait qu'user d'un de ses pouvoirs constitutionnels. Comme le Sénat est plus hostile à la présidente de la République, son bureau pourrait, quant à lui, juger la proposition de résolution recevable.

Dans un deuxième temps, cette proposition de résolution doit être votée en termes identiques par les deux assemblées et ceci à la majorité des deux tiers des membres les composant en ne retenant que les votes favorables. Soutenue par une majorité absolue de députés et par une forte minorité de sénateurs, la présidente de la République n'a donc pas à craindre d'être destituée.

Pour votre information dans un troisième temps, si jamais cette proposition de résolution est votée par les deux assemblées dans ces conditions de majorité, alors la Haute Cour est réunie (elle rassemble tous les députés et sénateurs) et elle prononce la destitution par un vote à la majorité des deux tiers des membres la composant toujours en ne retenant que les votes favorables.

5°) Monsieur le Secrétaire général, je vous remercie très sincèrement de faire de nouveau appel à moi. J'espère que mes analyses continueront de vous satisfaire.

Vous m'interrogez sur les moyens dont dispose le Premier ministre Francis Mortimer pour accélérer le vote de son projet de loi rétablissant la conscription.

Vous savez évidemment que le gouvernement fixe de manière prioritaire la moitié de l'ordre du jour des assemblées (Const., art. 48) ; il pourra donc inscrire l'examen de ce texte lors de ces semaines gouvernementales.

Pour accélérer le vote de la loi, le gouvernement pourrait engager la procédure accélérée, ce qui permettrait, d'une part, de supprimer la deuxième lecture avant de réunir une commission mixte paritaire et, d'autre part, de supprimer les délais de six et quatre semaines dont disposent les commissions parlementaires pour examiner le projet de loi en première lecture. Pour cela il faudrait engager la procédure accélérée dès le dépôt du projet de loi.

Le Premier ministre pourrait donc convoquer une commission mixte paritaire pour mettre fin à la navette et en cas d'échec de la nouvelle lecture, ce qui est probable au regard des compositions politiques différentes de l'Assemblée nationale et du Sénat ; il pourrait même demander à l'Assemblée nationale de statuer seule sur le texte (Const., art. 45 al. 4).

Le gouvernement pourrait aussi, et ceci devant les deux chambres, utiliser le vote bloqué (Const., art. 44 alinéa 3) pour forcer les assemblées à se prononcer sur l'ensemble du texte par un seul vote plutôt qu'article par article et amendement par amendement.

S'il n'a pas déjà fait usage lors de cette session de l'article 49 alinéa 3 sur un autre texte qu'un projet de loi de finances ou de financement de la sécurité sociale, le Premier ministre pourrait engager la responsabilité de son gouvernement sur ce texte de loi. Il pourrait même le faire dès l'ouverture de la discussion en séance publique, ce qui réduirait à néant l'examen du projet de loi en séance publique à l'Assemblée nationale. En effet, dans cette hypothèse, il est mis fin à la discussion et les députés disposent de 24 heures pour déposer une motion de censure. Il est probable que les députés de l'opposition en déposent une qui sera soumise au vote dans les 48 heures qui suivent, mais elle n'a aucune chance d'être adoptée puisqu'elle nécessite pour cela d'être votée par la majorité absolue des membres composant l'Assemblée nationale en ne retenant que les votes favorables à la motion. Dans ces conditions, le projet de loi sera considéré comme adopté sans vote de la part de l'Assemblée nationale. Mais attention, cette procédure, d'une part, n'est pas applicable au Sénat (contrairement au vote bloqué) et, d'autre part, risque d'exposer le Gouvernement à de nombreuses critiques.

6°) Vous vous demandez si le Premier ministre peut s'appuyer sur Gil Saint-André pour mettre en œuvre la procédure du temps législatif programmé.

Je vous félicite pour votre intuition car il me semble que c'est la bonne voie à emprunter, plutôt que l'article 49 al. 3 Const., pour éviter une forme d'obstruction parlementaire. Mais comme l'article 49 al. 3 Const., cette procédure n'existe qu'à l'Assemblée nationale. C'est la Conférence des présidents qui peut décider de la mettre en œuvre. Celle-ci est composée du président de l'Assemblée nationale, de ses vice-présidents, des présidents des commissions permanentes et de la commission des Affaires européennes, des rapporteurs généraux des commissions des Finances et des Affaires sociales et des présidents des groupes politiques. Or, ces derniers y ont un vote pondéré en fonction de l'importance de leur groupe. Gil Saint-André peut donc aisément imposer la mise en œuvre de cette procédure pour examiner le projet de loi rétablissant la conscription. Le président du groupe d'opposition, Cornelius Chesterfield, demandera sans nul doute à obtenir l'allongement exceptionnel de ce temps global et son groupe disposera de 60 % de celui-ci. Mais finalement, cela bloquera largement l'obstruction qu'il pourrait vouloir mener puisque lorsque le temps de parole de ce groupe sera épuisé, ses députés ne pourront plus défendre leurs amendements.

Toutefois, j'attire votre attention sur un point important, c'est que Cornelius Chesterfield pourrait s'opposer à la mise en œuvre du temps législatif programmé dans l'hypothèse où le gouvernement de Francis Mortimer confondrait vitesse et précipitation. En effet, si le temps législatif programmé est conciliable avec la procédure accélérée, c'est à condition que le gouvernement laisse aux commissions compétentes le temps d'examiner ce projet de loi prévu par l'article 42 Const. à savoir en première lecture un délai de six semaines dans la première assemblée saisie et un délai de quatre semaines dans la seconde. Sinon, Cornelius Chesterfield pourrait purement et simplement s'opposer à la mise en œuvre de la procédure accélérée.

7°) Madame la présidente de la République,

Le président de la République par intérim peut parfaitement mettre en œuvre l'article 16 de la Constitution. Les seuls pouvoirs dont vous êtes expressément privés par l'article 7 sont celui de la dissolution de l'Assemblée nationale et du référendum.

Pour pouvoir mettre en œuvre l'article 16, il faut que deux conditions soient réunies : d'une part, qu'il y ait une interruption du fonctionnement régulier des pouvoirs publics constitutionnels et, d'autre part, qu'il existe une menace grave et immédiate soit sur les institutions de la République, soit sur l'indépendance de la nation, soit sur l'intégrité du territoire, soit sur l'exécution des engagements internationaux.

En l'occurrence la menace est bien grave et immédiate et elle pèse bien sur l'intégrité du territoire (aussi d'ailleurs sur l'indépendance de la nation ou sur les institutions de la République). On peut également penser qu'il y a une interruption du fonctionnement régulier des pouvoirs publics constitutionnels du fait de l'assassinat de la présidente Blanc-sec. Toutefois, on pourrait arguer qu'il n'y a pas de telles interruptions puisque justement vous assurez l'intérim. Il faudra donc voir quelle est l'interprétation du Conseil constitutionnel.

En effet, pour mettre en œuvre l'article 16, par une décision non contresignée, il faut préalablement que vous consultiez officiellement le Premier ministre, les présidents des assemblées et le Conseil constitutionnel dont l'avis est alors publié (art. 53 de l'ordonnance organique du 7 novembre 1958). Enfin, il faudrait que vous adressiez un message à la nation.

La Ve République

Thème principal

Les avantages du régime présidentiel

Mots-clés

Parlement, Premier ministre, Président de la République, Référendum, Régime présidentiel, Séparation des pouvoirs

Sujet proposé et corrigé établi par

Arnaud Haquet, Professeur, Université de Rouen Normandie

Second semestre 2021-2022

› *Commentaire de texte*

Dans le cadre d'un entretien croisé, organisé par le journal *Le Monde*, entre M. François Hollande et M. Étienne Ollion, l'ancien président de la République a répondu aux questions suivantes sur « les moyens de donner un nouveau souffle à la démocratie » (*Le Monde*, 4 févr. 2022) :

« [...] vous faites le constat d'un essoufflement des institutions françaises. Est-il aujourd'hui urgent, François Hollande, de les réformer ?

François Hollande : C'est en France que la crise démocratique est la plus aiguë, comme le montrent, depuis des années, la montée de l'abstention, la violence des mouvements sociaux et l'effondrement des grands partis politiques. Pour y répondre, il faut réformer en profondeur les institutions de la Ve République, lancer un grand mouvement de décentralisation et multiplier les consultations citoyennes.

Notre régime actuel est hybride : il est présidentiel par l'élection du chef de l'État au suffrage universel et parlementaire par la responsabilité du gouvernement devant l'Assemblée nationale. Ce système a fonctionné tant bien que mal pendant une quarantaine d'années mais l'instauration du quinquennat, à partir de 2002, a renforcé la suprématie du président au sein de l'exécutif. Le Parlement, lui, a vu progressivement son influence se réduire : il est désormais soumis, soit à une obligation de discipline, soit à une tentation de fronde, ce qui n'est pas sain dans un cas comme dans l'autre. La centralisation, conjuguée à la concentration du pouvoir, suscite une défiance accrue de la part des citoyens, aggravée encore par le procès d'impuissance fait à la politique. Les contre-pouvoirs et les corps intermédiaires, notamment les partenaires sociaux, s'en trouvent affaiblis.

Faut-il aller vers une VIe République ? Disons clairement les choses : il n'est ni souhaitable ni possible de revenir sur le mode d'élection du président. Je propose donc d'aller jusqu'au bout de la logique de la Ve en optant pour un vrai régime présidentiel : il aurait pour conséquence la suppression du poste de Premier ministre, tandis que le chef de l'État perdrait le droit de dissoudre l'Assemblée nationale et de recourir à l'article 49.3 de la Constitution [qui permet au conseil des ministres de décider seul de l'adoption d'une loi sans vote du Parlement]. L'Exécutif n'aurait plus de prise sur le Législatif. Le Parlement en sortirait grandi.

[...]

Si ce chantier institutionnel est si important à vos yeux, pourquoi ne pas l'avoir lancé pendant votre mandat ?

F. Hollande : Pour engager une refonte des institutions, le président de la République doit recevoir un mandat clair de ses concitoyens. Cette réforme doit donc être inscrite au cœur du programme présidentiel et être arbitrée par référendum au tout début du quinquennat. En 2012, mes priorités étaient la lutte contre le chômage, le redressement économique et la justice sociale, pas la révision constitutionnelle.

J'estime cependant aujourd'hui que cette question est devenue un préalable : si nous voulons réconcilier les Français avec la démocratie représentative, il nous revient de changer, non pas « de » Constitution, mais « la » Constitution. Les Français sont conscients que nos institutions ont eu le mérite d'assurer la stabilité, de réussir les alternances et de résister à de nombreuses crises, mais elles ont éloigné les gouvernements des citoyens et privé le Parlement de toute initiative. Je propose donc de conserver l'architecture institutionnelle actuelle tout en poussant jusqu'au bout sa logique présidentielle.

[...]

Comment faire, François Hollande, pour renforcer le rôle du Parlement ?

F. Hollande : Soyons honnêtes : si le Parlement est faible, c'est parce qu'il a parfois décidé de l'être. Prenons l'exemple de l'état d'urgence, prononcé au lendemain des attentats de 2015, puis repris sous une autre forme lors de la crise sanitaire. Cette décision est prise par l'Exécutif mais sa prolongation est votée par le Parlement, il ne tient donc qu'à lui d'en fixer les conditions. Ce fut le cas lors de mon quinquennat mais, depuis 2020, le Parlement a concédé à l'Exécutif une grande part de la responsabilité en acceptant qu'il légifère par ordonnances, ce qui l'a privé d'une capacité d'intervention.

De même, les « niches parlementaires », ces moments qui permettent d'examiner des propositions de loi à l'initiative des groupes parlementaires, sont le plus souvent consacrées à l'étude de textes incantatoires dont chacun sait qu'ils seront, en définitive, rarement adoptés.

Si l'Assemblée nationale veut sortir de cette position proclamatoire, elle doit, au contraire, se saisir de tous les moyens dont elle dispose, qu'il s'agisse de la fixation de l'ordre du jour, des commissions d'enquête, des missions de contrôle ou des visites dans les administrations. J'ajoute que la procédure législative est trop lente – au moins six mois, parfois un an –, ce qui nuit à la crédibilité de la parole politique. Et que les lois sont à la fois trop nombreuses et trop longues : quand le législateur est privé de son droit d'initiative, il se venge en exerçant son droit d'amendement. [...] »

› Préparation

Analyse du sujet

Le commentaire porte sur les idées-forces du texte. Il convient de ne pas s'en éloigner en évitant, par exemple, de développer une présentation d'ensemble de la Cinquième République.
Il faut respecter le texte en prenant garde, cependant, à l'écueil de la paraphrase. L'étudiant doit conserver son esprit critique. Il n'est pas tenu d'adhérer aux analyses et aux propositions de l'auteur du texte.
Dans celui qui nous est donné à commenter, un thème est évoqué : l'hégémonie présidentielle et la nécessité d'instaurer une séparation entre les pouvoirs exécutif et législatif pour permettre au Parlement d'exister.
M. François Hollande préconise de lever la nature ambiguë de la Cinquième République pour instaurer un « vrai régime présidentiel ».
Cette analyse et cette proposition structurent le texte. Le commentaire sera donc articulé autour de ces éléments qui devront être étudiés et discutés.

Plan du corrigé

I/ Un équilibre des pouvoirs mal défini
- *A – Un régime « hybride »*
- *B – Les origines de l'hégémonie présidentielle*

II/ Séparer strictement les pouvoirs exécutif et législatif
- *A – Les conséquences de l'instauration d'un « vrai régime présidentiel »*
- *B – Encourager le Parlement à exister*

› Corrigé

Instaurer un « vrai régime présidentiel » sans changer de Constitution…

Monsieur François Hollande fait cette proposition dans le cadre d'un entretien publié par le journal *Le Monde*, le 4 février 2022. Il reprend à cette occasion une idée qu'il avait exposée dans un livre (*Les Leçons du pouvoir*, 2018).

L'ancien président considère que le régime de la Ve République doit évoluer pour répondre à « la crise démocratique » que connaît la France. Il s'inquiète de cette crise dont il illustre l'existence par « la montée de l'abstention, la violence des mouvements sociaux et l'effondrement des grands partis politiques ». Il est vrai que l'abstention a atteint des records lors des dernières élections municipales, départementales et régionales et que les mouvements sociaux, qui sont réguliers, se caractérisent par une opposition radicale aux représentants.

La crise de la représentation ne concerne pas que la France. Un très grand nombre d'États sont touchés par une forme de fatigue démocratique et par la contestation de la légitimité des représentants. De façon inquiétante, ce désenchantement a même conduit certains États à rechercher de nouvelles voies, contestant, notamment, le lien entre démocratie et État de droit.

Bien que la crise démocratique ne soit pas propre à la France, Monsieur François Hollande estime que c'est dans ce pays qu'elle est « la plus aiguë ». Pour y remédier, il fait plusieurs propositions qui portent essentiellement sur l'équilibre des pouvoirs sous la Cinquième République.

Il évoque aussi deux autres solutions concernant la décentralisation et la participation des citoyens. Brièvement, dans les extraits proposés, le président Hollande suggère de multiplier les « consultations citoyennes ». Il ne livre pas d'illustrations, mais l'on peut penser qu'il s'agit de l'utilisation d'instruments de démocratie semi-directe comme le référendum, ou de nouveaux modes de participation à la vie publique dans le cadre de la démocratie représentative.

M. François Hollande préconise également de « lancer un grand mouvement de décentralisation ». Sur ce sujet également, les extraits du texte à commenter ne livrent pas d'indications sur la teneur de la réforme. On se souvient, néanmoins, que le président Hollande a mené plusieurs réformes durant son mandat (en organisant notamment le regroupement des régions par la loi du 16 janvier 2015 et en revisitant les statuts et compétences des collectivités avec la loi *Maptam* du 27 janvier 2014 et la loi *NOTRe* du 7 août 2015). Ce « mouvement de décentralisation » s'inscrirait peut-être dans le prolongement de ces réformes.

Les principales propositions concernent les institutions et le régime politique. M. François Hollande n'appelle pas à une Sixième République (« il nous revient de changer, non pas "de" Constitution, mais "la" Constitution ») même s'il préconise une solution radicale pour séparer les pouvoirs exécutif et législatif. Il propose d'instaurer un véritable régime présidentiel, sans Premier ministre…

Selon François Hollande, la Cinquième République est un régime mal défini, qui doit évoluer pour trouver une cohérence institutionnelle (I). L'élection du président de la République au suffrage universel direct étant largement acceptée, le type de régime à retenir doit concilier cette légitimité du président et la nécessaire indépendance du Parlement (II).

I/ Un équilibre des pouvoirs mal défini

Les régimes politiques ont leur logique qui résulte d'un équilibre entre les pouvoirs. Pour M. François Hollande, la Cinquième République ne s'inscrit pas dans un régime cohérent. Ses déséquilibres résultent de son caractère hybride (A) qui a contribué à renforcer les effets négatifs de l'hégémonie présidentielle (B).

A – Un régime hybride

Deux grands types de régimes organisant la séparation des pouvoirs ont été théorisés : le régime parlementaire et le régime présidentiel. Ni l'un ni l'autre ne semblent adaptés pour décrire le fonctionnement de la Cinquième République. Pour cette raison, d'autres qualifications ont été utilisées pour désigner ce régime. Depuis 1958, il a été qualifié de régime semi-présidentiel, régime présidentialiste, régime parlementaire à hégémonie présidentielle, etc.

Monsieur Hollande ne reprend pas ces termes et préfère s'en tenir à la distinction classique. Il déplore que la Ve République soit un régime « hybride », à la fois « présidentiel » et « parlementaire ». Le fonctionnement de la Ve République apparaît donc nécessairement complexe. L'on peut, néanmoins, s'interroger sur la définition des termes utilisés.

Le régime présidentiel est classiquement défini comme étant un régime de stricte séparation entre les pouvoirs exécutif et législatif. Il n'admet pas, dans sa définition théorique, de mise en jeu de la responsabilité politique de l'exécutif devant le Parlement. Chaque pouvoir, exécutif et législatif, dispose de sa propre légitimité politique pour justifier son action. À l'inverse, le régime parlementaire suppose une étroite collaboration entre des pouvoirs qui partagent la même légitimité politique. La responsabilité politique du gouvernement devant le Parlement contribue à l'unité d'action.

Les modalités sont donc différentes. Pourtant, selon M. François Hollande, ces modalités, et donc les régimes, ont été combinés sous la Cinquième République. Celle-ci serait un régime « présidentiel » en raison de « l'élection du chef de l'État au suffrage universel », mais, en même temps, elle serait « parlementaire par la responsabilité du gouvernement devant l'Assemblée nationale » (F. Hollande). Le caractère hybride de la Cinquième République poserait donc problème parce que ce régime aurait des modes de fonctionnement prévus pour des régimes conçus par opposition.

L'on peut discuter du caractère mécanique envisagé pour décrire l'organisation de ces régimes. Chaque régime (qu'il soit, notamment, parlementaire ou présidentiel) est un modèle-type. Il est théorique. Il permet rarement d'expliquer en parfaite logique le système constitutionnel d'un État. Celui-ci organise la séparation des pouvoirs au regard de considérations résultant de son histoire politique et en lui apportant de multiples aménagements. Rechercher un juste équilibre en mettant en œuvre un modèle théorique risque de créer des désillusions.

Il n'est donc pas certain que le choix d'un modèle-type conduise à éliminer une difficulté institutionnelle. Dès lors, on peut se demander si l'instauration d'un régime présidentiel aurait assurément pour effet de mettre un terme à l'hégémonie présidentielle ?

B – Les origines de l'hégémonie présidentielle

Monsieur François Hollande considère que le régime de la Ve République a fonctionné « tant bien que mal pendant une quarantaine d'années » et qu'il se serait déréglé à partir de 2002 en raison « de l'instauration du quinquennat ». Celui-ci aurait « renforcé la suprématie du président au sein de l'exécutif ».

L'idée est, en effet, souvent avancée que la concordance des mandats favorise le présidentialisme. Le président et les députés sont élus pour cinq ans. Durant cette période, le président et sa majorité à l'Assemblée nationale dominent l'exercice du pouvoir au niveau national. Il n'y a qu'une orientation politique : celle du président de la République qui est mise en œuvre par le gouvernement et qui est soutenue par la majorité des députés.

Cette situation résulte-t-elle de l'instauration du quinquennat ? La réponse peut être discutée. L'hégémonie présidentielle n'est pas apparue en 2002. Dès le début de la Cinquième République, le « régime parlementaire », qui avait été envisagé par les rédacteurs de la Constitution, est dominé par le chef de l'État. On connaît les causes : l'élection du président au suffrage universel direct (résultat de la révision de 1962), l'effet d'entraînement du résultat de l'élection présidentielle sur celui des élections législatives et, aussi, le choix du mode de scrutin. Le mode de scrutin majoritaire favorise, en effet, l'existence d'une majorité qui soutient le gouvernement choisi par le président de la République. La combinaison de ces facteurs contribue à déterminer la logique de la Cinquième République.

Le passage au quinquennat n'est donc pas la cause la plus importante de l'hégémonie présidentielle et de l'assujettissement du pouvoir législatif. En effet, depuis 1958, les présidents qui se sont succédés n'ont jamais (hors périodes de cohabitation) laissé ni les gouvernements déterminer librement la politique de la nation ni les majorités parlementaires imposer leur programme législatif.

À titre d'illustration, rappelons les termes du message du président Mitterrand aux députés le 8 juillet 1981 : « mes engagements constituaient la charte de l'action gouvernementale. J'ajouterai, puisque le suffrage universel s'est prononcé une deuxième fois, qu'ils sont devenus la charte de votre action législative ».

L'hégémonie présidentielle résulte donc d'une combinaison d'éléments que M. François Hollande ne semble pas vouloir dénoncer. En revanche, il pense que le régime peut être rééquilibré par une réforme radicale portant sur la séparation des pouvoirs.

II/ Séparer strictement les pouvoirs exécutif et législatif

L'élection du président au suffrage universel direct étant indissociable de la Cinquième République, il faut, selon M. François Hollande, modifier ce régime en instaurant, un véritable régime présidentiel (A), ce qui rendra le Parlement indépendant et lui permettra d'exister indépendamment de l'Exécutif (B).

A – Les conséquences de l'instauration d'un « vrai régime présidentiel »

À partir du moment où « il n'est ni souhaitable ni possible de revenir sur le mode d'élection du président » (F. Hollande), la légitimité du président de la République issue de ce mode de désignation continuera de renforcer sa position.

Cette assertion mérite d'être discutée. En effet, contrairement à une idée reçue, l'élection du président au suffrage universel direct dans un régime parlementaire n'engendre pas systématiquement l'hégémonie présidentielle (comme l'atteste, par exemple, la position du président en Irlande ou en Islande). En France, l'hégémonie présidentielle résulte de l'existence d'une majorité parlementaire qui se place au service du président. Cette hégémonie est très dépendante, comme nous l'avons évoqué, du mode de scrutin retenu pour les élections législatives, mais aussi du calendrier électoral qui place les législatives après l'élection présidentielle. Si l'on revient sur ces éléments, il est possible de limiter cet effet sans avoir à engager une vaste révision de la Constitution.

Mais Monsieur Hollande ne retient pas ces solutions. Il préconise de conserver l'élection du président au suffrage universel direct et d'organiser une séparation rigoureuse entre les pouvoirs en optant « pour un vrai régime présidentiel ». Dans un tel régime, le gouvernement ne serait plus responsable devant l'Assemblée nationale (plus de motion de censure) et le chef de l'État n'aurait plus « le droit de dissoudre l'Assemblée nationale » (F. Hollande).

L'adoption de telles propositions, inspirées du modèle américain, imposerait une large réécriture de la Constitution. Le chef de l'État deviendrait le chef du « gouvernement » et de son administration. Les anciens pouvoirs du Premier ministre seraient transférés au président, à l'exception de ceux qui seraient supprimés parce qu'ils relèvent d'une logique parlementaire (concernant l'initiative de la loi et l'ordre du jour de l'assemblée, notamment). La portée de la révision serait donc considérable.

Des aménagements devront en tout état de cause être trouvés. En effet, aucun système constitutionnel ne peut tolérer une séparation rigide entre les pouvoirs. Le système constitutionnel des États-Unis, qui sert classiquement de modèle pour la présentation du régime présidentiel, encourage la collaboration des pouvoirs en donnant des moyens d'action réciproques aux pouvoirs exécutif et législatif. Il existe des freins et contrepoids (ex. : droit de veto du président et accord du Sénat).

Supprimer, par exemple, l'article 49 alinéa 3 de la Constitution, comme le préconise Monsieur Hollande, nécessiterait de prévoir un autre mécanisme pour dépasser un blocage des institutions en cas d'absence, par exemple, de majorité à l'Assemblée. Ce procédé permet au Premier ministre (et non au président…) d'engager la responsabilité du Gouvernement devant l'Assemblée nationale sur le vote d'un projet ou proposition de loi. Il relève d'une logique de rationalisation du parlementarisme.

Ce procédé a été très souvent critiqué. Il l'a été par M. François Hollande avant qu'il ne devienne président. Il a fustigé la mise en œuvre de l'article 49 alinéa 3 comme étant un « déni de démocratie » (9 févr. 2006), mais, devenu président, il ne s'est pas opposé à son utilisation durant son mandat…

Surtout, il convient de souligner que le recours à ce mécanisme a été fortement limité par la loi constitutionnelle de 2008. Il ne peut plus être utilisé que pour le vote d'un projet ou proposition de loi par session, ou sur celui d'un projet de loi de finances ou de financement de la sécurité sociale.

Cet article a été conçu pour être une arme permettant de dépasser une situation de blocage entre l'Exécutif et le Législatif (pour faire adopter le budget, par exemple). Il faut, en effet, des moyens d'action réciproques. À défaut, le pouvoir exécutif n'a plus d'influence sur le pouvoir législatif.

Ce souhait n'est pas exprimé par Monsieur Hollande. Il tient, cependant, à ce que le Parlement s'affirme. Il lui fait même le reproche de ne pas exercer pleinement ses compétences.

B – Encourager le Parlement à exister

De façon un peu contradictoire, M. François Hollande veut renforcer l'autonomie du Parlement, mais il fustige son incapacité à exercer ses pouvoirs. Il estime que « si le Parlement est faible, c'est parce qu'il a parfois décidé de l'être ».

Deux exemples sont retenus : la prorogation du régime de l'état d'urgence, qui a été décidée par le président et auquel le Parlement aurait pu s'opposer à l'occasion de la demande de prorogation, et l'acceptation de la législation par ordonnances. Ces exemples témoignent d'une forme de renoncement.

Mais doit-on imputer au Parlement sa faiblesse dans un régime où pèse la logique présidentialiste ?

En outre, une autorité qui ne maîtrise pas véritablement son ordre du jour peut difficilement imposer ses orientations. Certes, l'on peut rappeler que, depuis la révision constitutionnelle de 2008, « l'ordre du jour est fixé par chaque assemblée ». Le Parlement devrait donc avoir la maîtrise de l'inscription des textes qu'il examine. Mais, outre les restrictions très favorables au gouvernement qui figurent à l'article 48 de la Constitution, la logique présidentialiste ne permet pas aux assemblées de choisir librement les textes qu'elles examinent.

Au demeurant, M. François Hollande l'admet lorsqu'il fait référence à l'alternative à laquelle les députés de la majorité sont confrontés : être « soumis, soit à une obligation de discipline, soit à une tentation de fronde ». En pratique, la discipline majoritaire l'emporte (ce qui explique le faible intérêt des « niches parlementaires » évoquées dans le texte).

À vrai dire, le respect de la discipline partisane est inhérent aux régimes parlementaires, qu'ils soient ou non à hégémonie présidentielle. L'orientation de l'action législative est déterminée par le gouvernement parce qu'il a le soutien de la majorité parlementaire. Ses membres doivent faire preuve de loyauté au gouvernement.

Ce faisant, le gouvernement est à l'initiative des projets de loi. Il est donc souvent à l'origine de l'inflation législative, dénoncée par François Hollande dans le texte et qu'il impute aux parlementaires. Ils auraient le tort de se « rattraper » sur le contenu du texte, par le biais des amendements, dès lors qu'ils sont privés de l'initiative législative.

L'accusation est sévère, comme l'est également le reproche formulé sur la faible utilisation des moyens des commissions d'enquête. Elle doit également être nuancée par le rappel des interdictions posées par l'ordonnance n° 58-1100 du 17 novembre 1958 (sur les questions faisant l'objet de poursuites judiciaires, ou sur celles relatives à la défense, les affaires étrangères et la sécurité) ou par l'interprétation de la Constitution (pas d'enquêtes sur l'action du président de la République).

Si l'on supprimait ces restrictions, l'on pourrait rééquilibrer les relations entre les pouvoirs sans avoir nécessairement à changer la nature du régime politique.

Conclusion

En tout état de cause, la réforme du régime préconisée par M. François Hollande suppose une vaste révision de la Constitution. L'instauration d'un régime présidentiel aurait une portée considérable. Elle serait même étonnante au regard de l'histoire de la Cinquième République : ce régime, qui était initialement parlementaire, qui a été dévoyé par l'hégémonie présidentielle, deviendrait présidentiel…

Mais la révision serait délicate à réaliser. Monsieur Hollande en convient : « pour engager une refonte des institutions », il faut que le candidat à l'élection présidentielle inscrive sa réforme « au cœur du programme présidentiel » et qu'il la soumette ensuite aux citoyens dans le cadre d'un « référendum au tout début du quinquennat ».

Pour réviser la Constitution, le président doit être en capacité de convaincre les parlementaires pour que son projet soit « voté par les deux assemblées en termes identiques » (Const., art. 89 al. 2) et qu'il puisse s'assurer d'obtenir la majorité des trois cinquièmes au Congrès (Const., art 89 al. 3), ou la majorité des voix des citoyens lors d'un référendum (Const., art 89 al. 2). Ces conditions, et notamment la première, n'ont pas été satisfaites lors des différentes tentatives de révision de la Constitution par les présidents Hollande et Macron.

À ces occasions, le Parlement (et notamment le Sénat) a su rappeler au président son existence…

La Ve République

Thème principal

La révision de la Constitution

Mots-clés

Constitution, Pouvoir constituant, Procédure constitutionnelle, Révision

› *Dissertation*

La révision constitutionnelle sous la Ve République.

Sujet proposé et corrigé établi par

Christophe Geslot, Maître de conférences, Université Bourgogne Franche-Comté

Premier semestre 2021-2022

› Préparation

Analyse du sujet

La formulation du sujet impose d'en retenir une approche large. La révision constitutionnelle requiert en effet une analyse des règles qui régissent son exercice mais également l'examen de sa pratique « sous la Vᵉ République ». Les règles qui encadrent la révision sont censées assurer la rigidité/stabilité du texte constitutionnel tout en permettant néanmoins son évolution. La recherche de cet équilibre est délicate et incertaine. Sa réussite est largement tributaire du contexte politique, de la structuration partisane de la vie politique et de la discipline majoritaire des assemblées. La question se pose dès lors de savoir comment l'équilibre entre rigidité et adaptabilité a été pensé à travers la Constitution de 1958 et si l'objectif a été atteint au vu de la pratique de la révision sous la Vᵉ République.

Plan du corrigé

I/ La révision constitutionnelle encadrée par la Constitution
A – Les limites procédurales à la révision constitutionnelle
B – Les limites circonstancielles et matérielles à la révision constitutionnelle
II/ La Constitution remodelée par les révisions constitutionnelles
A – La multiplication des révisions constitutionnelles
B – La révision tributaire des conditions de majorité politique

› Corrigé

[Accroche] Une constitution doit bénéficier de stabilité en raison du caractère fondamental des règles qu'elle fixe pour la vie d'une nation. Elle régit l'organisation et le fonctionnement du pouvoir politique, nécessaire à toute société, reconnaît et assure en général la protection des droits et libertés de l'homme.

Pour autant, l'œuvre constituante a vocation à évoluer. Il faut en effet prévoir les moyens de la réviser pour en corriger les défauts que la pratique révélerait ou encore pour pouvoir l'adapter aux évolutions politiques et sociétales. Il serait d'ailleurs absurde de vouloir figer la Constitution, au risque de ne laisser que le coup d'État ou la révolution comme moyens d'aboutir à un changement constitutionnel. Empreint de sagesse, l'article 28 de la Déclaration des droits de l'homme et du citoyen de 1793 disposait : « Un peuple a toujours le droit de revoir, de réformer et de changer sa Constitution. Une génération ne peut assujettir à ses lois les générations futures ». En permettant d'adapter la Constitution, la révision constitutionnelle contribue ainsi à sa longévité.

Cette fonction appartient au pouvoir de révision constitutionnelle – parfois qualifié de pouvoir constituant dérivé ou institué – que la théorie constitutionnelle invite à distinguer du pouvoir constituant originaire dont est titulaire le peuple en démocratie. Le second n'intervient en principe que pour élaborer la Constitution de manière initiale et inconditionnée, c'est-à-dire en dehors de règles constitutionnelles qui le limiteraient puisque, par hypothèse, il n'existe pas ou plus de constitution. Le premier est celui qui a été institué par la Constitution pour réaliser des révisions. Ce pouvoir doit intervenir conformément à la procédure de révision et dans le respect des limites fixées par la Constitution.

À cet égard, la procédure de révision constitutionnelle peut être ou non distincte de la procédure d'adoption des lois ordinaires. Lorsqu'elle ne l'est pas, la Constitution est dite souple et peut être modifiée de la même manière que le serait la loi (Royaume-Uni). Dans la très grande majorité des États, dont la France, la Constitution est dite rigide car elle ne peut être révisée que selon une procédure particulière, plus solennelle et plus lourde que la procédure législative ordinaire. En général, la loi ordinaire est adoptée par les chambres du Parlement à la majorité simple ou plus rarement par référendum. Les procédures de révision des différentes constitutions sont quant à elles alourdies et, en cela, rendues plus difficiles de différentes manières : par l'exigence d'une majorité renforcée au sein des assemblées parlementaires (majorité des 3/5 par exemple), par la possibilité ou l'obligation d'organiser un référendum, par l'existence de limites à la révision constitutionnelle, etc. C'est le cas de la révision constitutionnelle sous la Vᵉ République dont la procédure est fixée par l'article 89 de la Constitution de 1958.

[Problématique] La procédure de révision est ainsi censée assurer la rigidité du texte constitutionnel tout en permettant néanmoins son évolution. La recherche de cet équilibre est délicate et incertaine. Sa réussite est largement tributaire du contexte politique, de la structuration partisane de la vie politique et de la discipline majoritaire des assemblées. La question se pose dès lors de savoir comment l'équilibre entre rigidité et adaptabilité a été pensé à travers la Constitution de 1958 et si l'objectif a été atteint au vu de la pratique de la révision sous la Ve République.

[Annonce des parties] À cet égard, il s'agira de montrer, d'une part, comment la Constitution encadre la révision constitutionnelle (I) et, d'autre part, le relatif échec de ce conditionnement compte tenu du nombre de réformes réalisées par le pouvoir de révision, lesquelles ont largement remodelé la Constitution (II).

I/ La révision constitutionnelle encadrée par la Constitution

[Annonce des sous-parties] La révision constitutionnelle rencontre deux types de limites. Des limites procédurales que l'on pourrait qualifier d'ordinaires au sens où elles encadrent toute révision du texte constitutionnel (A), et des limites circonstancielles et matérielles qui revêtent un caractère extraordinaire dans la mesure où elles ne s'appliquent que pour des hypothèses précises, et en fait résiduelles (B).

A – Les limites procédurales à la révision constitutionnelle

La rigidité de la Constitution se manifeste plus particulièrement dans les deux dernières étapes de la procédure de révision prévue à l'article 89.

L'initiative est quant à elle largement ouverte au pouvoir législatif comme au pouvoir exécutif et ne présente pas, à cet égard, de restrictions particulières à l'exercice du pouvoir de révision. Elle appartient, d'une part, aux membres du Parlement : un ou plusieurs députés ou sénateurs peuvent en ce sens déposer une proposition de loi constitutionnelle. L'initiative appartient, d'autre part, au président de la République sur proposition du Premier ministre et prend la forme d'un projet de loi constitutionnelle. Son déclenchement suppose néanmoins une entente entre les deux têtes de l'exécutif.

Une fois l'initiative déclenchée, les assemblées doivent adopter en termes identiques la proposition ou le projet de loi constitutionnelle. Chaque assemblée dispose ainsi d'un véritable pouvoir de blocage, d'un « droit de veto » puisque l'accord de chacune d'entre elles sur le même texte (en termes identiques) est nécessaire pour que la procédure puisse continuer. L'Assemblée nationale ne dispose pas du dernier mot sur le Sénat comme cela peut être le cas dans la procédure législative ordinaire. Le bicamérisme est égalitaire en matière de révision constitutionnelle. Le Sénat dont le collège électoral surreprésente les petites communes rurales, politiquement plus conservatrices, devait être en mesure de réfréner au besoin les ardeurs de la chambre basse issue d'une élection directe. Il y a là véritablement un premier obstacle lorsque, en particulier, les deux chambres du Parlement ne sont pas dominées par des majorités politiques concordantes. C'est ainsi, par exemple, que le Sénat s'est opposé à l'adoption de plusieurs révisions constitutionnelles (1984, 1990, 1993).

Quant à la dernière étape du processus de révision, elle se singularise par une lourdeur évidente. La rédaction de l'article 89 al. 2 laisse penser que le référendum est la voie normale pour entériner la révision : « La révision est définitive après avoir été approuvée par référendum ». Le 3e alinéa prévoit cependant la possibilité d'emprunter une procédure dérogatoire (« Toutefois… ») mais uniquement pour les projets de lois constitutionnelles. Le président de la République peut en effet choisir entre le référendum et le Congrès. Sa décision doit être contresignée par le Premier ministre et par les ministres responsables. S'il choisit la voie parlementaire, les deux assemblées sont réunies en Congrès du Parlement à Versailles. Dans ce cas, une majorité renforcée est exigée car l'approbation n'est obtenue que si la majorité des 3/5 des suffrages exprimés se prononce favorablement.

L'encadrement de la révision constitutionnelle est encore renforcé par d'autres limites.

B – Les limites circonstancielles et matérielles à la révision constitutionnelle

Les limites circonstancielles, au nombre de trois, interdisent de réviser lorsque certaines circonstances surviennent. Deux d'entre elles sont énoncées à l'article 89 et à l'article 7 de la Constitution tandis que la troisième a été déduite de l'article 16 de la Constitution par le Conseil constitutionnel.

L'article 89, alinéa 4, interdit de réviser « lorsqu'il est porté atteinte à l'intégrité du territoire ». Il trouve son origine historique dans les événements de 1940 et l'abandon du pouvoir constituant au maréchal Pétain par la loi constitutionnelle du 10 juillet 1940. L'article 7, alinéa dernier, exclut quant à lui une révision lorsque le président du Sénat est amené à remplacer par intérim le président de la République. Cette situation survient en cas de vacance de la présidence de la République (décès, démission, destitution) ou en cas d'empêchement définitif du chef de l'État constaté par le Conseil constitutionnel (maladie par exemple). Il est logique que son remplaçant provisoire chargé d'assurer la continuité de l'État pendant une courte période, jusqu'à la nouvelle élection présidentielle 20 à 35 jours après, ne puisse user des prérogatives essentielles du chef de l'État en matière de révision.

La dernière limite circonstancielle n'est pas explicitement posée par la Constitution mais a été déduite de l'article 16 par le Conseil constitutionnel dans sa décision du 2 septembre 1992. Il estime alors qu'aucune révision ne peut être engagée ou poursuivie pendant la période d'application des pouvoirs exceptionnels. Cette interprétation repose sur deux considérations. La première est que les pouvoirs exceptionnels ne comprennent pas celui de modifier la Constitution car ils ont été prévus pour sauvegarder et rétablir l'ordre constitutionnel, non pour le modifier. La seconde est qu'il n'est pas souhaitable qu'une révision de la Constitution soit entreprise sur le fondement de l'article 89 à l'occasion d'une période particulièrement troublée (guerre civile, risque de coup d'État, invasion).

La Constitution de 1958 fixe par ailleurs deux limites matérielles ou limites de fond à l'exercice du pouvoir de révision. La première protège la forme républicaine du gouvernement de toute révision (art. 89 al. 5). La forme républicaine du gouvernement s'oppose à la monarchie et plus particulièrement à la dévolution héréditaire du pouvoir. Elle implique, historiquement en France, le principe de l'élection et se confond à certains égards avec le principe démocratique. Pour nombre d'auteurs, elle englobe plus largement un certain nombre de principes caractérisant la République sans que l'on puisse précisément en arrêter la liste : les droits de l'homme, la séparation des pouvoirs, la laïcité, etc. La seconde limite matérielle consacrée à l'article 77 de la Constitution est spécifique à la Nouvelle-Calédonie. Il s'agit du principe d'irréversibilité des transferts de compétences réalisés par l'État au profit de ce territoire.

En dépit de l'ensemble des contraintes procédurales et des autres limites posées à l'exercice du pouvoir de révision, la pratique de la Ve République révèle un nombre élevé de révisions constitutionnelles.

II/ La Constitution remodelée par les révisions constitutionnelles

[Annonce des sous-parties] *A priori*, la rigidité de la Constitution de la Ve République, qu'incarne en particulier sa procédure de révision, aurait dû conduire à limiter le nombre de révisions. Or, la pratique de la révision constitutionnelle sous la Ve République (A) montre que la procédure de l'article 89 n'a pas toujours été un obstacle dissuasif. Sa mise en œuvre est largement tributaire des conditions de majorité politique (B).

A – La multiplication des révisions constitutionnelles

Vingt-quatre révisions de la Constitution ont eu lieu depuis 1958, dont dix-neuf, soit plus des trois quarts, se sont produites entre 1992 et 2008. Cet état de fait n'est pas propre à la France. Si en comparaison la Constitution des États-Unis d'Amérique n'a connu que vingt-sept amendements depuis le XVIIIe siècle, bien des États révisent régulièrement leur Constitution, comme par exemple la Belgique qui a déjà modifié sa norme fondamentale plus d'une trentaine de fois depuis 1994. Néanmoins, le nombre de révisions sous la Ve République tranche avec la stabilité formelle des constitutions des républiques précédentes.

Ce phénomène d'inflation des révisions constitutionnelles s'explique en partie par la nécessité ou pour le moins la volonté de faire évoluer le système politique. Certaines d'entre elles correspondent à des ajustements techniques de portée limitée (ex. : dates des sessions parlementaires) ou répondent à des évolutions de société (ex. : parité en politique). D'autres emportent en revanche des conséquences importantes et particulièrement significatives. Elles ont globalement tendu à stabiliser la primauté présidentielle et à la tempérer en rééquilibrant les pouvoirs. La plus importante est la loi constitutionnelle du 6 novembre 1962 qui instaure l'élection du président de la République au suffrage universel direct et pérennise ainsi la primauté présidentielle. On citera également la révision de 1974 par laquelle la saisine du Conseil constitutionnel est ouverte à 60 députés ou 60 sénateurs, offrant ainsi à l'opposition parlementaire un véritable moyen de contestation des lois adoptées par la majorité; ou encore la révision du 23 juillet 2008 qui modifie de nombreuses dispositions constitutionnelles et dont l'objectif était de rééquilibrer les rapports entre l'Exécutif et le Législatif.

La multiplication des révisions intéresse par ailleurs les rapports de l'État avec les collectivités territoriales et son insertion dans les ordres juridiques externes. Elles se traduisent globalement par un réaménagement de l'organisation infra-étatique (Nouvelle-Calédonie en 1998, décentralisation en 2003) et par des transferts de compétences au profit de l'Union européenne (traité sur l'Union européenne en 1992, etc.). À cet égard, sur les huit réformes constitutionnelles réalisées pour remédier à une incompatibilité entre la Constitution et une norme internationale, six d'entre elles sont relatives à la construction européenne. Ces révisions traduisent, ce faisant, une certaine évolution de l'État qui n'est plus considéré comme l'échelon approprié de détermination de certaines politiques publiques.

Nombre des révisions réalisées sous la Vᵉ République ne sont pas sans lien avec le développement du contrôle de constitutionnalité. Alors que la supériorité juridique de la Constitution sur les autres normes est progressivement assurée grâce au contrôle de constitutionnalité, ce dernier va en même temps provoquer un certain nombre de révisions constitutionnelles. Il conduit en effet, dans un certain nombre de cas, le pouvoir politique à modifier la Constitution pour prévenir ou surmonter une décision d'inconstitutionnalité prononcée à l'encontre d'une loi ou d'un engagement international. Reste toutefois à expliquer pourquoi les révisions se sont multipliées dans les années 1990 et 2000.

B – La révision constitutionnelle tributaire des conditions de majorité politique

De toute évidence, la procédure de l'article 89 de la Constitution n'a pas empêché le flot des révisions constitutionnelles entre 1992 et 2008. Sa mise en œuvre a été largement déterminée par la présidentialisation du régime et l'existence de majorités parlementaires disciplinées ou hostiles.

L'initiative de la révision est en effet maîtrisée par l'exécutif, plus particulièrement par le président de la République lorsque ce dernier est en situation de gouverner, c'est-à-dire lorsqu'il dispose du soutien d'une majorité parlementaire, comme c'est le cas en général. Il en va différemment en situation de cohabitation, lorsque le Premier ministre ne lui est plus soumis mais appartient à un autre camp politique. Les deux têtes de l'exécutif doivent alors nécessairement s'entendre car si le chef de l'État ne peut contraindre le Premier ministre à lui faire une proposition de révision, il peut refuser de donner suite à une telle proposition. En pratique, ils y parvinrent assez souvent car s'il n'y eut aucune révision pendant la première cohabitation (1986-1988), la deuxième (1993-1995) en connut deux et la troisième (1997-2002) cinq.

À considérer maintenant la deuxième étape de la procédure de l'article 89, le succès de la révision est largement conditionné par la configuration politique des majorités au sein des chambres. Lorsque le chef de l'État est soutenu par des majorités politiquement concordantes dans les deux chambres, l'adoption du texte de révision ne soulève *a priori* aucune difficulté. Lorsqu'il est en revanche confronté à un Sénat politiquement opposé, et plus encore à deux assemblées hostiles, réviser la Constitution n'est guère envisageable. Sauf à ce que le Premier ministre s'entende avec lui, comme cela est arrivé lors des deux dernières cohabitations. En dehors de cette hypothèse, l'opposition du Sénat est souvent un obstacle infranchissable. F. Mitterrand s'est ainsi trouvé dans cette situation au cours de ses mandats entre 1981 et 1995. De même, F. Hollande et E. Macron n'ont pu faire aboutir aucune révision depuis 2012. Ce dernier s'y est employé à différentes reprises, notamment pour constitutionnaliser le principe selon lequel la République garantit la préservation de l'environnement. Faute d'accord entre les assemblées, la réforme a été abandonnée en juillet 2021.

In fine, la « faiblesse » de l'article 89 de la Constitution réside dans le fait que le président de la République peut renoncer à la voie référendaire pour l'approbation des projets de loi constitutionnelle. Ce que le texte constitutionnel présente comme la « voie normale », le référendum, est apparue en pratique comme l'exception. Une seule révision a été entérinée par le peuple en application de l'article 89 : la réduction de sept à cinq ans de la durée du mandat présidentiel en 2000. La voie du Congrès a presque été systématiquement privilégiée car elle est beaucoup moins incertaine que ne l'est le référendum qui comporte toujours le risque d'un désaveu populaire pour les initiateurs de la révision. Il y aurait sans doute eu moins de révisions si le texte constitutionnel avait été plus contraignant quant à la procédure d'approbation à suivre. Cela étant, la majorité des 3/5 requise au Congrès peut elle-même constituer un écueil et conduire le président à renoncer à le convoquer, malgré le vote favorable des assemblées séparément. Ce fut le cas, par exemple, en 1973 à propos du quinquennat ou encore en 2011 s'agissant de la constitutionnalisation du principe d'équilibre des finances publiques.

Il convient *in fine* de relever que la procédure de l'article 89 a tout bonnement été écartée au profit de l'article 11 à une occasion et non des moindres. Cette disposition fut en effet mobilisée par de Gaulle, en 1962, pour soumettre aux Français le principe de l'élection du président de la République au suffrage universel direct. Elle permettait de s'adresser directement aux citoyens sans avoir à recueillir au préalable le consentement des assemblées. Le Conseil constitutionnel fut saisi par le président du Sénat pour juger de la constitutionnalité de la loi adoptée par référendum mais se déclara incompétent. Plus aucun président ne s'est toutefois aventuré à réviser la Constitution sur le fondement de l'article 11 depuis l'échec rencontré par de Gaulle lors du référendum de 1969 et sa démission consécutive.

Index

A

Administration 173
Article 16 123
Assemblée nationale 165
Avantages du régime présidentiel **214**

B

Bicéphalisme 82
Bipartisme 103

C

Chef de l'État 103
Cohabitation 165, 173
Collaboration des pouvoirs 93
Conseil constitutionnel 156, **197**
Constitution 39, 57, 68, 226
Contrôle de constitutionnalité 39, 57, 68, 156

D

Démocratie 49
Désignation du Premier ministre 184
Destitution du président de la République 204
Dissolution 123
Diversité des régimes parlementaires **82**
Droit coutumier 103
Droit international 57
Droit national 57

E

Élaboration de la loi 191
Élection présidentielle 133, 147, 156
État 39, 49
État et son autorité **39**

F

Fonction présidentielle 133

G

Gouvernants 68
Gouvernement 103, 147, 173
Guerre en Ukraine 147

J

Justice constitutionnelle **68**

L

Libertés 68

M

Modes de scrutin 103
Monarque 103
Monarque et gouvernement au Royaume-Uni **103**

N

Nomination au Conseil constitutionnel 197, 204
Norme(s) 39, 57

P

Parlement 103, **191**, 214

Peuple 49, 107
Peuple et démocratie **49**
Place et rôle du président de la République 147
Pouvoir constituant 226
Pouvoir exécutif 82
Pouvoir parlementaire 82
Pouvoirs du président de la République 147
Pouvoirs exceptionnels 204
Pratiques politiques 82
Premier ministre 103, 123, **165**, **173**, **184**, 214
Président de la République **123**, **147**, 165, 214
Présidentialisme 107, 173
Primauté de la Constitution **57**
Procédure constitutionnelle 226
Procédure législative 204

Q

Question de confiance 107
Quinquennat 133

R

Rapports entre président de la République et Conseil constitutionnel **156**
Rationnalisation 82
Référendum **107**, 123, 133, 214
Réforme constitutionnelle de 1962 et fonction présidentielle **133**
Régime et pouvoirs **204**
Régime parlementaire 82, 93
Régime présidentiel 93, 214
Responsabilité politique 93
Révision 57, 133, **226**

S

Saisine du Conseil constitutionnel 156
Séparation des pouvoirs 49, 68, 93, 214
Septennat 133
Session extraordinaire du Parlement 204
Souveraineté 39, 49, 93
Suffrage 107
Système électoral 82
Système majoritaire 165

T

Théorie du régime parlementaire **93**

721644 (I) – OSB – 70 – SCM (HCH)
Achevé d'imprimer en août 2022 par CPI Bussière
18200 Saint-Amand-Montrond
N° d'impression : 2065990
Dépôt légal : septembre 2022

Imprimé en France